RECHERCHES SOCIALES. — N° 3

A. NAQUET

TEMPS FUTURS

SOCIALISME — ANARCHIE

PARIS

P.-V. STOCK, ÉDITEUR

(Ancienne librairie TRESSE & STOCK)

8, 9, 10, 11, GALERIE DU THÉATRE-FRANÇAIS

Palais-Royal

—

1900

TEMPS FUTURS

SOCIALISME — ANARCHIE

Ce volume a été déposé au Ministère de l'intérieur (section de la librairie) en janvier 1900.

Il a été tiré à part de cet ouvrage cinq exemplaires sur papier de Hollande.

PRÉFACE

Ce livre est un testament. C'est le terme de mon évolution personnelle, évolution qui a été longue, et qui se prolongerait probablement encore si ma vie active n'était pas terminée.

Cette évolution lente et sincère peut être retracée en peu de mots.

Je suis arrivé à la vie intellectuelle et morale en 1848. Jusque-là j'avais été un enfant d'une intelligence plus ou moins ouverte, déclinant *rosa, la rose* au petit collège communal de Carpentras (Vaucluse), ma ville natale. Mon père et ma mère étaient nés juifs; mais mon père était un libre-penseur et un républicain. Moi, j'avais des tendances religieuses. J'avais appris tout seul à lire l'hébreu si complètement oublié depuis, et je faisais dévotement ma prière matin et soir. Je me cachais même pour prier parce que mon père, lorsqu'il me voyait en cette posture, m'arrachait les livres des mains et me disait : « tu t'abêtiras. » A treize ans je voulus faire mon initiation et je jeûnai le jour de Kipour. Mon père me l'avait défendu

a

d'abord par esprit antireligieux, et aussi par la crainte du trouble qu'un jeûne de vingt-six heures pourrait amener dans ma santé; mais j'avais passé outre à cette défense.

J'ignore absolument ce qui serait advenu de moi si les événements de 1848 n'avaient pas bouleversé le cours de mes idées. Il est probable que mes études scientifiques auraient eu raison de ma sentimentalité première. Quoi qu'il en soit d'ailleurs des transformations qui auraient pu se produire ou ne pas se produire dans mon entendement si la révolution de février n'avait pas eu lieu, il est un fait certain, c'est que cette révolution vint frapper mon jeune cerveau et exerça sur son développement une influence énorme. La proclamation de la République, l'explosion de fraternité qui suivit, fraternité sans distinction de races, de peuples ni de croyances, m'apportèrent des impressions nouvelles et profondes. De là date ma vraie vie intellectuelle. La commotion qui venait de briser le trône de Louis-Philippe avait fécondé mon esprit. L'idée républicaine et même socialiste l'envahit, et comme il y a opposition entre les idées de progrès et les conceptions religieuses qui sont un legs du passé, ceci tua cela. J'avais besoin d'aimer. J'avais d'abord satisfait ce besoin avec cette nourriture illusoire qu'on appelle l'amour de Dieu. Je la remplaçai par une alimentation plus substantielle, plus positive, plus féconde : l'amour de mon prochain. Il me fallait une foi, puisque je ne possédais encore aucune connaissance scientifique ; je rejetai la foi religieuse et je la remplaçai par la foi au progrès de l'humanité.

Je dis que c'était une foi. J'aurais été, en effet, fort

incapable de soutenir, avec la moindre compétence, une discussion sur la république, sur les écoles socialistes, ou sur la loi du progrès. Mais les sentiments fraternels qui étaient en moi me tenaient lieu de raisonnement et me poussaient à désirer l'égalité des conditions.

Je n'avais pas encore scruté les problèmes de la production et de la répartition des richesses; je n'avais pas abordé l'étude du principe de population; j'étais, comme nos anarchistes de la propagande par le fait, sous l'empire de l'idée fausse que la mauvaise répartition des produits de l'activité humaine est la cause unique du malaise social; j'aspirais de tous mes vœux à un bouleversement d'où sortirait par la violence le communisme absolu.

Mon père, républicain solide, je l'ai dit, mais modéré et bourgeois, croyait modifier le cours de mes idées en me faisant lire le livre de M. Thiers sur la propriété; il ne cessait de me répéter que l'inégalité est une loi de nature. C'était en vain; mes convictions restaient intactes, je demeurais communiste.

Un professeur chez lequel ma famille m'avait mis en pension dans la petite ville de Cavaillon, Dupuy, ami de F. V. Raspail, vieux républicain qui avait lutté contre Louis-Philippe et qui, par sa publication hebdomadaire « le journal de Jean-Pierre André, » a beaucoup contribué à républicaniser les campagnes dans nos régions, Dupuy, mort environ trente ans plus tard mon collègue à l'Assemblée nationale, écrivait à mon père en parlant de moi : « Il rêve le partage des biens et lorsqu'il fait de l'histoire il prend ardemment parti pour Catilina contre Cicéron. »

C'était vrai et cet état d'esprit que je signale a été le point de départ de mon évolution.

Au point de vue religieux j'avais rompu avec les dogmes positifs, mais j'étais resté spiritualiste et déiste.

Cette période intermédiaire ne dura pas longtemps. L'absurdité du libre arbitre m'apparut bien vite et cette hypothèse emporta avec elle l'idée de l'immortalité de l'âme et l'idée de Dieu. Je ne connaissais encore ni le nom d'Auguste Comte ni celui du positivisme ; mais déjà j'étais positiviste sans m'en douter. Au milieu de toutes les transformations que j'ai subies dans ma conception des choses, il y a là deux points sur lesquels je n'ai jamais varié depuis. Je suis demeuré positiviste et républicain.

J'ai pu à de certains moments être plus passionné ou plus tolérant vis-à-vis des religions positives. J'ai pu modifier mes idées sur l'organisation de la République. J'ai pu même en arriver à ne plus reconnaître à cette forme de gouvernement la vertu spéciale et presque métaphysique qui en faisait pour moi en 1848 l'objet d'un culte. Mais je n'ai jamais cessé une minute d'être républicain et libre-penseur : républicanisme et libre-pensée ont formé la base de l'édifice intellectuel et moral que l'étude et l'observation des faits m'ont amené à construire. Pour varié qu'il ait été dans les détails aux diverses époques de ma vie, ses fondations sont demeurées solides comme le ro.c

Il n'en a pas été de même de mes aspirations communistes. La réflexion m'en a détaché. Il a fallu pour m'y ramener les événements contingents de ces dernières années. En me montrant que le parti socialiste est seul capable, en présence de la banqueroute de la bourgeoisie, de barrer la route à la théocratie et au militarisme, ils ont contribué à l'élaboration de ma conception dernière. Pendant toute la durée de ma vie politique j'ai combattu le collectivisme. Je le combattais dans la dernière législature ; et hier encore, dans des mémoires rédigés au cours de l'été de 1898, mémoires que j'ai là sous les yeux en écrivant, mais qui vraisemblablement jamais ne verront le jour, je faisais la critique des théories socialistes.

Mes vues sur l'attitude à conserver dans la lutte contre les mensonges de la religion et sur l'action de l'Etat dans le développement de l'humanité, ont également subi des transformations profondes.

Non seulement en 1848, mais même vingt ans plus tard, je croyais à l'Etat serviteur du peuple selon l'expression de Louis Blanc, à l'Etat sauveur, à la violence révolutionnaire facteur de progrès social, à la puissance de la vérité qui s'impose par la force.

Je ne crois plus à rien de cela. Je sais aujourd'hui que la société se transforme par le jeu naturel des forces économiques, par les découvertes scientifiques, par l'émancipation de l'esprit.

Je sais que le progrès est dû aux machines qui accroissent la production, aux savants qui battent en brèche par la science les religions oppressives, aux philosophes, aux artistes, aux penseurs qui font émerger une morale chaque jour plus pure de la conscience vague et incertaine des premiers âges. Je sais que les chambres, les gouvernements, les majorités sont des éléments conservateurs ;

a.

qu'ils représentent dans le domaine social ce qu'est la la matière dans le monde inorganique : la substance inerte attendant la force qui doit l'animer. Je sais que la violence, souvent nécessaire pour briser des obstacles qui s'obstinent, est par elle-même improductive. Je sais que les révolutions, véritables coups de balais propres à supprimer un passé en décomposition, ne créent pas par elles-mêmes ; que lorsqu'elles formulent les lois de l'avenir, celles-ci étaient prêtes depuis longtemps, leur promulgation n'étant que le dernier acte de leur genèse. Je sais cela, et il en est résulté que mon radicalisme dans les actes a diminué à mesure que s'accentuait mon radicalisme dans les idées.

A l'heure actuelle encore, ramené au socialisme par le cycle des faits qu'il m'a été donné d'observer, je professe cependant un socialisme qui ne ressemble en rien à celui de mon enfance.

Je suis révolutionnaire en ce sens que j'aperçois la nécessité de broyer les éléments perturbateurs et rétrogrades qui cherchent à barrer la route au progrès. Mais je ne crois pas que le socialisme puisse arriver par voie « catastrophiste » comme on dit dans le langage de l'école. Je veux punir le crime, opposer la force du droit aux forces du mensonge, aider par la liberté l'évolution sociale d'où doivent sortir les temps futurs. Mais je me garderais d'anathématiser, ainsi que je l'aurais fait il y a trente ans, les capitalistes, c'est-à-dire des hommes qui jouent leur rôle économique dans la société actuelle et ne peuvent pas ne pas le jouer.

Les modifications qui se sont produites en moi ont été graduelles, logiques. Elles ont été comme le développement normal de mon cerveau.

Malheureusement les êtres pensants sont rares. La plupart des hommes s'en tiennent à des actes de foi dont aucune force au monde ne les peut détacher. Ils adressent d'amers reproches à ceux de leurs concitoyens qui ont le tort de réfléchir, et qui commettent la faute de confesser leurs erreurs quand ils les ont constatées.

Je n'ai certes pas échappé à ces reproches:

Louis Blanc [1] a écrit en parlant de Lamennais : « Variable d'ailleurs dans ses convictions à force de dévouement et de sincérité. »

J'ai, je le dis ici simplement sans modestie et sans forfanterie, mérité le même éloge ou le même blâme. Ignorant cette ambition vile qui porte certains hommes à subordonner leurs idées à leur avenir politique, j'ai toujours exposé ma pensée quelle qu'elle fût, et j'ai toujours aussi refusé d'aliéner ma liberté et ma conscience en me disciplinant dans un groupe.

Je reconnais que la discipline peut être nécessaire dans certaines circonstances. J'ai pu l'accepter et la subir en vue d'un but précis et immédiat à atteindre. Mais jamais je ne pourrais incliner ma raison devant le vote d'une majorité, et mettre pour lui obéir mes actes en contradiction avec ma pensée.

1. Louis Blanc : *Histoire de dix ans*, Pagnerre, éditeur, édition in-8°, 1849, t. II, p. 257, ligne 8.

Aussi m'est-il arrivé souvent de fausser compagnie aux camarades, soit que l'expérience ait modifié mes idées premières, soit que, fidèle à ces idées premières, je me sois séparé d'anciens amis qui avaient modifié les leurs. Dès lors, que la cause en ait été dans les changements réels survenus en moi, ou qu'elle ait résidé dans cette illusion d'optique en vertu de laquelle on paraît se déplacer quoiqu'on demeure fixe, lorsque tout se déplace autour de soi, illusion dont un train en marche, ou mieux encore le mouvement diurne du globe terrestre nous fournissent les exemples les plus frappants, j'ai été accusé de versatilité.

La versatilité est ce qu'en politique on pardonne le moins parce que la malveillance affecte toujours d'en dénier la sincérité. On chante les louanges de quiconque est demeuré inébranlable dans ses convictions, c'est-à-dire de quiconque a traversé la vie sans voir, n'a rien appris dans son passage parmi les hommes et n'a rien oublié. On accable, au contraire, de sarcasmes l'homme sincère qui, étudiant perpétuel, ainsi que le disait Chevreul, observe, voit, analyse et modifie ses sentiments et ses idées selon les enseignements que les événements lui apportent.

J'ai été de ces derniers. Déjà dans le milieu scientifique autrefois, quand je m'occupais de chimie, on raillait la facilité avec laquelle j'abandonnais les théories que j'avais crues justes dès que la fausseté m'en était démontrée. On conçoit quel caractère d'acuité ont dû prendre ces reproches lorsque je me suis trouvé sur le terrain politique.

Si cette tendance à la sincérité est un défaut — et c'en

est certainement un pour qui envisage uniquement la politique comme un moyen de se hisser au pouvoir, — j'ai eu ce défaut. Je le reconnais au risque par cet aveu d'en accroître encore la gravité.

Notre grotesque constitution parlementaire ne présente qu'un simulacre de liberté et ne consacre que le triomphe de l'intrigue. Que dans un tel milieu les transformations qui se sont opérées en moi et la bonne foi absolue avec laquelle je les ai confessées m'aient personnellement nui, cela est incontestable. C'est à elles que je dois de n'avoir jamais été ministre et de n'avoir jamais exercé d'influence dirigeante dans le parlement. C'est elles qui sont cause de l'abandon dans lequel je me suis trouvé lorsque sont venues les heures sombres, l'heure de la chute, l'heure des calomnies monstrueuses. Je n'étais pas une force au point de vue de la bascule ministérielle. Qu'importait si j'en étais une par la pensée ? Le Gouvernement de Ponce-Pilates que présidait M. Méline n'avait besoin ni de moi ni de mes collègues en persécution. Il nous a livrés à ses valets de bourreau, les juges : à son Lepoittevin, à son Delegorgue, sans haine et uniquement pour éviter un article désagréable de Drumont ou de Rochefort.

Je le lui pardonnerais volontiers s'il n'avait jamais commis d'autres crimes.

En ce qui me concerne, je ne regrette pas une minute les avantages qu'aurait pu me procurer une rigidité apparente, paravent de la sottise ou de la mauvaise foi.

Peut-être est-ce parce que je suis resté moi-même,

parce que j'ai négligé les sectes, les intrigues, les platitudes et les petites trahisons, pour me consacrer exclusivement à la défense des principes qui me paraissaient nécessaires que j'ai pu, malgré le système stérilisant qui nous débilite et nous anémie, doter mon pays de quelques réformes dont une, le divorce, était une véritable révolution sociale.

Peut-être est-ce pour cela qu'il m'a été donné de laisser une trace durable dans le parlement, trace que ne laissent pas cette tourbe de ministres, dont, au lendemain de leur chute, on oublie même les noms. En tous cas cela m'a certainement empêché de m'anéantir dans cette foule inutile et c'est heureux pour le pays et pour moi.

Sous le régime essentiellement corrupteur des Cabinets responsables, il faut l'une des qualités suivantes pour devenir un homme d'Etat.

Ou bien on possédera cet esprit de domination, ce caractère suggestif, qui permettent de s'imposer aux autres. On sera libre alors de changer d'avis chaque jour tout en paraissant immuable, parce que suivi de la troupe moutonnière dans toutes les évolutions auxquelles on juge utile de se livrer, on demeurera toujours en dépit de ces changements le chef nominal du même parti.

Ou bien on sera assez souple pour devenir un domestique au service des chefs; on modifiera son opinion lorsqu'ils modifieront la leur, et l'on restera dans tous les cas l'homme de la même coterie quelle que soit la pensée du moment qui l'anime, quelque but qu'elle poursuive.

Dans nos parlements où toute lutte est bornée à la conquête du pouvoir pour le pouvoir, les programmes ne sont que des tremplins bons à duper l'électeur ou à renverser un ministère. On les met de côté dès qu'on a conquis le maroquin désiré, sauf à les reprendre dès qu'on retombe dans l'opposition. Il ne saurait y avoir là de place pour l'homme qui ne subordonne son opinion à aucun sentiment intéressé, veut être lui-même, ne subit d'autres variations que celles qui résultent de son développement propre, refuse de se prêter aux caprices des dirigeants, et ne corrige pas ce caractère indépendant par une faculté dominatrice qui lui permette d'asservir ses collègues. En un mot les partis politiques étant envisagés comme des régiments, il faut, pour réussir, être colonel ou soldat. Pour quiconque entend demeurer citoyen, il n'y a pas de couvert mis au banquet gouvernemental.

Je n'ai jamais eu le goût de commander, et je ne me suis jamais prêté au commandement d'autrui. Voilà pourquoi je n'ai exercé dans les Chambres aucune influence sur la conservation ou le renversement des ministres.

Une seule fois j'ai contribué au repêchement d'un Cabinet dont J. Ferry était le chef. Et ce jour-là je ne me suis fait aucune illusion : mon succès n'a pas tenu à mon influence; il a tenu à ce que l'Assemblée pensait ce que j'exprimais, à ce je me trouvais être le porte-parole de la Chambre.

L'accusation de versatilité dont mon indépendance m'a rendu victime ne connut plus de limites après le Boulangisme.

Elle rendit ma réélection difficile en 1893 et elle l'aurait probablement rendue impossible en 1898.

Si je m'étais représenté et que j'eusse été réélu, elle m'aurait à coup sûr empêché de publier ce livre, car ceux qui n'ignorent rien, ceux qui lisent dans la conscience de leurs collègues sans jamais essayer de lire dans leur conscience à eux, n'auraient pas manqué, si je l'avais fait, de me reprocher vivement les déclarations qu'il renferme. Ils les auraient sûrement appelées mon dernier avatar.

Depuis le jour où j'ai renoncé à la foi socialiste inconsciente de mon enfance, jusqu'à l'heure récente où le parti socialiste m'est apparu comme le dernier boulevard de la liberté, j'ai professé, je le rappelais plus haut, contre le collectivisme les préventions les plus vives. Dans le corps même de cet ouvrage-ci, j'ai dit sur quoi elles reposaient et ce n'est qu'après l'avoir dit que j'ai développé les raisons qui, sans entamer la force de mes anciens arguments, m'ont porté quand même à abandonner mes conclusions premières.

Mais ces raisons, on les aurait négligées. On m'aurait prêté des intentions intéressées qui sont loin de ma pensée. On aurait affirmé que, ayant perdu ma situation dans le parti radical, j'essayais de me refaire une virginité dans un autre parti. Les sots l'auraient cru, et cette suspicion jetée sur mon œuvre aurait suffi à la discréditer et à lui ôter ainsi tout effet utile.

Il n'en est pas de même aujourd'hui.

Je suis maintenant hors de la vie parlementaire, dans laquelle en aucune façon je ne songe à rentrer. Je n'ai plus d'autre intérêt politique que celui de ce que je crois être le juste et le vrai. Ma pensée se trouvant ainsi affranchie du soupçon, je puis l'exposer sans ambages, et elle peut exercer une influence utile comme toute pensée sincèrement conçue et sincèrement exprimée.

Un autre motif m'aurait peut-être aussi détourné de cette publication si j'étais demeuré député.

Je suis revenu de mes préventions contre le collectivisme ; je suis porté à croire à son triomphe ; je considère la défense de cette cause comme s'imposant actuellement à tout ami du progrès. Mais je n'ai cependant pas dans la doctrine de Karl Marx la foi presque aveugle de ses partisans.

J'estime qu'il faut marcher avec les socialistes ; je pense que le collectivisme peut triompher sans faire courir à la société les dangers que je redoutais de lui ; mais j'ignore s'il triomphera. Je demeure dans le doute si la bataille menée par les doctrinaires du parti, et qui certainement doit nous conduire à un état social meilleur, nous y conduira par la voie qu'ils supposent ou par une autre voie dont ils ne se doutent pas.

Il suit de là que je suis libre d'exposer ma pensée théorique ; mais il en résulte aussi que je me trouverais gêné s'il me fallait défendre le socialisme à la tribune avec le ton tranchant et dogmatique indispensable dans un milieu où l'on tend à se discipliner.

Je ne saurais combattre cette discipline. Elle s'impose dans la terrible guerre entreprise contre toutes les forces de réaction aidées de l'indifférence chaque jour croissante

des masses. Mais elle me serait lourde et je craindrais fort
que ce livre de loyale adhésion ne me fît taxer rapide
ment d'hérésie.

Je ne suis plus aujourd'hui qu'un simple citoyen, qu'un
penseur et ces obstacles n'existent plus pour moi.

N'eussé-je pas été désintéressé toute ma vie, comme
en fait je l'ai été, je le serais à cette heure. Près de la
tombe, je n'ai plus rien à demander à mes concitoyens,
rien à attendre d'eux. Le jugement de la postérité seul
me préoccupe et mon unique désir est avant de mourir,
de donner à mes semblables ce qu'il y a en moi de réflexion sincère et de bonne volonté, afin de ne rien em-
porter dans le cercueil de ce qui peut être utile au genre
humain.

Et du moment où je le puis, où ma situation actuelle
me permet de livrer l'expression dernière de ma pensée,
sans crainte de la voir travestie et diminuée dans ses effets par une suspicion outrageante, je crois accomplir un
devoir en profitant de la liberté que les tristesses de ces
temps m'ont faite.

A quelque chose, comme le dit le proverbe, malheur
est bon.

TEMPS FUTURS
SOCIALISME — ANARCHIE

LIVRE PREMIER

FAITS ANCIENS & NOUVEAUX

CHAPITRE PREMIER

LE BOULANGISME

Près de dix ans se sont écoulés depuis la chute du boulangisme et lorsque aujourd'hui, détaché des passions de
cette époque déjà éloignée, je fais un retour sur moi-même,
ma participation à ce mouvement est certainement de toute
ma vie politique la phase que je regrette le plus. Elle
m'a moralement ruiné; elle m'a disqualifié aux yeux de
beaucoup de républicains qui ne me l'ont jamais pardon-
née, — ce dont je me console allègrement, il est vrai; —
elle m'a valu l'inimitié des anciens boulangistes dont je me
suis séparé plus tard; enfin elle m'a achevé en fournissant
aux misérables auteurs de l'accusation de corruption dres-
sée contre moi en 1897 les arguments matériels dont ils

se sont servis pour donner un caractère de vraisemblance à leurs calomnies.

Et cependant malgré le regret que j'éprouve de mon autorité compromise, je n'arrive pas à élever ce regret à la hauteur d'un remords. Lorsque je cherche à devancer la postérité par un jugement équitable sur mon œuvre, je ne parviens, quelque bienveillant ou sévère que je me montre tour à tour vis-à-vis de moi-même, ni à me condamner, ni à m'absoudre.

Bien avant 1889, j'avais sondé les tares et les vices de notre parlementarisme. Certes! le parlement de 1889 n'était pas encore arrivé à cet état de lâcheté, de veulerie, de turpitude, de mépris du droit, dont il nous a donné le spectacle depuis 1897. Mais dès 1888, 1889 et 1890 un œil doué de quelque perspicacité voyait poindre toutes ces choses. Elles m'apparaissaient nettement comme un terme fatal vers lequel nous nous acheminions à pas de géant, et il était assez naturel que qui apercevait le mal cherchât un remède à lui appliquer, fût-il révolutionnaire.

Après 1875, dans les premières années qui suivirent le triomphe du parti républicain, sous le souffle de la révolution, alors qu'il ne s'agissait encore que de simples réformes politiques sur lesquelles un accord à peu près complet existait entre tous les partisans du régime nouveau, ce régime avait pu donner quelques résultats utiles, mais sa fécondité s'était épuisée bien vite.

A partir de 1885, l'organisme constitutionnel institué par M. Wallon, déjà stérile ou à peu près au point de vue des réformes, n'a plus été qu'une arène ouverte aux déchaînements des appétits, un champ de course aux portefeuilles; et cette anarchie parlementaire apparaissait dès cette époque comme un véritable péril.

Non, cependant, que la République puisse être tenue pour responsable du mal! Les désastreux effets observés tiennent à l'imperfection de nos lois constitutionnelles; elles ne·tiennent pas à l'imperfection du principe républicain. Les Constitutions républicaines affectent les formes les plus variées, et tant vaut la Constitution qui la régit, tant vaut la République elle-même. Malheureusement les populations sont simplistes; elles ne saisissent pas ces nuances; au lieu de s'en prendre au régime bâtard que nous a légué l'assemblée nationale monarchiste de Versailles, au lieu de donner à leurs élus le mandat de réformer nos institutions dans un sens plus démocratique, c'est vers la dictature ou la monarchie qu'elles tournent leurs regards.

Depuis longtemps j'avais aperçu ce danger et j'avais conçu le projet d'y remédier par une revision constitutionnelle. Je désirais donner à la France, avec des modifications appropriées à notre génie national, des institutions analogues à celles de la Suisse ou de l'Amérique.

En 1881, lorsque Gambetta présenta son projet de revision, je déposai un amendement qui devait servir de base au développement de mes idées et de début à la campagne révisionniste que je me proposais d'entreprendre. La chute du cabinet, en arrêtant la discussion, y mit obstacle. Mais en 1883 je fis paraître une brochure intitulée « Questions constitutionnelles » qui fut distribuée aux sénateurs et à la plupart des députés; en 1886 et 1887 je publiai sur le même thème une série d'articles dans la Revue bleue et dans l'Estafette; enfin je fis vers la même époque plusieurs conférences tant à Paris qu'en province sur les modifications qu'il me paraissait essentiel d'apporter à nos lois fondamentales.

Je voyais approcher l'heure où chez nous les gouvernements vieillissent, où ils sont atteints par la défaveur générale; je voulais non seulement améliorer réellement la république, mais encore, par cette petite révolution pacifique, lui donner l'occasion de contracter un nouveau bail avec le peuple français.

Malheureusement les timorés que tous les changements

effraient, qui ne voient pas que bien souvent un changement est une consolidation, ne me suivirent pas. Le peuple, que les arguments théoriques touchent peu, se montra rebelle à ma propagande comme à celle de tous les révisionnistes de l'extrême gauche. Les tentatives tendant à modifier la constitution Wallon restèrent sans écho.

Telle était la situation quand parut à l'horizon le général Boulanger. Un rapprochement s'imposa alors à mon esprit.

Après 1871, la France impérialiste du plébiscite du 8 mai 1870 était devenue soudain cette France républicaine, ce pays républicain devant lequel, de guerre lasse, l'assemblée nationale « élue dans un jour de malheur », selon l'expression imprudente de M. Beulé, avait dû finalement s'incliner. A quoi tenait ce revirement complet de l'opinion ? à l'invasion ? elle avait donné sans doute une forte secousse à l'âme populaire ; mais cet enseignement des faits eût été impuissant à lui seul à transformer la mentalité de la nation. L'action des hommes avait été plus forte encore que celle des événements. Cela peut être douloureux à constater ; mais c'est la conséquence d'un long développement historique qui a courbé nos esprits devant le pouvoir personnel et qui nous rend plus propres, considérés en masse, à nous passionner pour ou contre des hommes que pour ou contre des idées.

A la fin de la guerre, deux hommes surgirent populaires : Thiers dans la bourgeoisie, Gambetta dans le peuple. On s'exalta pour eux : les bourgeois crièrent : « vive Thiers ! » les ouvriers et les paysans crièrent « vive Gambetta ! » Et comme Thiers et Gambetta s'affirmaient l'un et l'autre républicains, leurs troupes réunies crièrent : « vive la République ! »

Que signifiait la République ? au fond les troupes ne le savaient pas nettement. Mais l'Empire nous avait conduits à Sedan et elles s'étaient détournées de l'Empire ; mais

Gambetta et Thiers avaient incarné l'un la défense nationale, l'autre la paix et la libération du territoire, et elles avaient acclamé Gambetta et Thiers. Et dès l'instant où leurs deux héros se prononçaient pour la République, l'un par enthousiasme et l'autre par raison, elles allaient à la République sans en demander davantage. Elles eurent à lutter et les armées se consolident, se fortifient, par leurs campagnes, par les coups qu'elles reçoivent en commun, par le drapeau qui groupe leurs efforts. A force de combattre sous les couleurs de la République les troupes de Thiers et de Gambetta finirent par aimer la République pour elle-même. Thiers mort, Gambetta mort, elles sont demeurées attachées à la forme de gouvernement qu'ils leur avaient donnée, et il s'est formé une tradition républicaine assez forte pour résister, jusqu'ici du moins, non seulement à toutes les attaques de la réaction, mais encore aux déceptions, aux désillusions de toutes sortes.

Depuis longtemps je pensais qu'il faudrait un homme populaire incarnant la revision comme Gambetta et Thiers avaient incarné la République. Lorsque Boulanger se présenta, je crus qu'il pourrait être cet homme-là et j'allai à lui, à un moment d'ailleurs où tout le parti radical le suivait.

S'il m'avait été donné de choisir l'homme sur lequel la popularité devait descendre, ce n'est certainement pas lui que j'aurais choisi, n'ayant jamais eu grand goût pour les militaires. Mais la popularité ne se crée pas à volonté. Elle naît spontanément et il faut ou se servir des éléments qu'elle apporte, ou les repousser et les combattre.

Le général Boulanger ne m'apparaissait pas d'ailleurs comme dangereux. Il faisait vibrer la corde patriotique; mais le patriotisme tel qu'il le comprenait, le sentiment de la dignité nationale, n'avait rien de commun avec cette exploitation de l'amour de la patrie par les bandes césariennes et cléricales qui déshonorent la France depuis quelques années.

A supposer qu'il eût l'appétit de la dictature — ce que, même encore aujourd'hui, je me refuse à croire, — Boulanger n'avait certainement pas l'énergie qu'il faut pour la conquérir. Il était aussi très loin de présenter les défauts lamentables que nous avons rencontrés depuis chez les militaires de profession. Ces derniers savaient bien qu'il n'était pas des leurs : la haine qu'ils nourrissaient à son endroit et dont il fut la victime dispense à cet égard d'autres commentaires. Je crois encore que si les républicains avancés s'étaient serrés autour de lui, mon plan aurait pu réussir au grand profit du pays et de la République. Porté au pouvoir par les gauches Boulanger aurait fait l'œuvre des gauches. La nation satisfaite d'avoir changé de forme de gouvernement sans être sortie de la légalité républicaine aurait accordé, selon son habitude, un crédit de vingt ans au régime nouveau, et nous n'en serions pas arrivés à la période de désaffection et d'indifférence qui encourage toutes les entreprises factieuses et qui permet tous les crimes.

Boulanger se distinguait, en effet, de la haute armée par un point fondamental : il était plus dur aux grands qu'aux petits. On se rappelle avec quelle vigueur il frappa le général Schmitz dont les actes n'étaient cependant que peccadille en comparaison de ceux qu'on tolère aujourd'hui. De plus, la façon dont il est mort l'a prouvé, il n'était aucunement clérical.

Sans doute le discours de Tours l'a fait accuser de cléricalisme. Mais il y eut dans cette accusation une de ces injustices qui sont si fréquentes dans les polémiques et dans les luttes des partis. S'il s'était agi de faire acte de cléricalisme je ne me serais pas trouvé à ses côtés, et c'est moi qui ai prononcé le plus important des deux discours de Tours.

Ce que nous offrions aux Catholiques, c'était la fin des taquineries bêtes qui peuvent bien amuser un instant la galerie mais qui fortifient un parti au lieu de l'abattre.

Ce que nous cherchions, je l'ai expliqué plus tard à la chambre des députés dans mon discours du 16 février 1895.

Ne pouvant plus espérer, depuis que les républicains étaient divisés, battre les cléricaux de haute lutte, nous voulions les diviser eux-mêmes. En rejetant au second plan la question religieuse, qu'après les fautes de l'opportunisme il ne nous paraissait plus possible de laisser au premier, nous nous proposions de prendre à l'armée cléricale ses soldats. En attirant les ouvriers et les paysans catholiques sur le terrain des réformes sociales, nous nous efforcions de décapiter le cléricalisme dont les chefs seraient demeurés sans troupes et par conséquent sans puissance.

Enfin, nous nous disions qu'une fois mêlées aux nôtres, les anciennes troupes catholiques ne manqueraient pas de devenir républicaines pour de bon par la contagion naturelle de la vérité.

Le système était-il raisonnable ? était-il chimérique ? Ce n'est point ici le lieu de discuter ce problème de politique rétrospective. Aujourd'hui il serait sûrement mauvais, la question religieuse se trouvant de nouveau placée au premier plan, et la nécessité s'imposant à nous de tuer le cléricalisme ou d'être tués par lui.

Mais quelque sentiment que l'on ait sur cette conception, quelque détestable qu'on la juge, même pour l'époque où elle se place, l'homme qui l'avait faite sienne était infiniment moins dangereux — il est impossible de ne le pas reconnaître — que les Mercier, les Boisdeffre, les Gonse, les Roget et tous les généraux de sacristie que nous voyons à l'œuvre depuis deux ans.

On nous a reproché à Boulanger et à moi d'avoir lié partie avec la réaction.

On oublie trop que cette partie était temporaire. Le

reproche aurait été fondé si nous avions contracté avec les droites une alliance de principe en vue d'un gouvernement à établir et à faire vivre. Mais nous n'avions noué qu'une coalition en vue de détruire, nous réservant chacun pour le lendemain notre entière liberté d'action. En agissant ainsi nous avions suivi l'exemple de tous les partis. Est-ce que, sous le règne de Louis Philippe, les républicains ne s'étaient pas coalisés avec les bonapartistes et les légitimistes pour renverser la monarchie de Juillet? Est-ce qu'ils ne s'étaient pas coalisés sous le règne de Napoléon III avec les légitimistes et les orléanistes pour jeter bas l'Empire? a-t-on oublié le pacte de Nancy et les coquetteries de Jules Ferry avec les monarchistes constitutionnels?

Peut-être cependant n'aurions-nous pas lié même cette partie temporaire si dès le début il nous avait été donné de la prévoir.

Mais il faut se rappeler la genèse des choses.

C'étaient les radicaux, c'était Clémenceau, qui avaient placé Boulanger au ministère de la guerre. C'était en qualité de radical que le général avait conquis sa popularité.

Plus tard, il est vrai, il inspira des inquiétudes à une fraction du parti qui l'avait porté au pouvoir, et celle-ci se coalisa le 17 mai 1887, pour le renverser, avec les droites qui lui étaient alors hostiles. Mais tous les radicaux ne suivirent pas. Beaucoup même ne comprirent pas, car pour ne pas heurter l'opinion publique, les metteurs en œuvre de la coalition se gardèrent bien d'affirmer leur pensée. Voulant mettre en minorité le cabinet Goblet, ils s'abritèrent derrière une question ¡budgétaire. C'était contre le ministre de la guerre qu'en fait la bataille était engagée ; mais pour dérouter le pays — et conformément aux manœuvres toujours équivoques et tortueuses du parlementarisme — ce fut au ministre des finances M. Dauphin qu'on feignit de la livrer. C'est ce qui explique comment dès le lendemain, de tous les points de la France, arrivaient des adresses des cercles radicaux conjurant le président de la république de conserver le général Boulanger dans le nouveau cabinet : ils ne s'étaient pas rendu compte de l'artifice d'une partie de leurs amis.

Les radicaux du parlement avaient du reste une aperception très nette de l'impopularité qui attendait tout cabinet dont le général serait exclu. Aussi ne se soucièrent-ils nullement d'y entrer et laissèrent-ils à M. Rouvier le soin de constituer un ministère avec l'appui des droites pour accomplir cette œuvre de liquidation. Ils espéraient en avoir facilement raison et revenir au pouvoir quelques mois plus tard après avoir été débarrassés par d'autres de cette question épineuse. Vainement Rouvier, qui aurait préféré l'appui des gauches à l'appui des droites, cherchat-il à composer un cabinet de concentration républicaine ; vainement fit-il des offres à Lockroy, à Granet, à Jullien et à moi-même. Tous les radicaux, sans distinction de nuances, qu'ils appartinssent à la fraction par laquelle le cabinet Goblet avait été renversé ou à celle qui l'avait soutenu, refusèrent ses propositions.

Boulanger à Clermont-Ferrand conserva une grande partie de ses amis républicains et j'étais du nombre. Les défections ne commencèrent à se produire que lorsque Clémenceau se décida enfin du haut de la tribune à répudier son amitié. Encore ne se produisirent-elles que petit à petit. Tous ne se détachèrent pas en même temps.

Cette rupture eut toutefois un résultat auquel il était naturel de s'attendre. Les républicains en rendant le général Boulanger populaire avaient forgé une arme terrible. En se séparant de lui ils laissaient cette arme encore redoutable à la disposition de qui voudrait la ramasser. Les réactionnaires n'eurent garde de négliger l'occasion qui leur était offerte. Ils avaient vilipendé le ministre de

la guerre à propos de la loi contre les princes; ils avaient
été l'âme de la coalition sous laquelle le cabinet Goblet
avait succombé; ils eurent tôt fait de changer leur fusil
d'épaule et de se grouper autour de l'homme que la veille
encore ils traînaient dans la boue. Son succès paraissait
inévitable tant il avait conquis les suffrages populaires,
et, les radicaux l'abandonnant, eux s'efforcèrent de l'accaparer.

C'est à ce moment que quelques républicains sincères,
comme Laisant, Chevillon et celui qui écrit ces lignes,
eurent à se demander de quel côté pour eux était le devoir.

Ils avaient d'abord hésité et lorsqu'il fallut prendre une
détermination la situation était devenue grave.

Il semblait difficile d'arrêter le mouvement. Il réussirait avec les républicains ou contre les républicains; mais
il réussirait. Du moins c'est ce qui paraissait alors probable, et peut-être cette probabilité se serait-elle convertie
en réalité sans la fuite lamentable qu'avait conseillée Rochefort et qui perdit le parti.

Or, le succès sans les républicains, c'eût été la perte de la
République. Boulanger n'avait rien de l'homme d'Etat.
Malgré un certain entêtement il n'aurait pas su résister
aux républicains s'il avait vaincu avec eux; mais il aurait
su bien moins encore résister aux orléanistes si c'eût été
avec eux seuls et grâce à leurs ressources qu'il eût rem-
porté la victoire.

Que faire?

Nous séparer de Boulanger, reprendre parmi nos amis
radicaux, dont nous déplorions la tactique, notre place de
combat? pour nous-mêmes, pour notre réputation, cette
décision eût été la meilleure.

Mais peut-être pour la République valait-il mieux demeurer aux côtés du général.

S'il était vaincu, nous serions vaincus avec lui, mais la république serait hors de tout danger.

S'il était vainqueur nous serions là, parmi les victorieux, pour lutter contre les entreprises orléanistes, et la force populaire à Paris et dans les grandes villes serait avec nous.

Ces considérations nous déterminèrent à entrer dans la coalition.

Celle-ci d'ailleurs, il faut bien le dire, ne nous paraissait recéler aucun péril.

Nous pensions que la chambre de 1889 serait divisée en trois tronçons : une gauche antiboulangiste fermement républicaine ;

une droite boulangiste et monarchiste ;

Et au milieu, les républicains boulangistes, juges du camp, maîtres de la majorité comme l'avait été en 1875 à l'assemblée nationale le groupe constitutionnel.

La chambre n'aurait pas eu de mandat constituant. Son seul mandat aurait été de forcer la main aux pouvoirs publics pour obtenir d'eux la convocation d'une constituante. Pour cette œuvre nous aurions voté avec la droite ; mais nous nous serions unis à la gauche pour faire avorter tous les projets liberticides de la réaction.

Puis, la constituante convoquée, les républicains ne pouvant plus éviter la revision, nous aurions répudié nos alliances ; nous nous serions unis à eux sur le terrain électoral, ainsi que nous l'avions loyalement déclaré dans nos articles et dans nos réunions à nos alliés d'un jour.

Dans ces conditions, nous n'en doutions pas, la constituante serait républicaine, et la main dans la main de tous les vrais démocrates, nous réaliserions la revision qui devait assurer à la république force et vitalité.

On a pu dire que les divers éléments du boulangisme cherchaient ainsi à se duper mutuellement. L'expression ne serait pas juste, car nous au moins nous arborions franchement nos couleurs. Mais chacun, cela est évident, espérait faire tourner les événements à son profit. C'est le cas de toutes les coalitions.

Ce pacte d'un jour, ce pacte qui s'arrêtait au renversement de la constitution Vallon et qui nous laissait libres au lendemain de ce premier succès, les socialistes nous l'ont reproché. Je leur en reconnais le droit à eux qui ont lutté, qui ont coopéré à la victoire et qui sont demeurés après ce qu'ils étaient la veille.

Mais je ne saurais, je l'avoue, reconnaître le même droit aux soi-disant progressistes rangés depuis sous la direction de M. Méline ou de M. Charles Dupuy.

Nous, nous avions voulu, par la tolérance religieuse, séparer les catholiques des cléricaux et amputer ceux-ci de leurs troupes populaires.

Nous avions voulu garder un pied dans le Boulangisme pour y défendre la république et nous avions accepté une alliance éphémère avec la réaction, alliance allant jusqu'à la convocation d'une constituante, mais ne se prolongeant pas au delà.

Eux, ils ont formé avec les cléricaux une union définitive non plus en vue de détruire mais en vue de gouverner; et, loin de chercher à décapiter l'armée cléricale en la privant d'une partie de son effectif, ils se sont efforcés, sous prétexte de combattre le socialisme, de décapiter l'armée républicaine au profit des droites. Qu'ils se taisent donc! ils n'ont pas le droit d'accuser.

Et j'opposerai le même dédain sinon aux reproches de tous les radicaux, du moins à ceux des prétendus radicaux unis depuis lors aux antisémites ou tremblant devant eux. Ils ont coopéré à une situation qui, si nous n'en sortions pas par le triomphe final de la vérité et de la justice, serait l'effondrement de notre pays dans la honte et dans la boue. Eux non plus n'ont désormais d'autre droit que celui du silence.

Ainsi, lorsque je me reporte à toutes ces considérations, lorsque je pèse tous les motifs de mes actes, lorsque je vois à quel point le parlementarisme a justifié mes préventions contre lui, je ne puis pas me condamner d'avoir participé à un mouvement qui a échoué, dont l'échec a été peut-être fort heureux, mais auquel j'avais eu de si bonnes raisons de m'associer.

Mais si je me sens disposé à m'absoudre quand j'examine la question sous cette face, je suis au contraire enclin à me condamner quand j'apprécie les hommes dans la main desquels j'ai mis ma main, les Déroulède, les Millevoye, les Marcel Habert, les Thiébaud, les Castelin, les Rochefort, les Judet, que j'avais crus les uns républicains de vieille roche, les autres décidés à défendre loyalement la démocratie républicaine dans l'avenir, et dont l'affaire Dreyfus a mis en lumière depuis la profonde scélératesse, tous ces « hommes sinistres » qui selon l'expression du poète :

> « ... Grincent l'œil ardent, le mufle ensanglanté
> » Autour de la raison et de la vérité. »

Quoi qu'il en soit, dans les derniers mois, dans les mois surtout qui avaient suivi l'élection du 22 septembre et qui avaient amené au comité de nouvelles recrues, le caractère rétrograde de celui-ci s'était fortement accentué et avait très rapidement aiguillé sur l'antisémitisme.

Dans ses débuts le boulangisme avait fait diversion à l'antisémitisme. On pensait à Boulanger ; on acclamait ou l'on conspuait le général. Rien autre n'était capable d'entraîner les esprits.

M. Drumont et ses amis en furent peut-être ennuyés, et dans les premiers temps ils se terrèrent. Mais ils ne tardèrent pas à se rendre compte des avantages considérables qu'ils pourraient trouver à se mêler à un parti populaire. Celui-ci deviendrait, pour eux, s'ils s'y prenaient habilement, un puissant moyen de réclame, un formidable levier.

Bientôt en effet quelques attaques inopinées contre les Juifs furent lancées par Vergoin dans nos réunions publiques. Le fait me fut dénoncé par Saint-Martin qui en avait été le témoin. Je protestai aussitôt auprès du général Boulanger. Celui-ci réprimanda vertement notre collègue. Il fit paraître une interview dans le *Figaro* pour affirmer son respect de toutes les croyances et la propagande eut un temps d'arrêt. Mais ses instigateurs n'abandonnèrent pas pour cela leur projet de faire de notre parti le propagateur, le véhicule de leur doctrine. Ils attendirent une occasion opportune et celle-ci se présenta avec le départ du général, et avec mon absence personnelle que ce départ du chef avait rendue nécessaire.

Une fois le général hors de Paris, une fois moi absent, les antisémites du comité recommencèrent à se donner carrière et, à mon retour, à la veille des élections, je fus tout surpris de m'apercevoir que c'était sur la plate-forme de Guerre aux Juifs ! que Déroulède et Laur faisaient leur campagne. Ma surprise alla même jusqu'à la stupéfaction lorsque j'appris que Laur faisait présider ses réunions par Drumont. Je protestai ; mais ma protestation fut vaine. Les antisémites du comité commençaient à s'émanciper ; mon autorité de vice-président était méconnue et je ne pouvais plus empêcher le courant qui allait nous submerger.

Ce fut bien pire encore après le désastre électoral du 22 septembre et du 6 octobre. A partir de ce moment le général Boulanger ne fut plus que le chef nominal de son parti dont la direction effective passa à Drumont et à Morès. L'ancien comité était déjà bien mauvais avec les Millevoye, les Susini, les Thiébaud, les Déroulède. Il devint pire après s'être enrichi des Léveillé, des Castelin et autres politiciens de même espèce que lui avaient

envoyés les électeurs. Je n'étais plus membre d'un comité
boulangiste. Je me trouvais enrôlé sans le vouloir dans un
comité antisémite.

J'y demeurai quelque temps encore pour combattre l'esprit rétrograde qui s'était introduit parmi nous. J'avais
l'espérance, avec l'appui du général quoi que celui-ci fût
loin, de le faire reculer, et nos séances devinrent le théâ-
tre de scènes violentes et incessantes entre la minorité à
laquelle j'appartenais et la majorité inféodée au futur directeur de la *Libre Parole*. Je savais que je ne modifierais
pas l'esprit de mes collègues, mais je savais aussi quelle
force pourrait donner à l'ennemi l'adhésion d'un parti
vaincu sans doute mais non certes déraciné de l'âme populaire. Je ne voulais pas permettre à Drumont de se faire
un tremplin des élections municipales, et j'eus la joie de
voir sur ce point ma résistance couronnée d'un plein
succès.

Boulanger n'était pas antisémite. Je n'oserais pas affirmer que, très sceptique, il ne le serait pas devenu s'il avait
cru y trouver son intérêt ; mais c'est un fait qu'il ne l'est
pas devenu et qu'il m'avait confié, sinon la direction de son
parti, car il y avait dans ce parti autant de directions que
de groupes différents et inconnus les uns aux autres, du
moins la direction du groupe républicain ou prétendu tel.

D'ailleurs, il haïssait Drumont qui avait commis la faute
d'insulter son père dans l'un de ses livres. Aussi me sou-
tint-il, lorsque, à la veille des élections municipales de
Paris de 1890, le comité dit républicain national s'étant
rendu à Jersey pour y arrêter la liste des candidats que
nous devions soutenir, une grande discussion s'engagea
sur l'antisémitisme à propos d'une motion de Léveillé.

Je pris la parole ; je fus très énergique ; je déclarai
que si l'on ne se séparait pas nettement de l'antisémitisme,
je donnerais ma démission sur l'heure, et Boulanger tran-
cha la question d'autorité en se rangeant à mon avis. Il

déclara que « quiconque mettrait sa main dans la main de M. Drumont ne la mettrait plus dans la sienne. »

Laur voulut protester au nom de sa double amitié pour Drumont et pour le général ; mais le général repoussa hautement cette amitié mitigée, n'admettant pas qu'on pût être l'ami de l'un et de l'autre, et je dus moi-même intervenir pour amener entre eux une réconciliation.

Malgré ma victoire partielle, l'antisémitisme continuait à gagner du terrain parmi nous. J'avais cessé d'être le vice-président du comité qui obéissait aux rodomontades malsaines de M. Déroulède. Et, maintenant que j'avais rempli la dernière tâche que je m'étais imposée en empêchant notre campagne électorale municipale de servir à l'expansion d'idées que je réprouvais, j'aspirais de toute ma force à sortir du parti.

Je l'avais déclaré au général Boulanger. Je lui avais dit que je me considérais comme engagé jusqu'à la fin de la bataille, mais que je n'avais aucun goût pour la vie de garnison et qu'après la dernière défaite facile à prévoir, je me retirerais. Je m'étais efforcé de lui faire comprendre — et il avait paru le comprendre en effet — qu'il n'en allait pas de lui comme des dynastes et que l'on ne pouvait pas, une fois condamné par le pays, prolonger sur son nom une politique personnelle désormais sans but. Je lui avais manifesté sans réticences mon intention bien arrêtée de reprendre la lutte républicaine que je n'avais jamais abandonnée du reste, ayant toujours cru à ses côtés défendre la République. Au dernier moment il refusa de reconnaître la justesse et la loyauté de ma résolution. J'en ai conservé un très vif regret. Il est pénible de se séparer en ennemi d'amis à côté desquels on a lutté ou souffert ; mais nous étions à l'une de ces heures où il fallait savoir opter. On ne pouvait plus être à la fois boulangiste et républicain.

Le boulangisme avait cessé d'être une coalition temporaire conclue en vue d'un but déterminé et strictement limité. Il s'était converti, en dépit du général qui avait dénoncé l'action parallèle avec les réactionnaires, en une organisation persistante contre la République et la liberté. Mon choix fut vite fait. Je me séparai avec joie de ce milieu hostile où depuis longtemps j'avais cessé de respirer à l'aise, et je fus loin de regretter la dernière défaite qui, en m'y autorisant me libérait enfin.

Il me tardait de me retrouver avec les anciens amis, dont je n'avais jamais été foncièrement séparé par la pensée, dont je me serais rapproché dans la victoire comme je le faisais dans la défaite, et je vins reprendre ma place parmi eux en homme auquel la sincérité de ses convictions avait conservé le droit de servir dans les rangs.

Le seul moyen de le faire sainement consistait à demeurer modestement, ainsi qu'il sied à un vaincu, en dehors de la politique militante.

Telle fut la résolution que je pris et dont je ne me suis plus départi. Je me consacrai, à partir de ce moment à l'étude des questions sociales dont, par la poussée croissante du socialisme, le champ s'agrandissait chaque jour.

CHAPITRE II

De l'attitude des républicains contre le boulangisme il y a beaucoup à dire si l'on envisage les moyens employés ; mais si l'on se borne à envisager le but, on ne peut que les louer. Ils ont lutté contre un assaut de la réaction ; ils ont combattu le cléricalisme et le césarisme ; ils ont vaincu ; et le seul vrai reproche qu'on soit en droit de leur adresser c'est de ne pas avoir profité de la victoire pour réaliser cette revision qui aurait consolidé la République et qui avait poussé tant de démocrates sincères à entrer dans les rangs boulangistes.

On était en droit de croire que la majorité républicaine saurait éviter désormais les erreurs du passé, qu'elle allait entrer résolument dans la voie des réformes, qu'elle allait rompre avec le personnalisme qui la ronge. Si elle répugnait à la solution collectiviste, on devait du moins la supposer capable de favoriser, dans une direction différente, une évolution de la société vers un avenir meilleur.

En un mot, il semblait qu'au plan de réorganisation social offert par l'école collectiviste aux peuples de l'Europe et de l'Amérique, elle allait en opposer un autre établi sur des données différentes sans doute, mais visant également une meilleure, plus équitable, plus profitable répartition des richesses.

J'éprouvais un certain éloignement pour les doctrines collectivistes. Non par hostilité contre le communisme! — par tempérament je m'y serais montré plutôt favorable. Mais je ne le concevais pas en dehors d'une puissante organisation autoritaire dans laquelle je craignais de voir sombrer toute liberté. Je me trouvais donc tout naturellement conduit à l'élaboration d'un plan de réformes à lui substituer, et je jugeais ne pouvoir mieux utiliser la retraite à laquelle m'avait condamné la déroute du Boulangisme.

Je commençai par la publication d'une brochure parue en 1890, sous le titre « Socialisme collectiviste et socialisme libéral. »

Puis, je continuai à exposer et à développer mes vues dans une série de propositions de loi et de discours. C'est ainsi que je déposai une proposition de loi tendant à rendre obligatoire la participation aux bénéfices dans les sociétés par actions, que je pris part à la réforme de la loi des patentes, que je parlai contre l'impôt sur les opérations de bourse, contre le projet relatif aux caisses d'épargne, et que je combattis le ridicule projet d'impôt sur la rente qu'avait conçu l'ineffable ministre des finances Cochery. Tous ces discours, tous ces actes parlementaires visaient toujours la doctrine que j'entendais opposer au collectivisme. Je me proposais même de clôturer cette propagande pour la période antérieure aux élections de 1898 par une interpellation sur la politique sociale du gouvernement. Dans cette interpellation, à laquelle Jaurès aurait répondu, les deux systèmes auraient été largement discutés et l'on aurait pu en faire les plateformes de deux partis avancés distincts. Cela aurait mieux valu que de nommer une chambre sous la pression des antisémites et

d'un état-major criminel. Mais hélas! la dénonciation ca-
lomnieuse du misérable Arton et la complicité trouvée
par lui chez le juge antisémite et clérical Lepoittevin, dont
le cabinet était la succursale de la *Libre Parole*, me for-
cèrent à abandonner la Chambre avant que cette interpellation eût pu être développée.

Le système que j'opposais au collectivisme tendait au
maintien de la concurrence individuelle, à la division du
capital, à l'extinction des monopoles de fait aussi bien que
des monopoles de droit. Cette extension de l'individualisme, cette protection de la petite propriété, je la deman-
dais non point comme les économistes au laissez-faire,
laissez-passer, qui m'a toujours paru conduire au collectivisme, mais à une action sociale énergique et continue.
C'est là ce qui me permettait de me déclarer socialiste.

Je considérais qu'une société pouvait intervenir dans la
gestion des intérêts privés de deux manières, et ces deux
interventions possibles de l'Etat, je les désignais par deux
noms différents : je les appelais l'intervention substitutive
et l'intervention coërcitive.

Par intervention substitutive j'entendais toute action
qui tendrait à substituer l'Etat aux individus, celui-ci
prenant la place de ceux-là, exerçant les fonctions qu'ils
exerçaient avant lui, se faisant, par exemple, fabricant
de tabac, fabricant d'allumettes, raffineur de sucre ou de
pétrole, assureur, entrepreneur de transports.

Par opposition, je donnais le nom d'intervention coërcitive à toute intervention de l'Etat tendant non plus à se
substituer aux citoyens, à remplir leurs fonctions à leur
place, mais à exercer sur eux une contrainte par une série
de mesures pénales, fiscales ou autres, à les orienter, en
dehors de leur volonté, sur une voie déterminée jugée la
meilleure.

Exemple. En 1893, sur une proposition de M. Mesureur
et sur une proposition de moi, la Chambre, sans vouloir

nous suivre jusqu'au bout, avait apporté des modifications à la loi des patentes. Elle avait frappé les grands magasins d'un impôt qui croissait progressivement au nombre des rayons, dans l'espérance de mettre obstacle à l'absorption de plus en plus complète de tous les commerces dans une seule maison. C'était là de l'action coërcitive.

Autre exemple. En Allemagne, à un moment donné, on crut utile d'empêcher à la fois le trop grand morcellement et la trop grande concentration de la propriété foncière. Pour contenir les terres dans les limites considérées comme les mieux adaptées à une bonne production, que fit-on? L'Etat prit-il la place du fermier? Substitua-t-il sa gestion à la sienne? Nullement! il dégreva les propriétés moyennes en grevant au contraire les grandes propriétés et les parcelles. — C'était encore là de l'action coërcitive.

Actions coërcitives aussi le land act permettant au gouvernement de fixer en Irlande les prix des fermages, les impôts somptuaires, les impôts fortement progressifs sur le capital ou sur le revenu, les lois limitant la durée du travail ou garantissant un minimum de salaire, les lois restrictives du prêt à intérêt, les lois dites de protection douanière.

Ces deux modes d'action, l'intervention substitutive et l'intervention coërcitive, étant bien définies, j'en déduisais le critérium que j'aurais voulu voir adopter par le parti radical devenu le parti « socialiste libéral ». La situation des deux partis socialistes aurait été dès lors très nette. Le collectivisme se serait affirmé en poussant à l'action substitutive. Le socialisme libéral, au contraire, aurait poussé à l'intervention coërcitive dans un sens opposé au collectivisme. Ainsi que je l'exprimais plus haut, il se serait manifesté par des actes dont le but eût été d'empêcher l'accumulation des capitaux, d'aider à leur diffusion et de s'opposer à ce que la concurrence pût jamais dégénérer en monopole de fait par l'exagération de son principe.

Il était d'ailleurs facile au parti radical devenu parti socialiste libéral, de conformer à cette doctrine son action politique. Rien n'étant absolu dans la pratique, ce parti pouvait être conduit parfois, en présence de certaines nécessités supérieures, à adopter par exception des mesures d'intervention substitutive. D'autre part, les collectivistes s'associent tous les jours, quand ils ne les provoquent pas eux-mêmes, à des mesures d'intervention coërcitive prises certainement dans l'intérêt du peuple, mais cependant dirigées contre leur propre système. Ils subissent, en effet, les lois de la société au sein de laquelle ils vivent et dont, quelles que soient leurs tendances finales, ils ne peuvent pas s'évader.

En attendant qu'ils soient sortis du régime capitaliste, ce qui nécessairement prendra beaucoup de temps — ils le reconnaissent eux-mêmes en constatant que l'évolution capitaliste n'est pas terminée, — il leur faut bien donner leur adhésion à toute réforme capable d'atténuer les souffrances du plus grand nombre même dans notre milieu bourgeois. Ils ne peuvent pas s'enfermer dans un pessimisme absolu et se montrer hostiles à toute amélioration, qui ne serait pas strictement conforme à leur principe. Ils n'ont ni le droit ni le désir de se réfugier dans le pire et d'attendre le bien de l'excès du mal. Les chefs les plus éminents du collectivisme l'ont souvent confessé.

Lorsque Jaurès vint défendre le projet d'impôt sur le revenu qu'avait présenté Doumer, il s'exprima sans ambages. Il déclara que cette réforme n'avait rien de socialiste, que c'était une réforme d'ordre capitaliste; mais il ajouta que son parti n'avait pas le droit de se désintéresser, en la repoussant, des maux dont souffre le peuple et qu'il la voterait.

Jaurès avait raison. L'impôt personnel sur le revenu ne s'incorpore pas aux objets; il ne rend pas la société copropriétaire de ceux-ci à la manière des impôts réels

qui s'y incorporent et donnent sur eux une part de copro-
priété à l'Etat ; c'est l'impôt anticollectiviste par excellence.
Et cependant, à la Chambre en 1895, tout le groupe socialiste l'a défendu.

M. Jules Guesde, avec tout autant de raison, a fait à la
tribune, à propos de la proposition de loi relative à la limitation des heures de travail, des déclarations analogues à
celles qu'avait faites Jaurès à propos du projet Doumer.
La loi des 8 heures, si elle était votée, s'opposerait à
l'accaparement, à l'accumulation exagérée du capital ;
elle serait, par cela même, anticollectiviste au premier
chef ; et c'est cependant le groupe collectiviste qui l'a pro-
posée.

Il en a été ainsi dans le parlement d'à-peu-près tous
les projets émanés du parti radical auxquels le parti socialiste s'est presque toujours rallié même lorsqu'ils allaient contre son but idéal. Il en a même été ainsi de
beaucoup de projets que, sans se préoccuper de ce but
idéal, il a été amené à formuler lui-même : tel, par exemple, la suppression de l'impôt foncier, c'est-à-dire la re-
mise faite aux particuliers d'une propriété actuelle de
l'Etat bien réelle quoique indivise.

En agissant de la sorte le parti socialiste démontre le
caractère vraiment humain du but qu'il poursuit, et il ne
craint en aucune manière de nuire à son développement.

Au fond, il est animé d'une foi ardente. A ses yeux les
réformes d'ordre capitaliste auxquelles il se rallie ne
peuvent jamais être qu'un palliatif très léger, très insuffisant. En s'y ralliant, en donnant à la société bourgeoise
la faculté de tirer de son sein tous les instruments de
progrès qu'elle renferme, les socialistes ne craignent pas
de retarder l'avénement de la société telle qu'ils la con-
çoivent. Ils croient au contraire amener naturellement le
peuple à l'idée d'un renversement complet des conditions
de la propriété par l'observation de l'impuissance des ré

formes capitalistes non seulement à rien transformer, mais même à rien améliorer sérieusement.

Il n'en est pas moins vrai que la nécessité s'impose dans la pratique aux radicaux anticollectivistes de se rallier quelquefois à des actes d'intervention substitutive, tout comme elle oblige dans le plus grand nombre des cas les collectivistes à adhérer à des mesures d'intervention coërcitive opposées à leur doctrine théorique. Cela devait faciliter la fusion des deux groupes dans la conduite des affaires quotidiennes et permettre la constitution d'une solide phalange de gauche formant bloc contre la réaction. Celle-ci aurait été divisée sur la théorie, mais en pratique elle se serait trouvée presque toujours unie, et c'était là le principal.

On se demandera peut-être à quoi aurait servi une discordance doctrinale qui n'aurait pas empêché la concordance dans l'action. Elle aurait servi à constituer un parti socialiste libéral, autrement dit un parti radical nettement différencié, et j'apercevais à cette différenciation des avantages de tous ordres.

Si mes idées étaient justes ; si mes critiques étaient fondées ; si mes espérances l'étaient aussi ; si, par des réformes graduelles, par une action coërcitive du corps social conduite avec un esprit de suite, il était possible d'amener la diffusion du capital que je désirais ; si un jour venait où, personne n'étant plus assez riche pour vivre sans travailler, chacun posséderait néanmoins une parcelle du capital social et participerait ainsi à la rémunération de ce dernier ; si, suivant une expression de Jaurès précisant ma propre pensée, la société devenait une espèce de coopérative, dans laquelle, sans sortir de la forme actuelle par un renversement des pôles, chacun participerait à la fois du caractère de l'actionnaire et du caractère de l'ouvrier, ce serait tant mieux !

Si, au contraire, les collectivistes étaient dans le vrai ;

si le renversement des pôles était nécessaire ; si la société bourgeoise devait être brisée ; du moins la coopération de ces deux partis, différents par la doctrine mais semblables par les aspirations humanitaires, permettrait à l'évolution capitaliste de s'achever sans encombre et à l'évolution collectiviste de commencer sans à-coup, sans violence. Elle nous éviterait le malheur toujours possible d'une couche sociale arrivant au pouvoir insuffisamment préparée ; peut-être même en permettant au collectivisme de s'installer sans secousse et par gradation, donnerait-elle aux hommes le temps de s'y accoutumer, de s'y adapter, et ferait-elle ainsi disparaître une partie des inconvénients qui rationnellement m'en éloignaient. Enfin par cela seul que la doctrine socialiste serait enfermée dans des limites moins étroites, elle gagnerait en étendue et l'on pourrait espérer plus tôt une majorité dans les Chambres.

Je m'illusionnais peut-être sur la puissance coërcitive de l'Etat en matière économique. Vouloir enrayer le développement du grand commerce ou de la grande industrie et la monopolisation des grands services par des mesures fiscales comme celle que nous proposions Mesureur et moi, c'était sans doute puéril. Cette conception se rapprochait par plus d'un côté de celle des réactionnaires. Epris du bon vieux temps, ne pouvant prendre leur parti des transformations sociales, ils s'épuisent en efforts ridicules pour entraver le mouvement humain et faire rétrograder l'humanité. Ils ne s'aperçoivent pas que l'humanité est un organisme vivant et qu'il est aussi absurde de vouloir la faire revenir en arrière qu'il le serait de vouloir ramener à la jeunesse virile un vieillard de quatre-vingts ans. Nous ne sommes plus au temps où le Jourdain remontait vers sa source.

Abandonner tout à fait cette conception c'était toutefois se placer en présence d'un dilemme redoutable. Il fallait alors ou prendre hardiment son parti du collectivisme, et

2

d'un collectivisme dont des étapes intermédiaires ne nous auraient pas assez rapprochés, ou se résoudre à travailler au maintien indéfini de la société capitaliste telle qu'elle s'offre à nous actuellement.

Une telle conclusion aurait été entachée d'abord d'un élément antiscientifique. On ne peut pas plus fixer le genre humain à un point de sa croissance qu'on ne peut le faire rétrograder, et elle s'applique à l'espèce comme à l'individu la pensée de Lamartine :

> Nous ne pourrons jamais sur l'océan des âges
> Jeter l'ancre un seul jour. 1

Elle avait à mes yeux un vice plus capital encore. Elle froissait mon esprit de fraternité, de justice, de vérité. Si la société collectiviste méritait toutes les attaques que j'avais accumulées contre elle, la société capitaliste actuelle ne perdait aucun de ses défauts. Sans doute il était permis de se demander si entre deux maux elle ne représentait pas le moindre ; mais il était impossible de se dissimuler qu'elle représentait un mal et il m'est souvent arrivé dans la discussion de dire à Jaurès : « si la forme sociale que je poursuis de mes vœux est irréalisable, je préfère la vôtre à celle d'aujourd'hui. »

Ce n'est pas que ce sentiment fût permanent en moi. Mon esprit était flottant. Quand je doutais de la réalisation de mes idées, tantôt j'inclinais comme pis aller vers le collectivisme, tantôt vers le maintien de notre état social actuel.

Mais le maintien de l'état actuel exige la conservation des forces d'hypocrisie et de mensonge qui l'ont soutenu

1. Le premier de ces deux vers de Lamartine n'est pas tel que je l'ai écrit en m'en appropriant la pensée, mais bien :
Ne pourrons-nous jamais sur l'océan des âges...
Si je ne lui ai pas conservé sa forme interrogative, c'est parce que la pensée qu'il exprime et que j'applique aux sociétés humaines est pour moi absolument positive.

jusqu'à ce jour. Un ordre social tel que le nôtre ne peut résister longtemps à la poussée de la liberté de penser et d'agir. Si donc il était démontré d'une part que cet état social fût le moindre mal pour l'humanité, que toute tentative d'amélioration dût aboutir à une aggravation fatale ; s'il était démontré d'autre part que les religions surannées, les dogmes absurdes, c'est-à-dire la déformation systématique des cerveaux, fussent le moyen unique d'empêcher le mal pire dont nous menacerait une évolution essentiellement pathologique, morbide, de l'humanité, la conséquence en serait qu'il faudrait faire campagne avec les cléricaux.

En un mot, plus je réfléchissais plus je voyais que la question était posée entre le cléricalisme et le socialisme.

Je ne me l'avouais pas volontiers. Je ne dirai pas que j'avais foi, mais je voulais avoir foi dans le parti radical. J'aurais voulu voir ce parti se constituer fortement, adopter résolument un principe recteur, celui de la résistance aux monopoles que j'avais formulé sous le nom de socialisme libéral. J'aurais voulu le voir attirer à lui, par la tolérance religieuse, pour démanteler l'armée cléricale et pour empêcher les recrues qui en viendraient d'aller au collectivisme, la fraction populaire, démocratique de l'armée réactionnaire. Je voulais, en un mot, ou enrayer le collectivisme et préparer l'affranchissement universel sous la forme de la propriété bourgeoise, en faisant de tous des bourgeois ; ou tout au moins, si ce résultat était impossible à atteindre, atténuer par cette tentative même les dangers inhérents à l'avénement du collectivisme, en donnant à ce dernier le temps de se préparer, de s'adapter aux hommes, de devenir inoffensif.

Il fallait pour cela un parti radical sérieux, sincère, solidement constitué, un parti fondé sur des doctrines fixes et non comme aujourd'hui sur des appétits de pouvoir.

M'efforcer, en dehors de la politique proprement dite pour laquelle le boulangisme m'avait disqualifié, de créer ce grand parti sur le terrain économique, c'était une œuvre digne d'occuper mes dernières années. Serais-je parvenu à l'accomplir si l'on ne m'eût pas misérablement arraché de mon siège? Je ne le crois pas. Si un grand parti ne se constitue pas c'est que décidément le mouvement social se fait dans un autre sens, c'est que les groupes qu'on se proposait de relever sont destinés à périr.

Il était déjà trop tard.

L'envahissement clérical avait déjà pris trop de développements. Le parti clérical que d'aucuns parmi nous avaient cru négligeable avait gagné un terrain extraordinaire.

Nous disions : les cléricaux sous l'ancien régime possédaient tout : ils avaient le monopole de l'instruction; le bras séculier faisait exécuter les lois de l'Eglise; les adversaires de l'Eglise ne possédaient aucune liberté, et la révolution s'est faite. Comment craindrions-nous ce parti des ténèbres alors que nous avons aujourd'hui toutes les libertés pour instruire et pour éclairer le pays?

Si juste qu'il fût en apparence, ce raisonnement était faux dans la réalité. Le trouble social du moment, les déceptions produites dans les classes populaires par l'œuvre de la république, la diminution de foi républicaine qui en est résultée, ont donné aux cléricaux un levier insoupçonné de nous dont ils ont profité largement, et nous nous sommes trouvés pris un matin dans un réseau des plus redoutables. L'antisémitisme naissant s'efforçait de pénétrer le peuple, de pénétrer les rangs socialistes eux-mêmes, et le parti radical n'était plus assez en contact avec l'âme populaire pour mener à bien l'œuvre que je voulais lui confier. Loin de se constituer en parti revivifié, il n'a fait que s'effriter et se dissoudre.

Est-ce parce que le principe sur lequel je voulais l'ap-

puyer était erroné et parce que c'est le propre des doctrines fausses de ne pas trouver d'organes par lesquels elles
puissent être appliquées?

Est-ce, au contraire, parce que les hommes ont manqué à la doctrine?

Peu importe! Il est oiseux de le rechercher. C'est de la
métaphysique pure. C'est sans intérêt scientifique si ce
sont les hommes qui manquent à la doctrine ou si c'est
la doctrine qui est impuissante à grouper les hommes.
Dès l'instant où le groupement ne se fait pas autour d'une
doctrine déterminée, cette doctrine est par cela même
condamnée et l'on n'a plus à en tenir compte.

CHAPITRE III

Depuis 1871 jusqu'en 1890 la réaction cléricale et monarchiste avait subi défaites sur défaites.

Livrant bataille à visage découvert comme au 16 mai, ou sous le couvert [d'un général populaire comme Boulanger, elle avait été écrasée.

C'est alors que le pape Léon XIII imagina le ralliement à la forme républicaine, que le cardinal de Lavigerie fit jouer la *Marseillaise*, et qu'on chercha dans le camp des Jésuites à s'emparer par une ruse de guerre de la forteresse politique qui jusque-là avait résisté à tous les assauts.

Mais quel mot d'ordre adopter pour capter la confiance des masses ignorantes, et pour offrir un prétexte aux hommes politiques désireux de trahir leur parti?

Les Jésuites le trouvèrent dans l'exemple même des républicains.

Gambetta, qui brillait surtout par les paroles retentissantes, avait adopté la plateforme célèbre : « le cléricalisme c'est l'ennemi. » C'est avec ce drapeau que les républicains ont marché au combat pendant toute la période de lutte qui a abouti à la consolidation de la troisième République; et il faut reconnaître que cette arme a été puissante jusqu'au jour où elle s'est émoussée.

Elle aurait pu nous donner un triomphe plus complet si, au cours de la période d'enthousiasme, on avait abattu le monstre au lieu de le menacer sans le frapper, si on avait séparé les églises de l'Etat, si surtout on avait réalisé des réformes suffisantes pour se concilier l'affection du peuple d'une manière définitive et pour l'empêcher ainsi de revenir par défaillance à ses anciennes amours.

Mais on s'est borné à des taquineries mesquines sans effet; on a inquiété les consciences sans réaliser aucun des progrès réels qui auraient pu contrebalancer les effets produits par cette inquiétude. Peu à peu, le corps électoral voyant qu'on le leurrait par des mots, qu'il en était de la lutte anticléricale comme de l'esprit réformiste, qu'on n'abattait pas plus la conjuration papiste qu'on ne réformait notre état social, le corps électoral s'est fatigué et a cessé de croire aux dangers qu'on lui signalait tout comme aux promesses qui lui étaient faites. Il a déserté le champ de bataille par lassitude, se désintéressant des résultats électoraux et ne votant plus que par habitude sans passion et sans conviction.

Pendant que le gouvernement soi-disant républicain amenait ces tristes conséquences par son incapacité à gouverner, par son absence de principes, par la substitution du personnalisme aux idées générales, un autre phénomène se manifestait. Le parti socialiste entrait en scène, et la bourgeoisie, menacée par lui dans la possession de ses privilèges, effectuait une évolution régressive. Revenant à l'Eglise romaine, elle faisait son acte de contrition, acte de contrition rendu facile par l'évolution de l'Eglise elle-même ralliée — en apparence au moins — à la République.

Ce n'était pas la première fois que l'on pouvait observer en France une évolution rétrograde de cette nature.

En 1788 une grande fraction de la noblesse était libérale et voltairienne et lorsque s'ouvrirent les Etats généraux de 1789, des Noailles et des Montmorency siégèrent à la gauche de l'assemblée.

Mais à mesure que la Révolution gagnait du terrain et développait ses conséquences, l'immense majorité de cette noblesse voltairienne de 1788 s'effara. Plaçant ses intérêts de caste au dessus des intérêts généraux de l'humanité, elle fit un pas en arrière, se courba devant l'Eglise, refuge naturel de tous les oppresseurs aux abois, alla combattre les forces républicaines dans les régiments de Coblentz et, rentrée en 1815 après vingt-six ans de lutte, elle apporta à ce pays-ci l'oppression cléricale la plus meurtrière et la plus féroce.

La bourgeoisie issue de la révolution, enrichie par les spéculations sur les biens nationaux et à laquelle les revenants en ailes de pigeon de l'ancien régime avaient arraché le pouvoir, combattit la Restauration avec une énergie digne de tous les éloges et finit par la renverser dans les journées glorieuses de Juillet 1830.

Mais la Révolution faite, elle la confisqua à son profit, élimina le peuple dont l'appui seul lui avait donné les moyens de vaincre et inaugura ce Gouvernement de la corruption qui, à travers plusieurs régimes identiques au fond quoique différents en apparence, s'est perpétué jusqu'à aujourd'hui.

Du moins demeurait-elle jalouse des principes tutélaires formulés dans la déclaration des droits de l'homme et s'opposait-elle aux empiétements de la société religieuse sur la société civile.

Cependant, au lendemain des journées de février, lorsqu'elle vit poindre le suffrage universel, elle trembla devant le peuple tout comme la noblesse voltairienne de 1788 avait tremblé devant elle; elle chercha un appui contre les revendications populaires, et comme il n'en existe que deux, le militarisme et le cléricalisme, elle se donna à la dictature militaire et à la domination cléricale.

Reniant les lois universitaires qui étaient son œuvre, elle fit la loi Falloux ; et reniant l'esprit libéral qui avait fait sa gloire, elle s'agenouilla sous le sabre de Napoléon III. Le 2 décembre couronna cette honteuse reculade. Elle se crut sauvée et se réveilla à Sedan. Du moins à côté de cette bourgeoisie enrichie, avachie, repue, qui avait acclamé l'Empire, restait-il une classe intellectuelle éprise de justice et de liberté. Celle-ci lisait les *Châtiments* avec enthousiasme et se préparait pour un retour offensif de la Révolution.

Vaincue en 1851, cette seconde couche de la bourgeoisie que personnifia Gambetta a fait la révolution du 4 septembre. Il est une justice qu'on doit lui rendre : si elle n'a pas été complètement à la hauteur de sa mission ; si elle n'a pas su se dépouiller de l'égoïsme bourgeois ; si elle s'est montrée incapable de travailler à l'évolution sociale du peuple, du moins a-t-elle appliqué, au début, par la loi sur la presse, par la loi sur les réunions publiques, par la loi du divorce, par la loi militaire, par la loi sur les syndicats professionnels, les idées de liberté qui avaient été sa raison d'être.

Mais une fois ces réformes réalisées, elle s'est trouvée sans programme, sans idéal. Elle a fait consister toute la politique dans une question de personnes. Par l'instabilité gouvernementale, elle est arrivée à supprimer toute autorité légitime sans diminuer en rien et en aggravant même ce qu'il y a d'oppressif dans notre système de centralisation à outrance. Elle a fatigué le pays.

Puis, quand le pays fatigué s'est jeté dans le boulangisme, pour une heure elle s'est reprise et a vaincu l'armée hétéroclite, disparate, qui cherchait à l'évincer.

Seulement, le danger couru ne l'avait pas rendue plus

prévoyante. Lorsque la continuation de la même politique
d'où était né le boulangisme a eu ramené la désaffection
générale qu'elle avait un instant surmontée ; lorsqu'elle
a vu surtout les revendicatiens populaires qu'elle n'avait
pas su canaliser prendre corps et se développer lentement
sous la forme dogmatique du socialisme ou sous la forme
violente de l'anarchie, elle a pris peur comme avait pris
peur la couche bourgeoise de 1830 en 1848, comme avait
pris peur en 1789 la noblesse voltairienne de 1788, et,
prenant peur comme elles, subissant l'évolution rétrograde
qu'elles avaient elles-mêmes subie, elle a cherché un
point d'appui là où ses devancières avaient trouvé le leur,
dans le cléricalisme.

Les anciens républicains de 1871, passés à M. Méline,
n'ont cependant pas eu — justice à tous ! — l'intention de
livrer aux cléricaux la citadelle dont ils avaient la garde.
Ils ont cru la réaction catholique assez écrasée, assez
abattue, pour avoir cessé d'être dangereuse. Ils se sont
imaginé qu'ils pourraient se servir · d'elle au lieu de la
servir. Ils l'ont appelée à l'aide de la société menacée et
la réaction catholique ne s'est pas fait prier pour se mettre à leur suite. C'est ainsi que se sont constitués et sou-
tenus les différents ministères dont le cabinet Méline a
été le dernier en date et le premier en malfaisance.

Ces cabinets, obligés de payer par des faveurs l'appui
qu'on leur donnait, ont livré à la réaction l'armée, la ma-
gistrature, l'administration... toutes les avenues du pouvoir. Ils croyaient constituer contre le socialisme un parti
républicain tory dont les cléricaux seraient un des éléments. Quand ils ont ouvert les yeux — les ont-ils ou-
verts ? — ils étaient en présence d'une réaction puissante
maîtresse de la France, dont eux-mêmes ne formaient
plus que l'appoint, appoint bientôt superflu. Et cependant médusés par une longue et criminelle complicité, ils
n'ont pas su se dégager. Ils sont demeurés inféodés au

parti qui les déshonore et qui, si le malheur voulait qu'il triomphât tout à fait, les jetterait ignominieusement à l'égout.

C'est que les Jésuites n'avaient pas perdu leur temps. Pendant qu'ils avaient l'air en bons apôtres de prêter aux Rouvier, aux Ribot, aux Méline, l'appui désintéressé de leurs votes, ils préparaient, entamaient, menaient dans le pays une campagne souterraine dont le résultat était de désorganiser, de dissocier le parti républicain et de faire passer, sous la forme démagogique de l'antisémitisme, à la réaction pure, une grande partie des troupes dont le faisceau démocratique se composait.

J'avais voulu arracher aux cléricaux leurs soldats en affirmant la tolérance religieuse et en entrant dans la voie d'une politique nettement réformiste.

Les Jésuites, par une tactique identique quoique opposée, ont cherché à porter le trouble et la désorganisation dans les troupes républicaines et au moyen de l'antisémitisme ils y sont parvenus.

Ils ont même un moment menacé le socialisme par cette doctrine que Bebel a appelée le socialisme des sots et que je crois avoir définie plus complètement encore en l'appelant le socialisme des aigrefins à l'usage des imbéciles.

L'antisémitisme a commencé en 1886 par le livre de Drumont la « France juive », livre accueilli dans la France entière avec l'indifférence la plus absolue. On considérait ce bas policier de l'Empire, cet associé de stamir, cet ancien employé et panégyriste du Juif Péreire qu'il comparait à Napoléon, comme un isolé sans talent, comme un raté, comme un fou dont la tentative détonait avec l'esprit de notre siècle, dont l'appel demeurerait sans écho. On supposait que ses écrits auraient le sort qu'avait eu en 1869 le livre du chevalier Gougenot des Mousseaux 1, dont il se

1. Le chevalier Gougenot des Mousseaux a publié en 1869 un

faisait le ridicule plagiaire. Seulement on ignorait une chose : on ne savait pas alors que Drumont était le metteur en œuvre d'un plan soigneusement concerté par le Gésù universel.

Gambetta avait vaincu la réaction en poussant son cri de guerre « le cléricalisme c'est l'ennemi ». Dans ce cri de guerre le Gesù a trouvé un enseignement. Il s'est dit qu'il fallait lui opposer un autre cri de guerre capable de faire diversion et d'entraîner les masses, et il en a trouvé un : celui de « mort aux Juifs ! »

Drumont fut choisi pour mener cette campagne, et plusieurs ouvrages de lui faisant suite à la « France juive » avaient déjà paru lorsque, ainsi que je l'ai dit plus haut, le boulangisme vint en entraver le développement. Les monarchistes avaient trouvé une autre voie ; et puis, la population était entraînée par des sentiments différents. Comme cependant deux moyens valent mieux qu'un seul, Drumont continua clandestinement son œuvre, et le boulangisme, après avoir été un obstacle, devint pour lui, une fois vaincu, un puissant adjuvant. Les troupes boulangistes débandées cherchaient un parti d'agitation, de violence et de désordre auquel s'inféoder. L'antisémitisme le leur offrait, elles y allèrent tête baissée.

Aussi, Boulanger mort et le boulangisme complètement détruit, l'antisémitisme ne tarda pas à reprendre sa marche insidieuse et progressive. La *Libre Parole* étant fondée, l'exécution du plan se poursuivit successivement par l'incident Crémieux-Foa — première tentative pour chasser les Juifs de l'armée, — par le duel Morès-Meyer, et par le crime de 1894 qui l'a porté à son apogée.

---

livre intitulé : « le Juif, le Judaïsme et la Judaïsation des peuples chrétiens ». Drumont l'a presque copié, se contentant d'y ajouter les potins insanes ramassés sans contrôle dans les ordures de la presse. En bonne justice c'est le chevalier qui devrait avoir la gloire de Drumont — toujours le *« sic vos non vobis. »*

C'est que, il faut bien le reconnaître, l'antisémitisme était pour les Jésuites une trouvaille. La plateforme antisémite était certainement la meilleure que le Gésù pût opposer à la plateforme anticléricale usée de Gambetta.

Autour du drapeau antisémite auquel on donnerait alternativement les couleurs du socialisme, du radicalisme, du nationalisme ou du cléricalisme suivant les personnes auxquelles on s'adresserait, on pourrait rallier des hommes venus de tous les points de l'horizon politique.

Jusque-là on avait échoué toutes les fois que l'on avait essayé de briser le faisceau des forces républicaines. La plateforme antisémite — vrai cheval de Troie — introduirait l'ennemi au cœur de la place, dissocierait l'armée de ses défenseurs, séparerait les combattants de la veille, en ferait des frères ennemis, et finirait par rallier à l'armée cléricale des hommes qui depuis vingt-cinq ans s'étaient montrés les défenseurs résolus de la République.

Là était le danger que l'imbécillité républicaine n'a pas vu. Nos législateurs étaient occupés à vider leurs querelles personnelles sans regarder ce qui se passait au dehors; ils dissertaient sur la lumière incréée du Thabor tandis que Mahomet II — je veux dire le cléricalisme — forçait les portes de la nouvelle Byzance. Ils mentaient du haut de la tribune; ils s'imaginaient qu'ils se tireraient par de simples outrages à la vérité de la fausse situation où les avaient conduits leur lâcheté, leur impéritie et leurs crimes.

CHAPITRE IV

Si l'antisémitisme était une trouvaille de stratégie politique, il répondait aussi à un but plus substantiel.

Les antisémites connaissent la puissance que donne le maniement des grands capitaux, et ils veulent en déposséder la société civile au profit de la société religieuse. Exproprier les juifs, puis les protestants, puis les libres-penseurs, puis tous les possesseurs de fortunes « mal acquises » au profit des corporations religieuses, ce serait rendre l'Eglise omnipotente; ce serait assurer la défaite de la Révolution.

Une fois aux mains des jésuites les fortunes seraient toujours bien acquises : l'Eglise purifie tout. On se rappelle l'héritage de deux millions que lui légua il y a quelques années une proxénète de la rue Joubert. Sanctifié par elle, cet argent cessa aussitôt — selon l'expression de Domitien — de sentir mauvais. Il en irait de même de l'argent des infidèles.

Ceci est l'intérêt religieux de l'antisémitisme. Il faut établir une théocratie comme au douzième siècle et pour y arriver il faut confisquer les fortunes de qui ne croit pas, de qui n'est pas l'esclave de la congrégation. Commencer l'expropriation par les juifs est habile. Les peuples ne crient que lorsqu'on les touche. Ils ne se sentent pas atteints lorsqu'on s'attaque à une minorité. Quand l'expropriation des juifs sera faite, l'Eglise saura bien compléter son œuvre: on peut se reposer pour cela sur son extrême habileté de manœuvrière.

L'antisémitisme présente aussi un intérêt économique intimement lié à l'intérêt religieux.

Les antisémites — ce qui se passe en Allemagne en fournit la preuve, tout comme le scandale qui vient de se produire en France à propos du fameux syndicat de crédit agricole — sont avec la propriété foncière contre la propriété mobilière. Ils ne veulent pas détruire le capitalisme; ils veulent le conserver, mais le conserver sous sa forme terrienne surtout. Ils entendent rendre à l'agriculture féodalement comprise la prépondérance sur l'industrie; et ils le veulent ainsi parce que le capitalisme industriel marque une étape vers l'affranchissement humain, tandis que le capital terrien nous éloigne du but poursuivi par la Révolution.

A première vue on pourrait contester ce caractère révolutionnaire de l'industrie.

S'il est un capital qui paraisse justifier l'exploitation collective, il semble bien que ce soit la terre. D'abord elle représente l'outil primordial, l'outil essentiel, celui qui assure notre existence; et puis, s'il est faux de prétendre qu'elle soit gratuitement donnée par la nature — car sans l'effort humain sa fécondité serait depuis longtemps épuisée, — il est juste cependant de reconnaître que, de toutes les industries, l'industrie agricole est celle qui renferme le plus d'éléments gratuits: le sol considéré comme support tout au moins, le soleil, l'air et l'eau. Ce sont là des considérations qui militent profondément pour la mise en commun de cette richesse, dont l'appropriation individuelle est la plus choquante.

Mais la terre, même lorsqu'elle se concentre en quelques mains comme dans la Grande-Bretagne, laisse le paysan trop disséminé pour permettre les ententes entre ouvriers et la lutte du travail contre le capital. Que dire, par conséquent, des pays où elle est divisée comme chez nous?

L'industrie agricole est, par suite, essentiellement conservatrice. Elle se prête difficilement aux transformations économiques. Si le collectivisme doit finir un jour par s'imposer à l'humanité, c'est par l'usine qu'il triomphera ce n'est pas par la terre. C'est lorsque la campagne aura été presque entièrement désertée pour la ville, lorsque les travailleurs se trouveront groupés sur tous les points du globe en grandes associations, lorsque les machines agricoles dirigées par quelques-uns se seront substituées partout aux bras humains concentrés ailleurs; c'est à ce moment-là, et à ce moment-là seulement, que l'exploitation sociale commencée dans l'usine pourra s'étendre jusqu'aux champs.

Conserver la prédominance du capital immobilier sur le capital mobilier, de la propriété terrienne sur la propriété industrielle, c'est donc diminuer la puissance de la Révolution, c'est éloigner le socialisme.

Or, si les juifs ont joué un rôle dans le monde économique, c'est par la mobilisation de la fortune. Ce rôle a été moins grand, moins exclusif que ne le disent leurs détracteurs; mais eu égard à leur petit nombre il a été, il est encore, considérable, et c'est leur titre de gloire. Ils ont été, inconsciemment peut-être, mais ils ont été sûrement, des ouvriers de la Révolution. On comprend la haine que, de ce chef, ils inspirent à tous les séides du passé.

Combattre le juif et l'exproprier, pour faire de son expropriation le point de départ d'une expropriation plus générale au profit des congrégations;

Abattre la Révolution en abattant le capitalisme au profit du féodalisme ressuscité;

Enfin satisfaire les passions religieuses en s'attaquant au peuple déicide ;

Tels sont les mobiles réels, telles sont les raisons ésotériques de l'antisémitisme.

Mais ces raisons, les antisémites ne peuvent pas les exposer au public. Ce serait ruiner par avance leur œuvre : si les masses voyaient où ils les mènent, elles se détourneraient d'eux avec horreur.

A [la manière des hiérophantes antiques qui avaient leurs mystères sacrés, mais qui conservaient pour eux l'interprétation de ces mystères, et qui ne livraient au peuple qu'une série de superstitions imbéciles supposées en harmonie avec son état de civilisation, les antisémites doivent donc avoir leurs raisons ésotériques, celles qu'ils exposent aux méditations des profanes, et celles-là ne soutiennent pas l'examen.

Il y a d'abord l'argument religieux, mais il est déjà esotérique ; il n'a de valeur qu'aux yeux des fanatiques. En dehors d'eux il n'est plus utilisable. L'intolérance confessionnelle n'a plus de puissance dans notre siècle d'incrédulité. Elle en a si peu que les antisémites sont obligés de la répudier ostensiblement quoique, dans leur for intérieur, et en bons cléricaux qu'ils sont, ils soient surtout poussés par les mêmes sentiments qui animaient autrefois les inquisiteurs. Mais s'ils ne peuvent déchaîner les passions antijuives en s'appuyant sur le déicide, que lorsqu'ils s'adressent aux catholiques sectaires, ils ne se trouvent pas pour cela vis-à-vis des autres au dépourvu.

Ils ont reproché aux juifs d'être des hommes d'argent, des gens de négoce, et de se montrer incapables d'exercer aucune autre profession. Jamais disaient à la Constituante, en 1789, 1790 et 1791, les adversaires de l'acte d'affranchissement, les juifs ne consentiront à servir dans l'armée : leur religion ne saurait le leur permettre ; elle s'oppose à

ce qu'ils puissent s'asseoir à la même table que les chré
tiens et y manger les mêmes mets. .

Cette objection paraissait si forte que Mirabeau, leur
défenseur, à cette époque où le service militaire n'était
pas obligatoire, ne la contestait pas. Il se bornait à répondre pour la réfuter que tous les citoyens ne sont pas forcés d'être militaires et que l'on peut, autre part que dans
l'armée, rendre à la société des services équivalents.

Or, la solidité de l'argument était telle qu'à l'heure actuelle on en est réduit à machiner l'affaire Crémieux-Foa et
à commettre l'abominable crime Dreyfus pour chasser les
juifs de cette armée où leurs contempteurs de 1791 leur
reprochaient de ne pas vouloir, de ne pas pouvoir entrer.

Il est si vrai que les juifs sont incapables de s'occuper
d'autre chose que de bourse et de négoce que leurs ennemis s'indignent de l'envahissement par eux des professions
libérales et des fonctions publiques.

On a accusé les juifs d'être des accapareurs sans vouloir
remarquer que ce qu'on appelle l'accaparement, autrement dit l'accumulation des capitaux en·quelques mains
— si tant est qu'il soit réel et ne soit pas une simple apparence, — est un fait général, un fait d'évolution sociale ; qu'il marque un des stades de l'humanité, et que,
par conséquent, on ne peut scientifiquement l'imputer aux
individus ou aux groupes d'individus qui y ont joué ou y
jouent un rôle passager.

On a cherché à rendre les juifs odieux en affirmant
qu'ils sont les représentants suprêmes du capitalisme,
alors que cette affirmation est le contraire de la vérité. Le
capital terrien et le capital industriel sont en des mains
chrétiennes. Le grand commerce de détail, les grands
magasins y sont également. Enfin la haute banque, où
les juifs ont surtout leur place, tout en y demeurant en
minorité, représente certainement, parmi les diverses ma-
nifestations du capitalisme, celle qui est la moins oppres-

sive parce qu'il n'y a pas de contact direct entre elle et le travailleur.

On s'est efforcé d'exciter la haine populaire contre les juifs en faisant appel à l'envie. Dans ce but on a exagéré leurs richesses, et l'on a pris bien soin de passer sous silence le prolétariat juif, cet énorme prolétariat, misérable, opprimé, devant lequel, au point de vue du nombre, les grands juifs ne comptent pas.

Et tandis que ces grands juifs échappaient aux fureurs de l'antisémitisme, les riches et les puissants trouvant toujours le moyen de se défendre, ce sont les petits, les humbles, les pauvres qui étaient traqués, volés, assassinés. Il faut lire pour s'en rendre compte — et l'on ne peut le faire sans frissonner — le discours si élevé et si documenté qu'a prononcé M. Rouanet sur la question algérienne.

L'accusation économique portée contre les juifs est donc sans valeur. Mais les antisémites ne sont jamais à court d'argument. Quand un leur fait défaut, vite ils en inventent un autre sans même s'inquiéter si les diverses raisons qu'ils invoquent sont ou non conciliables entre elles. C'est ce qu'ils font en se rabattant sur de prétendues observations politiques qui, en réalité, se contredisent.

A entendre Drumont et ses partisans, les juifs se soutiennent, marchent tous d'accord et ne sont pas comme les autres français divisés d'opinions et de croyances.

A peine cependant cette nouvelle accusation est-elle formulée qu'un autre adversaire vient au contraire reprocher aux juifs d'avoir un pied dans tous les camps.

Se rappelle-t-on M. Denis et son interpellation de 1895 ? M. Denis est un obscur avocat de province sans talent. Un jour, grâce à la complicité de l'évêque de son diocèse, il parvint à extorquer un mandat aux électeurs des Landes en trompant le parti républicain auquel il prétendait appartenir. Il fallait payer les suffrages cléricaux qui lui avaient donné la victoire sur M. Loustalot. Il interpella sur la question juive et Rouanet et moi lui fîmes l'honneur d'une réponse. M. Denis dans sa longue et pâteuse harangue n'affirmait-il pas que pendant la période boulangiste Joseph Reinach et moi nous nous étions distribué la besogne, nous mettant lui d'un côté, moi de l'autre, afin que, quel que fût le vainqueur, la synagogue retombât toujours sur ses pieds? Comment concilier cette accusation avec celle de Drumont?

Prétendre que les Juifs ont un pied dans tous les camps, c'est la façon d'exprimer d'une manière malveillante une vérité honorable pour eux; c'est reconnaître que, comme les autres citoyens du pays auquel ils appartiennent, ils se divisent entre les différents partis existants; c'est confesser que, pas plus que les autres, ils n'ont tous le cerveau bâti sur le même modèle; c'est réfuter ceux qui les accusent de constituer un Etat dans l'Etat; c'est constater qu'ils ne forment pas un bloc.

Mais ces messieurs de l'antisémitisme n'en sont pas, nous l'avons dit, à une contradiction près. Dans le procès Dreyfus, ne les a-t-on pas vus apporter, quant à la date du bordereau et quant aux prétendues pièces livrées, les inventions les plus opposées sans cesser cependant d'affirmer chaque fois leur conviction inébranlable. Ils recourent à la même méthode dans leur discussion dogmatique.

Comme néanmoins le public n'est pas aussi sot qu'ils le supposent; comme cette argumentation religieuse, économique et politique ne suffirait pas, les antisémites ont eu recours à l'argument suprême, l'argument nationaliste.

En 1792, les cléricaux faisaient appel à l'Europe contre la France et tombaient broyés sous les coups du patriotisme français. Accaparer aujourd'hui le patriotisme et dénoncer comme sans patrie quiconque ne reçoit pas la communion sainte leur a paru de bonne guerre. Les Juifs ont été les premiers dénoncés comme étrangers.

Ce réquisitoire au patriotisme n'est pas plus solidement

établi que les précédents, les antisémites le savent bien.

Les Juifs sont de bons Français malgré que l'on en ait, tout comme les protestants et les catholiques. J'oserais même dire que s'il y avait lieu de faire des distinctions, la distinction serait en leur faveur. Les catholiques ont un chef religieux qui est un Italien et, à de certaines heures, leur conscience peut hésiter entre leurs devoirs envers leur pays et leurs devoirs envers le pape. Les protestants peuvent éprouver des sympathies naturelles pour les puissances protestantes. Mais il n'y a pas de puissances juives; il n'y a pas de pape juif, et les israélites n'ayant en somme que leur patrie dont ils puissent se réclamer, à qui ils puissent demander aide et protection, n'ont aucun motif d'ordre matériel ou d'ordre moral pour la trahir. Aussi la servent-ils avec dévouement, surtout lorsque cette patrie s'appelle la France, la première en date parmi les nations qui les ont adoptés et les ont admis au nombre de leurs enfants.

Ils n'étaient autrefois qu'un troupeau errant, tantôt toléré sur un point, tantôt expulsé de ce même point où on les avait tolérés la veille. La France de 1789 a fait d'eux des citoyens. Ils ne l'ont pas oublié et, pour tuer ce souvenir dans leur cœur, il faudrait bien des infamies et des crimes. Il faudrait que les misérables instigateurs de guerre civile ou religieuse qui s'appellent Drumont et Rochefort réussissent à défaire l'œuvre de la Révolution française. Et encore! car le Juif que l'on dit nomade — probablement parce que pendant des siècles on l'a forcé à être nomade en l'empêchant de se fixer où que ce fût — est, au contraire, particulièrement attaché au sol qui l'a vu naître et aux habitudes qu'il y a contractées.

En outre, les Juifs français sont entièrement assimilés à la nation française, comme le sont ceux d'Italie, d'Allemagne ou d'Angleterre aux nations italienne, germaine ou britannique.

3.

. Ils n'ont pas, cela est vrai, subi l'assimilation physique :
ils conservent leur nez en bec d'aigle, leurs yeux rapprochés de la ligne médiane ; mais l'assimilation intellectuelle.
et morale est complète.

L'unité intellectuelle et morale des peuples est indépendante des races dont ils se composent pourvu que ces races ne se trouvent pas à des degrés assez éloignés sur
l'échelle des êtres pour être inassimilables.

·· S'il en était autrement nous ne connaîtrions aucune.
unité nationale, car les moyens rapides de communication
sont récents, car les mélanges physiques entre les populations étaient excessivement rares dans le passé et le
sont relativement encore à notre époque. Si l'on cherchait
à évaluer la proportion de sang corse qui s'est introduit
en Bretagne et la quantité de sang breton qui s'est introduit en Corse, on en trouverait probablement moins qu'on
ne trouverait |de sang juif dans l'aristocratie chrétienne.

L'unité des nations est l'œuvre des savants, des artistes, des littérateurs, des grands esprits qui se sont succédé
à travers les siècles et qui, bien plus que les inutiles et
malfaisants politiques, ont dominé leur évolution.

. Eh bien ! cette éducation intellectuelle et morale qui
des Celtes, des Saxons et des Normands réunis sur le sol
de la Grande-Bretagne a fait des Anglais ; qui, des hommes
vivant sur la terre allemande ou italienne, a fait des Allemands et des Italiens ; qui de nos concitoyens répandus
sur notre vieille terre des Gaules, a fait des Français ; cette
éducation intellectuelle et morale unie à ces éducateurs
physiques, le climat, le sol, l'alimentation, a agi sur les
Juifs de France comme sur les chrétiens et en a fait des
esprits identiques à ceux de nos compatriotes d'un autre
culte.

J'irai même plus loin : j'affirme que les Juifs ont perdu
leurs préjugés propres pour adopter sans s'en douter les
préjugés des chrétiens, submergés qu'ils étaient par le

nombre. Quand je m'occupais du divorce, et bien que la religion juive admette le divorce et même la répudiation, j'ai rencontré autant de résistance parmi les Juifs que parmi les catholiques. Vivant au milieu des catholiques, ils avaient fini, sans le savoir, sans le vouloir, par se façonner à leur manière de juger et de sentir, par adopter leurs idées.

A la Chambre des députés, en combattant le stupide et odieux antisémitisme, j'en donnais cette preuve que je tiens à répéter ici : Causez avec un juif français, avec un juif anglais, avec un juif allemand, avec un juif italien, vous retrouverez entre eux les mêmes différences de sentiment et de conception que vous pourriez observer en causant avec des hommes des mêmes nations appartenant à des confessions religieuses différentes.

J'aurais même pu ajouter que, grâce aux éducateurs physiques que je citais plus haut, le sol, le climat, l'alimentation, les Juifs, sans perdre les traits spéciaux qui les caractérisent, ont cependant acquis dans de certaines limites quelques-uns des caractères ethniques des peuples au milieu desquels ils ont vécu. A première vue on distinguera un juif anglais d'un juif français aux mêmes indices physiques qui permettent de distinguer un Anglais non juif d'un Français chrétien. Si cela est moins vrai lorsqu'il s'agit des Allemands ou des Italiens, c'est uniquement parce que d'une manière générale les peuples continentaux sont beaucoup moins différenciés entre eux qu'ils ne le sont les uns et les autres des insulaires de la Grande-Bretagne.

Mais si l'assimilation intellectuelle et morale du Juif est faite ; si le Juif est aujourd'hui par l'esprit, par le cœur, par les usages, de tous points identique à ses concitoyens chrétiens — ou musulmans dans les pays musulmans ; — si même il s'est opéré, par l'évolution naturelle de la race et en dehors de tout mélange, un certain degré d'assimilation physique, celle-ci cependant est demeurée incomplète parce que la religion a semé des obstacles au mélange des Juifs et des chrétiens au point de vue des mariages.

C'est ce qui explique, mieux que toute autre considération, comment, dans notre époque essentiellement protectionniste, les Drumont, les Régis, les Rochefort ont pu faire revivre les vieilles haines ataviques. Ils ont trouvé là un excellent champ de culture dans lequel a pu se développer cet antisémitisme qui avait paru s'éteindre dans les époques antérieures faites d'expansion humaine et de fraternité internationale.

En 1789, on déclarait la guerre aux rois au nom des droits de l'homme ; mais on tendait la main aux peuples et l'on ne rêvait que de fraternité humaine.

Quoique guerroyant contre les princes allemands, contre les roitelets italiens et contre le solide et puissant gouvernement de la Grande-Bretagne, on n'éprouvait aucun sentiment de haine contre les Italiens, contre les Allemands et même contre les Anglais. On haïssait si peu individuellement les Anglais que l'on offrait à l'un d'eux, au chimiste Priestley, le titre de citoyen français et le mandat de représentant à la Convention, titre et mandat qu'il déclina l'un et l'autre.

Au cours de cette grande, noble et glorieuse époque, l'antisémitisme ne pouvait trouver place dans les cœurs français et l'affranchissement des Juifs fut décrété par l'Assemblée nationale constituante. On n'aurait pas eu alors l'idée de mettre les Juifs hors la loi, pas plus qu'on n'aurait eu celle de piller des boutiques italiennes, comme un siècle plus tard à Lyon, sous le prétexte qu'un Italien avait assassiné le chef du pouvoir exécutif. Des ouvriers français ne se seraient pas non plus rués sur des ouvriers italiens, exploités et malheureux comme eux, sous le prétexte qu'ils faisaient baisser les salaires, ainsi que de nos jours la chose a eu lieu à Aigues-Mortes.

En 1848, la génération à laquelle j'appartiens a senti encore le souffle de 1789 l'animer. Dans mon enfance nous chantions le refrain de Pierre Dupont :

Les peuples sont pour nous des frères
Et les tyrans des ennemis.

Dans les jours qui suivirent la Révolution de Février, en présence de l'arrêt presque complet du travail, à un moment donné, des clameurs s'élevèrent contre la concurrence, devenue très fâcheuse, que les ouvriers étrangers faisaient aux travailleurs indigènes.

« Cela est vrai, » dit Louis Blanc dans son *Histoire de la Révolution de 1848* [1] « je le dis avec douleur. Mais à ce fait se lient des circonstances que lord Normamby [2] s'est bien gardé de révéler à ses concitoyens et qu'il est bon de mentionner.

» A peine fus-je informé au Luxembourg, de l'agitation qui régnait dans certains ateliers, que je résolus d'y parer. Et il n'y avait vraiment là, de ma part, aucun effort de courage ; car je connaissais trop les ouvriers parisiens, pour n'être pas sûr d'avance que tout appel au sentiment du droit et de l'honneur produirait sur eux un effet décisif. Je rédigeai, en conséquence, la proclamation suivante, pour laquelle je n'eus pas de peine à obtenir les signatures de tous mes collègues du Gouvernement provisoire et qui parut dans le Moniteur du 10 avril 1848.

« Sur la proposition de la commission de gouvernement » pour les travailleurs.

» Considérant que le principe inauguré par la République triomphante est le principe de la fraternité ;

» Que nous venons de combattre, de vaincre, au nom et » pour le compte de l'humanité tout entière ;

1. (t. I, pp. 181 et 182.)
2. L'*Histoire de la Révolution de 1848* de Louis Blanc a été surtout écrite pour réfuter le livre tendancieux et hostile de Lord Normamby.

» Que ce seul titre d'hommes a quelque chose d'invio-
» lable et d'auguste que ne saurait effacer la différence
» des patries;

» Que c'est, d'ailleurs, l'originalité glorieuse de la
» France, son génie, son devoir, de faire bénir par tous
» les peuples ses victoires, et, quand il le faut, ses dou-
» leurs mêmes;

» Considérant que, si elle nourrit en ce moment beau-
» coup d'étrangers, un nombre bien plus grand encore de
» nationaux vivent de leur travail en Angleterre, en
» Allemagne, en Suisse, en Amérique, sous les cieux les
» plus éloignés;

» Que provoquer des représailles en repoussant loin de
» nous nos frères des autres pays serait une calamité en
» même temps qu'un déshonneur;

» Le Gouvernement provisoire place sous la sauvegarde
» des travailleurs français les travailleurs étrangers
» qu'emploie la France, et il confie l'honneur de la Ré-
» publique hospitalière à la générosité du peuple. »

« Il n'en fallut pas davantage; » ajoute Louis Blanc,
« l'agitation tomba comme par enchantement. »

Le Gouvernement provisoire tout entier avait signé. Ce
n'eût certainement pas été Lamartine qui aurait refusé
son adhésion à cette belle manifestation de fraternité universelle, lui qui, dès 1841, avait écrit dans la *Marseillaise
de la paix* cette admirable strophe qui le ferait aujour-
d'hui traiter de sans patrie :

« Et pourquoi nous haïr et mettre entre les races
» Ces bornes ou ces eaux qu'abhorre l'œil de Dieu?
» De frontières au ciel voyons-nous quelques traces?
» Sa voûte a-t-elle un mur, une borne, un milieu?
» Nations! mot pompeux pour dire : barbarie!
» L'amour s'arrête-t-il où s'arrêtent vos pas?
» Déchirez ces drapeaux; une autre voix vous crie :
» L'égoïsme et la haine ont seuls une patrie;
    » La fraternité n'en a pas. »

Malheureusement, ce mouvement magnifique, ce mouvement humanitaire, mal compris des peuples étrangers encore trop peu évolués pour en concevoir la grandeur, et en France même détourné de son esprit par le militarisme et par l'action cléricale, ce mouvement sublime a été bien vite enrayé.

Depuis l'époque où Lamartine faisait entendre cette noble voix ; depuis l'époque où Louis Blanc rédigeait la proclamation débordante de fraternité qui entraînait d'enthousiasme le peuple ouvrier de Paris, le grand malfaiteur Bismark, et le successeur imbécile du premier Napoléon ont modifié du tout au tout l'esprit du peuple. C'est aujourd'hui qu'on pourrait chanter avec Dupont :

> « Mais ce beau feu n'est plus que cendres
> » Le diable en passant l'a soufflé. »

La guerre impie de 1870 avait ranimé les haines nationales et avait donné au militarisme une nouvelle force, une nouvelle vie. En même temps une autre cause venait influencer et transformer le sentiment français : le développement de nos rivaux, la lutte industrielle et commerciale à laquelle, sous le régime capitaliste actuel, ce développement nous condamne. A cette lutte le peuple français n'est pas très apte, d'abord parce que nous sommes un peuple vieilli qui a cessé de se complaire dans l'effort, ensuite et surtout à cause de l'année terrible et parce que rien ne rend les peuples ombrageux comme la conscience de leur faiblesse. Mais il serait peut-être bon de ne pas l'oublier : ces désastres, c'est le militarisme qui nous les a valus en fournissant à Bismark le prétexte dont il avait besoin, alors qu'il n'avait plus la force de nous défendre contre son agression.

Au xviiie siècle et en 1848 nous nous sentions les frères des autres nations ; nous étions emportés par un cosmopolitisme généreux qui n'enlevait rien à la puissance de nos sentiments patriotiques. Nous étions toujours prêts à verser notre sang pour aller concourir à la libération de quiconque était opprimé.

Tantôt les yeux du peuple français suivaient avec anxiété la noble expédition de Lafayette jetant la vieille épée gauloise dans la balance pour aider les colonies anglaises du nouveau monde à secouer le joug de la métropole et à constituer les Etats-Unis.

Tantôt nous allions au secours de la Belgique insurgée coutre la Hollande, de l'Italie insurgée contre l'Autriche, et il n'y avait pas de cause plus populaire dans notre pays que celle de la Pologne.

Nous n'hésitions jamais à fourbir nos armes quand il s'agissait de lutter pour la liberté du monde, et ces guerres de l'idée nous trouvaient mille fois plus enthousiastes que ne nous auraient trouvés des guerres entreprises dans un intérêt purement national.

A l'inverse des Anglais qui ne guerroient que pour les intérêts industriels et commerciaux de leur patrie, nous, nous ne voulions guerroyer que pour l'affranchissement et l'union des patries : c'est ce qui faisait dire autrefois :

« Tout homme a deux patries : sa patrie et la France. »

Nous n'en sommes plus là. Nous nous sommes assimilé l'esprit étroit, intéressé, mercantile, de l'Angleterre, c'est-à-dire les vices de la Grande-Bretagne, sans acquérir les belles et solides qualités qui font actuellement du Royaume-Uni le premier peuple du monde.

Nous sommes devenus aussi intéressés que les Anglais; mais nous ne sommes pas devenus libre-échangistes et libéraux comme eux. Nous n'ouvrons pas comme eux largement nos frontières aux produits et aux hommes de tous les pays, et nos lois consacrent le droit d'expulsion des étrangers, droit que ne consacre pas la législation britannique.

Peut-être cette différence entre les deux peuples tient-elle à ce que la nation anglaise se sent assez forte, assez virile, pour triompher dans le *struggle for life* entre les nations sans avoir besoin de recourir à des moyens coërcitifs, tandis que nous nous en sentons incapables. Elle a le sentiment, l'impression, que la liberté lui sert à asseoir sa domination sur les deux hémisphères qui dans deux siècles parleront anglais. Nous, nous avons à un degré tel la conscience de notre infériorité sur le marché du monde que, nous avouant vaincus avant d'avoir combattu, nous cherchons à nous renfermer chez nous comme dans une forteresse pour éviter le combat.

C'est ainsi que l'esprit de fraternité a fait place à l'esprit de haine. Nous haïssons l'Allemand, l'Anglais, l'Italien. Nous pillons les magasins italiens parce qu'un misérable fou que le hasard fit naître en Italie assassine Carnot, et nous expulserions volontiers les Allemands en masse, si nous osions nous mettre en conflit ouvert avec une puissance dont nous redoutons la force militaire, et que redoutent surtout les beaux godelureaux galonnés que nous pouvons voir à l'œuvre à l'intérieur entre deux défaites.

S'il n'y avait ni empire d'Allemagne, ni royaume d'Italie, ni royaume de Belgique — je ne parle pas de la colonie anglaise numériquement trop faible pour entrer en ligne de compte — il est probable que les Italiens, les Allemands et les Belges établis chez nous s'y trouveraient en assez mauvaise posture, de même que — il est juste de le reconnaître — les Français feraient assez triste figure en Allemagne, en Belgique ou en Italie, si la République française n'existait pas.

Mais Belges, Italiens et Allemands sont chez nous protégés par les gouvernements des nations auxquelles ils appartiennent, tout comme nous le sommes nous-mêmes à l'étranger par l'illusion de la protection que l'Etat français est censé accorder à nos nationaux.

Cette situation matérielle et morale jette un jour sur l'antisémitisme contemporain.

CHAPITRE V

Dans les temps antiques, avant la subversion de Jéru-salem, avant la dispersion d'Israël, les Juifs constituaient une nation, comme actuellement la France ou l'Alle-magne.

A ce titre ils étaient détestés des autres peuples, chez lesquels l'esprit particulariste était encore beaucoup plus vif qu'il ne l'est de nos jours. De même, ils haïssaient les peuples qui les entouraient, l'étranger comme nous disons, le barbare comme disaient les Grecs et comme disent en-core les Chinois, le Goï, comme ils disaient eux.

Goï, en effet, ne signifie pas le chrétien, ainsi qu'affecte de le croire Drumont — ainsi qu'il le croit peut-être, son ignorance seule égalant sa mauvaise foi; — il signifie : l'étranger. C'est un vocable nationaliste; ce n'est pas un vocable religieux.

L'antisémitisme antique était donc un simple sentiment national analogue en tous points à l'antigermanisme ou à l'anglophobie que nous constatons en ce moment chez nous. Cet antisémitisme ne gênait d'ailleurs pas plus les Juifs alors que notre antigermanisme ne gêne les Alle-mands aujourd'hui. Ils avaient une patrie qui les protégeait au dehors, dans la mesure du moins où cette protection pouvait s'exercer dans les temps anciens; et, en tout état de cause, il y avait un coin de terre où, jusqu'au jour de la conquête et de la dispersion, ils pouvaient se réfugier, où ils étaient chez eux.

Mais au lendemain de la conquête, ils furent disséminés dans le monde entier. Ils se trouvèrent à l'état d'une nation vaincue, conservant encore une patrie morale mais privée de patrie territoriale, et les individus qui la composaient n'eurent plus aucun pouvoir constitué dont il leur fût possible de se réclamer au dehors, ou sous l'égide duquel ils pussent se réfugier en rentrant dans leur pays.

A partir de ce moment, ce que, la lâcheté humaine aidant, devint l'antisémitisme, il est aisé de le concevoir.

Pour s'en rendre compte il suffit de se demander quel sort serait réservé aux Allemands en France ou aux Français en Allemagne, dans l'hypothèse où, l'empire allemand ou la république française étant détruits et leurs nationaux étant dispersés, ceux-ci vivraient au sein d'une nation hostile, sous le régime de leur statut personnel, et sans qu'aucune puissance extérieure fût en état de leur accorder aide et protection.

Cette haine du Juif, de nature internationale et protectionniste au début, a dû s'accroître et atteindre son paroxisme, cela va de soi, lorsque la substitution du christianisme au paganisme infiniment plus libéral, plus tolérant, plus large, est venue y ajouter tout le poids des passions religieuses.

Le même sort a été au début réservé aux autres peuples vaincus par Rome. Les Gaulois traînés en esclavage n'étaient pas moins malheureux que les Juifs. Mais les Gaulois et les Ibères n'ont pas tous été arrachés du sol natal, ce qui crée déjà une différence notable à leur avantage; de plus, ils ont eu sur les Juifs une infériorité qui s'est transformée pour eux en une supériorité.

Arrivés à un degré moindre de civilisation, ils n'ont pas eu la même énergie, la même force morale, la même persévérance que les fils de la Palestine pour défendre leur religion; le druidisme a promptemeut disparu.

Peut-être, d'ailleurs, cette disparition rapide du druidisme a-t-elle été facilitée aussi par le rapprochement existant entre les différents paganismes de l'antiquité. Moins éloigné que ne l'était le mosaïsme des divers cultes de l'Empire, il s'est facilement fusionné avec le paganisme romain.

Dès lors rien ne s'est opposé aux mariages entre conquérants et conquis. Le mélange ethnique s'est opéré, et ainsi se sont formées chez nous la race gallo-romaine d'abord et plus tard la race gallo-romano-teutone, devenue la race française. De même, en Angleterre, les Normands et les Anglo-Saxons, ces ennemis farouches, dont la haine a rempli tout un siècle, se sont fondus dans l'une des plus belles unités nationales de notre globe.

Il en serait certainement allé d'une manière tout autre si les différences de religion avaient empêché les Gaulois de s'unir avec les Romains et avec les Francs et si, en Angleterre, elles avaient mis aux unions des Normands et des Anglo-Saxons des obstacles insurmontables. De fait, la religion a empêché une fusion de cette nature en Pologne et en Irlande. On sait combien peu sont avancées l'assimilation de la Pologne à la Russie et celle de l'Irlande à la Grande-Bretagne.

Ce qui se serait passé pour les Gaulois si un fait religieux ou autre les avait empêchés de s'assimiler physiquement aux Romains, puis aux Francs ; ce qui se serait passé pour les Anglo-Saxons si une cause quelconque les avait empêchés de se fusionner avec les Normands, s'est passé pour les Juifs.

Leur culte trop éloigné du paganisme et trop hostile au christianisme, ce fils ennemi, pour se fondre en eux, trop élevé d'autre part pour être brutalement supprimé par la conquête, les a maintenus à l'état d'un peuple distinct des populations au milieu desquelles ils vivaient. Ils sont demeurés comme les membres épars d'une nation particulière, disséminée au milieu des autres nations, mais conservant ses mœurs, ses traditions, sa patrie idéale. De là les persécutions et les haines à la fois religieuses et politiques des chrétiens contre les juifs et, comme réciprocité naturelle, la haine des juifs contre les chrétiens.

Ces persécutions ont eu un effet social. En interdisant aux Juifs l'industrie, l'agriculture, les professions libérales; en ne leur laissant que le négoce, elles les ont confinés dans la pratique des opérations commerciales et particulièrement de la banque et du prêt, leur créant ainsi peu à peu, par atavisme, une mentalité particulière.

En outre, le prêt à intérêt étant interdit aux chrétiens et étant néanmoins reconnu indispensable, les rois l'ont, par un privilège spécial, permis aux Juifs. Ils ne couraient pas le risque d'être damnés l'étant déjà.

Les Juifs se sont donc adonnés presque exclusivement pendant des siècles au prêt à intérêt et, dans ces époques d'insécurité, le prêt à intérêt devait nécessairement — c'est une loi inéluctable — dégénérer en usure.

L'usurier ne place pas toujours ses capitaux, en moyenne, au taux élevé qui apparaît dans ses contrats. Il subit des pertes considérables et, si l'on balance ses pertes par ses bénéfices léonins, il se peut fort bien qu'en somme le produit total soit très raisonnable.

Mais si lui, place en fait ses capitaux à un taux moyen acceptable bien souvent, ceux des emprunteurs qui paient supportent des intérêts exorbitants, ruineux; ils sont véritablement dépouillés.

Aussi, pour fatale que soit leur industrie dans les périodes où l'insécurité est partout, pour relativement utile qu'en soit le caractère si on la considère dans son ensemble, elle est néanmoins nécessairement odieuse au milieu dans lequel elle est pratiquée; ceux qui l'exercent deviennent l'objet de la réprobation universelle. C'est là une loi aux effets de laquelle il est impossible d'échapper.

Les Juifs ont donc, par la fatalité de leurs conditions d'existence, pris des habitudes particulières, des mœurs spéciales. Ils se sont distingués des hommes parmi lesquels ils vivaient. Ils leur sont devenus odieux par l'usure. Et, comme conséquence des sentiments qu'ils leur inspiraient, ils ont été traités par eux en ennemis. A ces ennemis, par réciprocité, et dans la limite de leur petit nombre, ils rendaient les coups qu'ils en recevaient. Une cause sociale est ainsi venue s'ajouter à la cause nationaliste et à la cause religieuse qui avaient suffi jusque-là à engendrer et à maintenir l'antisémitisme.

En jetant les bases d'un ordre social nouveau, la Révolution française avait fait disparaître la première de ces causes.

En proclamant la fraternité des peuples, elle avait supprimé la seconde.

En décrétant la liberté des cultes et en battant en brèche la vieille idée religieuse faite d'autorité et de superstition, elle avait écarté la troisième.

Ainsi a pu se réaliser l'affranchissement des Juifs; ainsi a pu reculer l'antisémitisme jusqu'à un degré tel qu'il y a vingt ans l'observateur était autorisé par les faits à le croire à tout jamais disparu.

Mais depuis vingt ans la plaie non cicatrisée de notre défaite de 1870 a relégué bien loin l'utopie de la fraternité des peuples, belle et noble utopie que je ne veux pas croire morte et qu'il appartiendra probablement au socialisme de ressusciter. La concentration des capitaux, la mise en valeur des parties du globe les plus distantes de nous, le développement industriel des contrées demeurées jusque-là tributaires de l'industrie anglaise et de l'industrie française, la concurrence internationale résultat de ce développement et les difficultés engendrées par elle ont particulièrement avivé dans un même pays les vieilles querelles de classe et, hors des frontières, les vieilles haines internationales. De nos jours aucun chansonnier ne chanterait, comme Pierre Dupont, la fraternité des nations, aucun poète n'écrirait la *Marseillaise de la paix* ; et si un chef d'état ou un chef de parti rééditait la magnifique proclamation de Louis Blanc citée plus haut, cette proclamation, cela est bien à craindre, demeurerait sans écho.

D'autre part, et pendant que les circonstances économiques et politiques amenaient cette régression, un autre phénomène se produisait intimement lié au premier. Après une période de lutte — mais hélas d'une lutte mesquine et plus taquine que sérieuse — contre l'Eglise ; par l'effet de ce va-et-vient perpétuel qui fait ressembler l'évolution humaine au mouvement d'un pendule, la pensée religieuse — cléricale plutôt — un moment comprimée, s'est ressaisie, et elle essaie de nouveau d'imposer sa domination au monde.

Les trois éléments qui avaient engendré l'antisémitisme dans le passé et qui l'avaient maintenu jusqu'à la Révolution, la cause nationale, la cause religieuse, la cause économique se sont donc trouvées reconstituées. Il n'y a pas à s'étonner dès lors si, les causes s'étant reproduites, le résultat s'est manifesté à nouveau, si l'antisémitisme a reparu.

Ce mouvement cependant a forcément un caractère factice. Les Juifs, nous l'avons déjà dit et on l'a dit avant nous, sont des citoyens français, anglais, allemands, italiens, américains, au même titre que les autres enfants de la France, de l'Angleterre, de l'Allemagne, de l'Italie, de l'Amérique. Cela enlève toute valeur à la cause nationaliste réduite à l'heure actuelle à n'être plus qu'un traquenard à l'usage des sots que l'on veut piper [1].

---

1. Le sionisme qui semblerait contredire cette affirmation est

En second lieu, et malgré le regain dont elle semble actuellement jouir, l'idée religieuse n'en est pas moins une idée qui, sous ses formes actuelles tout au moins, disparaît et se meurt.

Enfin, dans la lutte moderne du travail contre le capital, lutte dont personne au monde ne peut prévoir et définir dans tous leurs linéaments les conséquences futures, mais lutte aussi que personne ne saurait méconnaître, il n'existe pas de différence entre le capital juif et le capital chrétien. Sous ce rapport les revendications populaires ne s'arrêteront pas satisfaites après avoir parcouru la millième partie à peine du chemin à parcourir.

En arrivât-on demain à confisquer les fortunes juives, cette confiscation faite tout entière au profit des capitalistes cléricaux ne profiterait en rien aux prolétaires. Le paysan salarié demeurerait exploité par le propriétaire terrien qui n'est pas juif; l'ouvrier métallurgiste, l'ouvrier mineur, l'ouvrier tisseur resteraient exploités par les grandes sociétés minières ou métallurgiques, par les grands industriels fabricants de tissus,... parmi lesquels on ne compte pas ou presque pas de juifs; les employés des grands magasins continueraient à peiner pour le plus grand privilège de chefs très chrétiens ; peut-être même un élément de concurrence entre les capitalistes ayant disparu, les capitalistes restants n'en seraient-ils que plus forts pour pressurer les salariés placés sous leurs ordres.

Et comme le remarquait fort justement Malon, l'oppression capitaliste est mille fois plus terrible chez les cléricaux que chez les juifs. Les capitalistes juifs se bor-

tout récent et n'est que le résultat de la persécution actuelle. Il est en effet certain que la liberté a pour effet de dissocier la nation juive et d'en fondre les éléments dans les autres nations, tandis que la persécution produit un phénomène contraire, empêche la fusion et reporte par la pensée les Juifs vers la chimère d'une nationalité propre.

nent à opprimer les corps tandis que les capitalistes cléricaux oppriment aussi les âmes et violentent les consciences, — n'est-il pas vrai, M. Chagot ? —

L'antisémitisme moderne est donc factice ; il se produit comme une des dernières convulsions de l'idée militaire et religieuse. Dans la résistance du capital aux revendications du travail il apparaît comme un mouvement démagogique habilement opposé par les réacteurs aux artisans du progrès, comme une seconde étape de ce protectionnisme absurde et odieux élevé par des sots ou des malfaiteurs à contre sens de l'évolution humaine, dans ce temps d'expansion universelle, de télégraphe, de téléphone, de chemins de fer et de navigation à vapeur.

Cependant, pour si factice, si manifestement rétrograde qu'il soit, l'antisémitisme n'en existe pas moins à l'heure actuelle et cette arme est la meilleure que pût forger la réaction pour battre en brèche l'esprit révolutionnaire. La réaction sera vaincue ; l'arme se brisera dans ses mains comme se sont brisées toutes celles qu'elle a forgées jusqu'à ce jour, parce que l'éternelle loi du progrès le veut ainsi. Mais l'antisémitisme est certainement la forteresse qui lui offre les meilleures conditions de résistance et de durée.

Ici, en effet, la réaction trouve pour alliés : le vieil atavisme antijuif qu'un siècle de révolutions n'a pas suffi à éteindre ; ce qui reste de préjugés catholiques ; la jalousie des capitalistes chrétiens contre les capitalistes juifs ; l'espérance nourrie par les premiers de détourner par cet os à ronger jeté aux prolétaires l'orage qui se prépare, les nuages qui s'amoncellent autour de leurs coffres-forts ; l'idée nationale mal comprise, mal digérée, habilement exploitée par les intrigants parmi les intelligences incultes ; enfin l'ignorance des masses à peine dégrossies, encore hors d'état de raisonner, manquant de temps pour s'instruire et passées à l'état de proie pour les aigrefins qui

4

s'emparent de leur esprit par les mensonges, les faux, les trompe-l'œil les plus ridicules et les plus grossiers.

Avec ces nombreux facteurs, qui amènent des éléments républicains et même d'anciens éléments révolutionnaires, tels Rochefort et ses fidèles, à la démagogie antisémite, le Gésù a pu édifier tout un plan de campagne.

Il a pu espérer, le mouvement antijuif une fois créé, y englober les protestants, puis, sous le nom de judaïsants, les libres-penseurs, les francs-maçons, les vieux républicains pour qui la République n'est pas une forme morte mais un ensemble vivant de doctrines vivantes. Il a pu se flatter d'arriver ainsi, en France, dans cette France de 1789, à prendre sa revanche de 27 années de défaites en faisant triompher l'idée du pape et en livrant à l'état-major et au clergé la République, sauf à en conserver la forme si cela était nécessaire pour tranquilliser la superstition républicaine.

Pour habile qu'elle soit, cette stratégie ne peut aboutir dans l'ensemble de l'humanité, rien ne pouvant prévaloir contre la loi évolutive du genre humain.

Mais une nation n'est pas l'humanité ; une nation peut être incapable de déchirer les bandelettes dont elle a été entourée ; elle peut s'arrêter dans sa marche tandis que d'autres peuples doublent l'étape prochaine ; elle peut rétrograder et mourir. C'est même à un moment donné ce qui les attend toutes, la mort étant la fin nécessaire de tout organisme vivant.

Si donc il y a lieu d'être sans crainte lorsqu'on envisage l'espèce humaine dans son ensemble, il n'en est plus de même lorsqu'on envisage une nation déterminée, la France, ou un groupe de nations, les nations latines. Ici, il y a tout lieu de redouter l'action délétère du catholicisme. Tous ceux qui ont vraiment à cœur l'avenir de notre pays ; tous ceux qui sont patriotes dans l'acception véritablement large et moderne du mot ; tous ceux qui ne séparent pas dans leur affection la France de l'humanité, la partie du tout, mais qui veulent la France puissante, prospère et fraternelle dans l'humanité libre, fraternelle et heureuse; tous ceux, en un mot, qui sont avec l'avenir contre le passé doivent lutter contre le furieux assaut que, sous la forme de l'antisémitisme, livre en ce moment la faction cléricale à nos institutions démocratiques.

Eh bien! il est impossible de ne pas le reconnaître, la bourgeoisie française après avoir courageusement et énergiquement lutté contre cette faction au 24 mai 1873, au 16 mai 1877 et à l'époque du boulangisme, la bourgeoisie française a déserté le champ de bataille quand est arrivée l'affaire Dreyfus. Un certain nombre de ses chefs, les meilleurs, les plus respectés sans doute, se sont lancés dans la mêlée et se sont énergiquement battus mais sans entraîner leur parti.

Le parti socialiste lui-même, gagné par la gangrène parlementaire et rapetissé dans ses conceptions par le terrain étroit de la lutte des classes, a également hésité. Dans les débuts Jules Guesde a déclaré qu'une « querelle entre bourgeois » ne le regardait pas; Millerand a commencé par être antirévisionniste; Viviani s'est réservé; Pelletan, qui confine au socialisme, a été fougueusement pour l'état-major; et, à l'heure actuelle encore, Guesde et Vaillant excommunient Jaurès.

D'ailleurs jusqu'au moment où Rouanet, dans la même séance où j'ai combattu l'interpellation Denis, prit résolument parti contre l'antisémitisme, le parti socialiste était demeuré indécis; il flirtait avec l'antisémitisme et les socialistes en France (en Allemagne ils n'ont jamais été dupes du mouvement antijuif) disaient volontiers : « Nous ne pouvons combattre les antisémites : Drumont fait une partie de notre œuvre en ameutant les prolétaires contre le capitalisme juif. Nous, nous compléterons la besogne en supprimant le capitalisme chrétien. »

Si 'le socialisme avait persévéré dans cette voie, si le Gésù n'avait rencontré personne pour lui barrer la route, c'en était fait de la démocratie française; la France était morte.

Heureusement dans les rangs socialistes il y avait un homme, Jaurès, qui veillait, et peut-être en sauvant son parti de la gangrène antisémite, Jaurès aura sauvé la France.

CHAPITRE VI

BANQUEROUTE DE LA BOURGEOISIE RÉPUBLICAINE

Pour tenir en échec le socialisme collectiviste et le cléricalisme tout à la fois, pour faire reculer l'antisémitisme, avant-garde du jésuitisme pur, il aurait fallu un parti radical solidement constitué, fondé sur une doctrine sociale ou tout au moins sur une doctrine politique dont il ne se serait pas laissé détourner; il aurait fallu un parti assez clairvoyant pour reconnaître tout de suite les pièges de l'ennemi et pour ne pas s'y laisser prendre. Malheureusement, ce parti n'existait pas. Non seulement les radicaux ont reculé devant l'idée de s'organiser en parti social, mais ils se sont effrités, ils se sont effondrés comme parti politique. L'affaire Dreyfus a été leur pierre de touche; elle a marqué leur dissolution.

Jusque-là le parti radical s'était fait le gardien de la société laïque contre les empiétements de la société religieuse; il avait sans cesse manifesté son intransigeance dans la question de la subordination du pouvoir militaire au pouvoir civil; il avait toujours affirmé la liberté de conscience, la liberté de pensée, l'égalité devant la loi de tous les citoyens sans distinction de races et de croyances.

En 1889, dans sa lutte contre le boulangisme il s'était affirmé avec une énergie violente, excessive même, recourant pour abattre l'ennemi à des moyens condamnables, allant jusqu'à accepter la coopération devant la haute cour du magistrat indigne qui alors prostitua sa robe pour un siège de procureur général, et qui depuis s'est enlisé dans son rôle infâme de policier sans nom.

On était donc en droit, devant cette attitude récente, d'espérer que la bourgeoisie républicaine serait prête à repousser toutes les nouvelles attaques, tous les nouveaux assauts qui pourraient lui être livrés. Or, comme si elle eût épuisé en 1889 son reste d'énergie, de force combattive, elle n'a plus montré que désorganisation et faiblesse quand la réaction est revenue à la charge sous la formule antisémite.

A ce moment, où le danger apparaissait culminant, les forces de la résistance bourgeoise se sont évanouies. On avait résisté au général Boulanger qui, si même il a eu les intentions qu'on lui a prêtées, était un péril moindre parce que personnel et par suite plus facile à abattre. Mais quand l'antisémitisme, derrière lequel l'armée jésuite se concentrait, s'est efforcé, en conquérant les uns, en terrifiant les autres, de dominer les pouvoirs publics et d'infester moralement les masses. Quand il est entré ouvertement dans l'arène, et cela sous une forme d'autant plus dangereuse qu'elle est anonyme, le parti opportuniste et le parti radical, c'est-à-dire à quelques individualités près toute la bourgeoisie républicaine, ont refusé de faire tête à l'ennemi, et ils sont descendus au dernier degré de l'abandon, de la lâcheté, de la turpitude, en présence de l'affaire Dreyfus. On eût dit qu'ils voulaient enlever tout remords aux acteurs du boulangisme en mettant en évidence le degré de décomposition auquel pouvait atteindre le parlementarisme français.

Dans cette banqueroute de toutes les énergies républicaines, un seul parti, le parti socialiste, a sauvé l'honneur républicain et l'honneur national.

Non! certes! qu'il ait échappé à la tare parlementaire. Dans les débuts, lui aussi a eu peur de Rochefort et a refusé de prendre rang parmi les défenseurs de la justice et de la vérité. Quelques-uns de ses membres ont seuls osé se séparer de la majorité lors de l'affichage du faux Cavaignac, et encore ne se sont-ils élevés ce jour-là que jusqu'à l'abstention.

Mais le parti socialiste avait à sa tête un grand citoyen, un noble cœur doué d'un immense talent, Jean Jaurès, lequel, avec son ami Gérault-Richard, a engagé résolument la lutte et a porté des coups décisifs à l'ennemi.

Sans tenir compte ni de ses intérêts électoraux propres, ni de cette chose éminemment décevante et illusoire, l'intérêt électoral momentané d'un groupe; voyant l'avenir qui grandit les vaincus d'une cause juste; sans écouter personne, sans se plier sous aucune discipline rapetissante; guidé par l'intérêt réel, supérieur, de la France, de la République, de la classe prolétarienne, de l'humanité, il a couru à la brèche et il a engagé le combat.

Jusque-là le parti socialiste ne se distinguait guère des autres. Jaurès agissait en son nom propre comme Clémenceau, comme Trarieux, comme Scheurer-Kestner, comme Pressensé, comme Cornely, et son action ne démontrait pas plus la vitalité du parti socialiste que celles de Clémenceau et de Trarieux ne démontraient la vitalité du parti radical ou du parti modéré.

Jaurès, en effet, n'était pas seul à lutter : comme lui, individuellement, combattaient des bourgeois éminents, des savants illustres, des littérateurs, des politiques, dont aucun n'était socialiste et dont l'action sur le pays a été aussi puissante que la sienne.

Mais ces hommes de cœur, ces hommes de bien, s'ils ont contribué pour une large part, pour la plus large part peut-être, à la défense de la vérité, n'ont entraîné aucun parti politique derrière eux. Ils ont accompli une œuvre individuelle de justice ; mais ils n'ont pas, en vue du lendemain, réussi à organiser une armée, et en dehors de ces glorieux isolés, les représentants officiels de la bourgeoisie dite républicaine, radicale ou progressiste, ont été misérablement au-dessous de leur rôle.

Au contraire, au généreux appel de Jaurès, l'armée socialiste, sinon tous les chefs, a répondu. Les hésïtants ont repris leurs places de combat, et le parti a fini par offrir un corps de bataille prêt à affronter l'ennemi.

A partir du faux Henri la différenciation se fait. Le parti socialiste en masse devient révisionniste tandis que les radicaux n'avancent qu'en rechignant. Brisson rencontre dans son propre ministère tous les obstacles imaginables, obstacles qui l'ont empêché de profiter de la découverte du faux pour frapper un grand coup et qui ont donné le temps à l'ennemi de se ressaisir.

Si donc nous devons glorifier les citoyens courageux qui n'ont pas hésité à jouer leur vie politique et même leur vie proprement dite pour la défense de la justice et du droit, nous pouvons cependant constater qu'au point de vue politique un seul parti s'est affirmé : le parti socialiste groupé derrière Jaurès, parti auquel se sont joints tous les anarchistes sans exception.

Sans doute c'est Jaurès à qui revient le grand honneur d'avoir entraîné les socialistes, de les avoir nettement séparés de la honte antisémite, de leur avoir appris à juger Rochefort, de les avoir menés au combat en les électrisant par le feu de sa parole convaincue, en même temps que, par sa brochure divinatoire « *les preuves* », il les éclairait de sa puissante logique. Ce mérite saurait d'autant moins lui être refusé qu'on a vu plus tard, par le manifeste de Jules Guesde et de Vaillant, où des sectaires étroits, incapables d'élargir leur formule et de féconder leur pensée par les faits extérieurs, auraient mené sans lui leur parti.

Mais Trarieux aussi a déployé du talent et de la conviction ; mais Yves Guyot et Joseph Reinach aussi ont discuté avec persistance, compétence et énergie ; et cependant si les uns et les autres, par la contagion de la foi sincère, ont suscité des adhésions nombreuses à la cause du vrai, aucun d'eux n'a eu d'action politique. Ils ont agi comme individus sur des individus. Leur action a été grande, belle et féconde ; ils ont groupé des indépendants autour d'eux, des hommes de bien pris indistinctement dans tous les partis, et jusque dans le parti catholique comme Cornely et M. Hervé de Kérohant ; mais ils n'ont déterminé aucune adhésion de groupe, aucune adhésion générale.

Jaurès, au contraire, malgré les hésitants du début, malgré les réfractaires de la fin, a non seulement entraîné le socialisme parlementaire, mais a animé de son souffle toutes les masses socialistes de France. C'est avec ces masses que l'on a pu soutenir la lutte contre les forces du passé ; c'est grâce à elles qu'il a été possible de défendre non seulement les conquêtes républicaines, mais la République elle-même menacée par les efforts de toutes les réactions coalisées manœuvrant sous la direction occulte des jésuites.

Contrairement à ce qui s'est passé dans le parti opportuniste et dans le parti radical, où il y a eu de nobles actions personnelles, mais aucune action collective, il y a eu ici une action collective énergique, puissante, continue, contre laquelle n'ont rien pu quelques personnalités étroites malgré l'influence qu'elles avaient exercée jusque-là sur leurs groupes respectifs.

C'est à Jaurès qu'on le doit certainement et il mérite à cet égard une reconnaissance infinie de quiconque, socialiste ou non, aime passionnément la République et la liberté. Mais s'il a pu obtenir ce résultat, c'est qu'il y a dans le pays des masses socialistes sur lesquelles il agis-sait, tandis que Zola, Clémenceau, Trarieux, Scheurer-Kestner, Joseph Reinach, Yves Guyot, Cornely, n'agis-saient que sur des individualités sans lien entre elles, sans conscience commune, sans groupement antérieur.

La campagne qui se livre depuis dix-huit mois a été fé-conde entre toutes. Elle fera peut-être bénir un jour, par la victime elle-même de toutes les iniquités combinées dont demeure effrayée la conscience humaine, les maux qu'elle a soufferts, maux comparables, par leurs conséquences na-tionales, à ceux que subit il y a dix-neuf cents ans le core-ligionnaire de Dreyfus dont les peuples ont fait un Dieu. Cette campagne a montré les méandres de notre société bourgeoise, la pourriture, le cloaque des intérêts privés, ces poisons qui s'infiltraient lentement dans l'âme natio-nale sans que personne s'en doutât, et qui tout d'un coup ont été mis en pleine lumière.

Il faut bien le constater toutefois, en dehors des grou-pes socialistes, et aussi de certains hommes de cœur isolés, cette campagne n'a rencontré qu'indifférence dans le pu-blic ; elle n'a fait naître aucun de ces grands mouvements d'indignation qui, il y a un demi-siècle, auraient ébranlé un trône. Les cléricaux, les militaristes, les antisémites, les nationalistes ont pu tout à leur aise élever sur le pa-vois les prévaricateurs et les traîtres, menacer de mort les héros et tenter même de réaliser leurs menaces sans que personne y ait mis obstacle, leur ait barré le chemin. En d'autres termes, s'il existe encore en France, dans les masses, en dehors du socialisme, des hommes qui aiment la République et la justice, ce sont des républicains platoniques, incapables d'aucun effort pour les défendre, et même privés de la clairvoyance qui leur serait nécessaire pour apercevoir les dangers qu'elles courent. Il y a encore des électeurs qui, au gré des rivalités locales, votent pour les candidats qualifiés libéraux, progressistes ou radicaux. Mais ils ne se préoccupent pas de leurs principes, et ne réclament de leurs élus que la plus grande part de la prébende administrative. En réalité, il n'y a plus ni radicaux, ni républicains. Les masses ont perdu le sens vivant de la Révolution, et pour qui a assisté comme l'auteur de ces lignes aux magnifiques enthousiasmes qui les animaient de 1871 à 1878, cette vérité apparaît tristement que l'âme républicaine est morte.

Morte oui! mais pour ressusciter. Pendant qu'opportunistes et radicaux s'acheminaient inconsciemment vers le sépulcre comme des vieillards décrépits; pendant que, profitant de cette décrépitude, l'ennemi éternel, l'Eglise, reprenait l'offensive par le cri de « *Mort aux Juifs* » et par le crime qui a envoyé un innocent au bagne, un groupe nouveau se formait, vivant, actif, enthousiaste, mû par le grand souffle révolutionnaire, guidé par des hommes de foi, parmi lesquels je n'hésite pas à ranger ceux-là mêmes dont une conception trop peu vaste, trop peu géniale des intérêts du peuple, a entraîné le schisme momentané : le groupe socialiste.

. A l'heure actuelle, par suite de cette évolution longtemps larvée aujourd'hui manifeste, il ne reste plus que deux armées en présence : d'une part, l'armée noire menée par la soutane et par l'uniforme; l'armée des jésuites, du pape, de l'obscurantisme, de la foi aveugle; l'armée de l'inquisition, de la rétrogradation, du passé contempteur de toute liberté; l'armée de l'asservissement de la conscience humaine; et d'autre part, l'armée des prolétaires qui réclament leur part de soleil, qui veulent vivre, qui sont fermement attachés aux conquêtes de la Révolution sur lesquelles seules l'avenir peut se greffer; l'armée de l'avenir, l'armée du progrès, l'armée du socialisme révolutionnaire.

Cette situation nouvelle était de nature à puissamment émouvoir quiconque, adversaire de la nuit catholique et de l'oppression militaire, redoutait aussi le collectivisme, ce qui était mon cas.

La société moderne, vieillie plus vite que ses devancières par suite de la plus grande intensité de vie de notre siècle, est déjà bien près de la tombe, et il n'est pas nécessaire d'être grand clerc pour reconnaître qu'une société nouvelle se prépare. Que sera-t-elle ? Il est impossible sans doute de le prévoir avec quelque précision dès aujourd'hui ; mais, on peut l'affirmer sans courir de grands risques d'erreur, elle fera franchir à notre espèce une étape nouvelle sur le chemin du droit, de la justice, de la liberté, du bonheur humain.

Si, également éloigné des diverses solutions qui s'offrent, on ne peut se déterminer ni dans un sens ni dans l'autre, faudra-t-il donc en haine du collectivisme aller à la réaction cléricale et militaire, soit activement comme l'ont fait quelques-uns, soit tout au moins par une abstention presque aussi funeste ? Ou bien, ne pouvant hésiter entre le passé et l'avenir, quelques craintes que l'avenir inspire, ne devra-t-on pas faire taire ses objections intimes et arborer les couleurs de la République sociale ?

Telle a été l'alternative que brutalement l'affaire Dreyfus a posée devant nous, et, comme tout homme de cœur, j'ai éprouvé devant cette alternative des hésitations poignantes. J'en arrivais à ne plus connaître où était le devoir.

Si les craintes que j'avais conçues à propos du collectivisme étaient fondées ; si celui-ci devait engendrer la stagnation et la rétrogradation du genre humain ; et si par la défaillance des partis républicains bourgeois les collectivistes étaient seuls en situation de barrer la route à l'armée des bûchers et de l'abêtissement universel, nous nous trouverions donc en présence de deux voies également funestes, de deux voies aboutissant l'une et l'autre à une fondrière. Tout espoir de progrès fécond serait perdu ; il ne resterait plus au penseur épris du juste et du beau, en présence de la nuit qui s'ouvrirait devant les hommes pour une durée indéterminée, qu'à imiter les grands stoïciens de Rome sinon en se réfugiant comme eux dans la mort proprement dite par le suicide, du moins en cherchant le repos dans le scepticisme absolu, le doute universel, cette désespérance complète qui est plus douloureuse que la mort et qui représente comme un suicide de l'âme.

On ne se résigne pas aisément à de pareilles conclusions. Lorsqu'on sent encore en soi un souffle de vie morale, une inextinguible soif de justice, un amour incommensurable pour la vérité, on ne renonce pas ainsi en une heure à tout ce qu'on a cru, à tout ce qu'on a aimé, à ce qui a été le mobile unique d'une existence entière. On est, dès lors, amené à faire un retour sur soi-même, à reprendre l'étude des questions étudiées déjà, à revoir ses conclusions antérieures. C'est ce qui, au moment où je me croyais devenu à jamais étranger aux choses de la politique, m'a remis la plume à la main. La société ne m'offre plus que deux camps, le camp de la réaction d'un côté, le camp des socialistes de l'autre. Jamais je n'irai à la réaction. Je la connais. Je sais ce qu'elle nous apporterait si elle pouvait triompher. Si même persistaient toutes mes incertitudes, toutes mes craintes à l'égard du collectivisme, je préférerais encore celui-ci au cléricalisme. Il n'a pas fait ses preuves, tandis que son antagoniste a fait les siennes. Avec le socialisme, je courrais encore la chance heureuse de me tromper, et je préférerais cette chance à l'enfer social certain que le cléricalisme nous réserverait.

Et puisque décidément il me fallait renoncer à l'espérance d'une société qui conserverait sa forme bourgeoise en se prétant à la diffusion infinie du capital, ou tout au moins à la constitution d'un parti socialiste libéral qui travaillerait à son évolution ; puisque la constitution d'un tel parti m'apparaissait désormais comme une chimère, la loi même de mon intelligence m'imposait le devoir de passer de nouveau les théories collectivistes au crible de ma raison. Si, après avoir reproduit mes objections anciennes, j'arrivais à en trouver la solution ; si le collectivisme cessait de m'apparaître comme une doctrine de réaction inconsciente ; s'il m'apparaissait, au contraire, comme comportant des espérances de progrès et d'épanouissement, je marcherais bien plus allègre dans la voie que les circonstances me paraissent commander. Cette étude nouvelle, je l'ai faite et je la livre aujourd'hui à l'appréciation de mes contemporains.

Dans la partie de cet ouvrage qui va suivre, je reproduis mon argumentation de 1890 et dans la dernière partie j'exposerai mes conclusions dernières.

LIVRE II

EXAMEN DE LA DOCTRINE COLLECTIVISTE

CHAPITRE I

THÉORIE DU COLLECTIVISME

L'argumentation, dont s'est servi Karl Marx, vrai fondateur de l'école collectiviste moderne, pour justifier sa conception sociale, repose sur deux bases : la théorie de la valeur et la loi des salaires formulée par Lasalle et à laquelle ce dernier a donné le nom de *loi d'airain*.

D'accord sur ce point avec l'économie politique orthodoxe, Marx admet pour les objets fruits du travail humain deux sortes de valeurs, la valeur d'usage et la valeur d'échange.

Leur valeur d'usage est tirée de leurs qualités intrinsèques et des services que ces qualités les mettent à même de rendre. Considérés à ce point de vue les objets ne peuvent pas se substituer les uns aux autres : une livre de viande ne remplacera jamais un chapeau ; une bouteille de vin ne pourra jamais faire l'office d'une bouteille de vernis.

Leur valeur d'échange, au contraire, provient de ce que plusieurs objets dont l'usage est différent — et précisé-

ment parce que leur usage est différent — peuvent s'équi-
valoir et s'échanger les uns contre les autres.

La valeur d'échange étant la seule intéressante à analyser au point de vue économique, c'est elle que l'on désigne lorsque, par abréviation, on emploie le mot valeur
sans l'accompagner d'aucune épithète.

Si un travailleur a produit deux objets semblables dont
l'un lui est inutile, deux chapeaux par exemple ; si un autre
travailleur a produit, de son côté, deux objets différents
des précédents mais identiques entre eux, deux livres de
viande je suppose, dont l'une sera par hypothèse inutile à
sa consommation propre, il sera tout naturel que ces deux
travailleurs troquent une livre de viande contre un chapeau.
De là l'échange.

Comme d'ailleurs on devient d'autant plus apte à un
travail qu'on le pratique davantage ; comme dès lors, en
se spécialisant, l'homme en arrive à une production beaucoup plus abondante que s'il voulait fabriquer tout ce dont
il a besoin, cette spécialisation devient la règle ; la division
du travail s'établit partout, et chacun produisant des objets
non plus en vue de sa consommation personnelle mais
dans le but de les échanger, l'échange se généralise.

Mais il ne suffit pas de fabriquer des objets en vue d'un
échange ultérieur ; il faut encore une règle qui permette
d'établir dans quelles proportions, suivant quels rapports,
les échanges pourront s'opérer. Combien de livres de
viande obtiendrai-je en échange d'un chapeau ? Combien
de litres de vin me cédera-t-on en échange d'un litre de
vernis ? telle a dû être pour les sociétés humaines la première question à résoudre. C'est ici qu'intervient la notion de la valeur.

De même qu'en chimie on définit les équivalents : « les
rapports suivant lesquels les éléments se substituent les
uns aux autres dans les combinaisons chimiques, » de
même en économie sociale on doit définir la valeur : « le

rapport suivant lequel les objets échangeables, c'est-à-dire les marchandises, se substituent les uns aux autres sur le marché universel. »

Lorsqu'on a voulu procéder à la détermination des poids et des volumes, on a pris une unité de mesure arbitraire — en France, le gramme pour les poids, le litre pour les volumes ; — lorsqu'on a voulu, en chimie, déterminer les équivalents des corps, on a adopté également une unité arbitraire et conventionnelle, l'équivalent de l'hydrogène. — De même pour la mensuration des valeurs on a dû recourir à une marchandise prise pour unité, et l'on a adopté comme telle l'or ou l'argent.

Nous pouvons donc simplifier la définition précédente et la remplacer par celle-ci : « la valeur d'un objet est représentée par les poids d'or ou d'argent contre lesquels cet objet peut être troqué. »

Les deux définitions ne sont cependant pas identiques, elles ne sont qu'équivalentes. Elles sont analogues aux deux définitions que l'on donne en physique de la densité.

Lorsqu'on veut définir la densité en se plaçant à un point de vue tout à fait général, on dit que celle-ci représente le rapport existant entre les poids des différents corps considérés à volume égal.

Lorsque, au contraire, étant moins synthétique, on veut tenir compte de l'unité adoptée — le poids de l'unité de volume d'eau — on dit que la densité d'un corps est représentée par le poids de ce corps sous l'unité de volume. 1 centimètre cube d'eau pesant 1 gramme, si un centimètre cube d'or pèse 18 grammes, la densité de l'or sera de 18. Dans ce cas, il est plus scientifique d'employer, au lieu du mot *densité* réservé à la formule générale, le mot *poids spécifique*.

De même dans la science économique la définition générale représente la notion de *valeur*, et la définition spéciale représente la notion de *prix*.

La *valeur* est le rapport suivant lequel les marchandises se substituent les unes aux autres sur le marché universel.

Le *prix* est donné par le poids du métal précieux contre lequel peut s'échanger une marchandise.

Mais de même aussi que les notions de densité et de poids spécifiques sont assez rapprochées pour permettre aux physiciens d'employer indifféremment l'une ou l'autre de ces expressions, de même en matière économique les notions de valeur et de prix sont assez voisines pour qu'on puisse employer indifféremment l'un ou l'autre de ces termes.

Jusqu'ici rien de particulier à noter dans la doctrine de Karl Marx, rien que tous les économistes n'aient dit avant lui. Où se produit la dissidence, c'est dans la base qui doit servir à fixer la valeur de chaque objet.

Aux yeux des économistes il n'y en a pas d'autre que la loi de l'offre et de la demande. Un objet, selon eux, vaut ce que l'acquéreur consent à le payer et ce dont se contente le possesseur pour le vendre.

Marx répudie cette théorie. Dire qu'un objet vaut ce que l'acquéreur consent à en donner et ce dont le vendeur se contente pour le céder, cela revient d'après lui à cette tautologie : « un objet vaut ce qu'il vaut. » Il cherche une autre base plus précise, plus scientifique, et il croit la trouver dans la quantité de travail humain nécessaire à la production des différentes marchandises. Il entend par travail humain — ceci est important à noter — celui qui est exécuté « avec le degré moyen d'habileté et d'intensité, et, dans des conditions qui, par rapport au milieu social donné, sont normales. »

En d'autres termes un objet peut être échangé contre un autre qui a exigé pour être produit le même temps de travail social moyen. Si je paie un chapeau 18 francs par exemple, cela signifie, selon Karl Marx, qu'il a fallu pour le produire six fois plus de temps qu'il n'en a fallu pour extraire du sol un gramme d'or dont la valeur conventionnelle a été fixée à 3 francs.

Cette première prémisse posée, le grand socialiste allemand fait un pas de plus dans son analyse et étudie la formation de ce qu'il appelle la plus-value.

Un capitaliste achète des objets qu'il transforme, transporte ou emmagasine. La transformation, l'emmagasinement, le transport occasionnent des frais; ceux-ci s'ajoutent au prix d'achat et donnent une somme qui constitue le prix de revient de la marchandise.

Lorsqu'après avoir fait subir aux objets acquis par lui les opérations que nous venons d'indiquer ou seulement l'une d'elles, le capitaliste les revend, la somme qu'il encaisse, le prix de vente, dépasse son prix de revient. C'est cet excédent du prix de vente sur le prix de revient qui forme le bénéfice du commerçant ou de l'industriel, le profit, la plus-value. Cette dernière, si elle n'est pas consommée par le capitaliste pour ses besoins personnels, s'ajoutera au capital primitif, l'accroîtra d'autant et deviendra source, à son tour, d'une plus-value nouvelle.

Quelle en est l'origine ?

Si sur le marché il y a toujours égalité entre les valeurs échangées, les marchandises vendues par le capitaliste ne valent que ce que lui-même les a payées. Comme il ne peut pas les vendre au-dessus de leur valeur, le prix de vente doit égaler le prix de revient. Il doit rentrer dans son argent, augmenté simplement du prix de son travail personnel, rien de plus, rien de moins.

Qu'est-ce qui peut donc bien engendrer la plus-value ?

C'est ici que Karl Marx aborde sa seconde prémisse, la *loi d'airain.*

La valeur est la représentation du travail. Pour travailler il faut plusieurs éléments : des outils, des matières premières et la force humaine, la force de travail, *arbeitskraft,* qui mettra les outils en œuvre et fera subir aux matières premières la transformation désirée.

La force de travail est possédée par l'ouvrier qui ne possède rien autre, et les éléments de travail, outils ou matières premières, sont la propriété exclusive du capitaliste.

Pour que le travail et la production aient lieu, une des deux solutions suivantes s'impose donc :

Ou bien le possesseur de la force de travail achètera les éléments sur lesquels, ou au moyen desquels, cette force doit s'exercer;

Ou bien le possesseur de ces éléments achètera la force de travail.

Comme le premier, l'ouvrier, ne possède rien et ne peut, par suite, rien acheter; comme, au contraire, le second, le capitaliste, possède la contrevaleur de ce qu'il achète, c'est la seconde des deux solutions qui se réalisera.

En un mot, le capitaliste n'étant pas plus capable de produire sans travail que l'ouvrier de travailler sans instruments et sans matières premières, un contrat intervient librement sur le marché entre ces deux personnes.

L'ouvrier vend pour un temps limité au capitaliste sa puissance de travail et le capitaliste, après l'avoir achetée, en use comme on use de toute valeur d'usage qu'on achète, en la consommant. Consommer la puissance de travail c'est la faire travailler; il la fait donc travailler et la valeur créée par elle lui appartient.

Il reste à examiner ce que vaut la puissance de travail et ce qu'elle peut produire.

Karl Marx, ne l'oublions pas, a posé ce principe que la valeur est la représentation exclusive de l'effort humain.

Que vaut donc la force de travail, *l'arbeitskraft?*

La réponse est simple. Elle vaut ce qu'elle a coûté à produire. Or, qu'a-t-elle coûté à produire? L'ensemble des objets indispensables à l'ouvrier pour entretenir sa vie et son activité pendant le temps pour la durée duquel il a aliéné cette activité, ensemble augmenté de ce que l'on pourrait appeler l'amortissement de l'ouvrier, c'est-à-dire des frais de reproduction, autrement dit des frais d'entretien de la famille pendant le même laps de temps.

Admettons hypothétiquement que, dans l'état social actuel, il faille six heures de travail à l'ouvrier pour produire ce qui est nécessaire à son entretien et à celui de sa famille pendant une journée, la loi de la valeur ne permet pas à son salaire de dépasser la somme qui représente six heures de travail. C'est à cette prétendue limitation fatale du salaire que Lassalle a donné le nom de *loi d'airain.*

Mais l'homme a matériellement la faculté de prolonger son travail au delà de ce qui lui est nécessaire pour s'entretenir et s'amortir. Ceci est indéniable. S'il en était autrement, si l'homme ne pouvait pas produire au delà de ce qu'il consomme, aucune accumulation de richesse ne se serait accomplie, aucun progrès n'aurait été possible.

Profitant de cette faculté que possède l'ouvrier de travailler au delà du temps qui est indispensable pour reconstituer son salaire, au delà de six heures dans l'hypothèse que nous avons adoptée, le capitaliste le loue pour une durée de dix, de douze, de quinze, de dix-huit heures, et tout ce qui est produit par lui pendant ce qui excède les six heures de travail nécessaire vient s'ajouter au capital. Le capitaliste a la propriété de ce *sur-travail* et c'est là qu'il trouve les éléments de la plus-value sur laquelle s'édifie sa fortune.

Le prolétariat, le servage et l'esclavage sont donc frères malgré les apparences contraires.

Dans l'esclavage, l'esclave semble travailler exclusivement pour son maître. En réalité c'est une simple illusion d'optique. Il travaille pour son maître et il travaille également pour lui-même puisque le maître doit le nourrir.

Dans le servage, le serf cultive pendant trois jours de la semaine sa propre terre et, pendant les trois autres jours, la terre de son seigneur. Le partage exact de la force de travail se manifeste nettement. On voit ce que le seigneur prend à son serf.

Dans le prolétariat, à l'inverse de ce qui se passe avec l'esclavage, le prolétaire semble ne travailler que pour lui. En réalité il donne gratuitement au seigneur moderne, au capitaliste, tout ce qui excède le travail indispensable à son entretien.

Dans les trois cas il y a partage et rien n'aura été fait aussi longtemps que, par la socialisation des instruments de production, on n'aura pas obtenu ce résultat de donner au travailleur le produit intégral de son travail.

En se servant du mot intégral, Karl Marx n'entendait pas — il faut se hâter de l'ajouter — la totalité de ce produit. Dans une société collectiviste, tout comme dans la nôtre, des retenues seraient nécessaires pour parer aux dépenses collectives actuellement soldées par les impôts. L'on ne pourrait pas éviter non plus de faire des réserves destinées à l'amortissement des capitaux et à la mise en exploitation des nouvelles sources de richesses. Ces réserves ne pourraient être en aucun cas considérées comme un produit distribuable. Quant aux sommes consacrées aux dépenses collectives, chaque individu profitant de celles-ci pour une part égale aux jouissances qu'il en retire, la retenue qu'elles nécessitent n'empêcherait en rien le produit du travail d'être considéré comme revenant intégralement aux producteurs.

CHAPITRE II

Voici en quelques mots, que je me suis efforcé de rendre à la fois aussi courts, aussi précis et aussi exacts que possible, quelle est la théorie de l'école dont Karl Marx est le chef.

Cette théorie est-elle fondée? C'est ce que j'ai examiné dans ma brochure de 1890 et c'est ce que je veux examiner encore aujourd'hui.

Malgré mon réel désir de conclure en faveur du socialisme, je suis obligé d'avouer très franchement que je ne le crois pas. J'estime qu'elle repose sur deux erreurs. A mes yeux la théorie de la valeur de Karl Marx est erronée et la loi des salaires, qui n'est d'ailleurs qu'une conséquence, un corollaire, de la première, l'est également.

Les économistes disent : « la valeur d'un objet est ce que l'acquéreur consent à en donner en échange et ce dont se contente le vendeur pour s'en dessaisir. »

Les prenant à partie à propos de cette définition, Karl Marx, ainsi que je l'ai rappelé plus haut, les accuse de faire un cercle vicieux, une tautologie, de dire : « un objet vaut ce qu'il vaut. »

Malheureusement il ne s'est pas aperçu, et ses disciples

ne s'aperçoivent pas davantage, que, si tautologie il y a
là, ils arrivent eux-mêmes à une tautologie pareille.

Supposons un objet gratuitement donné par la nature,
qui n'aura coûté aucun effort à cueillir, qui aura été rencontré par un pur hasard, qu'un coup de vent aura porté
dans la main de son possesseur : un fruit, un gibier, une
fleur, un diamant. La chose est possible et dès lors mon
hypothèse est licite. Si la théorie de Karl Marx est exacte,
cet objet sera dénué de valeur.

Et cependant il aura une valeur tirée de son utilité
combinée avec sa rareté.

M. Martineau, dans une récente brochure, [1] prétend
que je me trompe en attribuant la valeur d'un objet à son
utilité et à sa rareté combinées. D'après lui c'est le service rendu par le vendeur à l'acheteur qui la constituerait.

Je le veux bien; mais les deux définitions ne sont pas
contradictoires. Le service rendu est, en effet, fonction
de l'utilité et de la rareté de l'objet.

Si dans le centre de l'Afrique, dans le désert, celui qui
me donne un verre d'eau me rend un service considérable et si je consens à le payer fort cher, c'est à la fois
parce qu'une forte soif me rend ce liquide très utile, et
parce que sa rareté rend très pénible et très difficile pour
moi de me le procurer. Que je n'aie pas soif ou que je sois
à côté d'un puits, l'eau perdra pour moi toute sa valeur
parce que, celle-ci étant à la portée de ma main, le service qu'on me rendra en me la procurant sera nul. Pour
prendre un exemple moins hypothétique, je citerai le fait
qui s'est produit il y a environ un an à Chicago et que, dans
une intéressante étude, relatait le *Figaro* du 31 août 1899
(45ᵉ année, 3ᵉ série, nᵒ 243).

A la suite d'une grève des typographes, aucun journal

---

1. E. Martineau, *Le fondement du collectivisme — examen critique du système de Karl Marx* — Paris, 1894.

n'avait paru et l'on était en pleine guerre hispano-améri-
caine. Chicago est une ville d'affaires; l'absence de nouvelles dans un tel moment prenait le caractère d'un désastre. Vers trois heures arrivèrent les journaux de Cincinnati,
de Détroit, de Kansas-City et de Saint-Louis. Malheureusement ils étaient en nombre fort insuffisant pour répondre
aux besoins des habitants. Le service rendu par les mar-
chands aux citoyens se trouvait être par suite considérable et le prix de la marchandise s'éleva démesurément.
Dès feuilles de 10 centimes se vendirent jusqu'à 25 cents
(1 fr. 33), et des boys qui en avaient accaparé un certain nombre les louaient à raison de 1 cent (cinq centimes
et 32 dix millimes) par cinq minutes.

Pourquoi ces prix élevés? parce que le service rendu
était grand. Mais pourquoi était-il grand? parce que les
journaux étaient rares.

C'est sans réplique, et l'on peut dire indistinctement
que le prix d'un objet n'est autre que la représentation
du service rendu à l'acheteur par le vendeur ou qu'il dérive de la rareté combinée avec l'utilité de l'objet. Les deux
définitions sont synonymes, puisque le service rendu dérive de l'utilité et de la rareté, et je puis, par conséquent,
me servir à volonté, sans commettre aucune faute de logique, de l'expression de M. Martineau ou de la mienne.

En somme, dans l'hypothèse où je me suis placé d'un
objet unique, fourni gratuitement par la nature et n'ayant
occasionné aucun effort à celui qui l'a cueilli, cet objet est
loin d'être sans valeur. Il a une valeur proportionnée au
service que sera capable de rendre son possesseur à quiconque, désireux d'utiliser sa valeur d'usage, sera prêt à
le payer. Quel en sera le prix? Je ne vois que deux éléments qui puissent concourir à le fixer : d'un côté la faculté d'achat et l'intensité du désir de l'acquéreur, et de
l'autre le plus ou moins de peine qu'éprouvera le possesseur à s'en dessaisir.

Dira-t-on que, dans ce cas, le paiement sera abusif et immoral, l'objet étant sans valeur légitime ? mais alors à qui appartiendra le diamant, la fleur, le gibier, le fruit ? Qui aura le droit de se parer du premier et de consommer les trois autres ? A moins que par un sentiment égalitaire inadmissible on ne prohibe le port de la gemme ; à moins que, par le même motif on ne laisse se faner la fleur et se gâter le gibier ou le fruit, je ne vois guère qu'un moyen de trancher la question, c'est de reconnaître pour légitime propriétaire de l'objet celui qui consentira au plus gros sacrifice pour s'en procurer la jouissance.

En dehors des substances qui sont à la portée de tous, dont chacun peut consommer autant qu'il en veut, sans en épuiser le stock, comme c'est le cas pour l'eau à la rivière, ou mieux encore pour l'air — le seul exemple complet d'une substance de cette nature —, il est donc faux de prétendre qu'un objet soit sans valeur s'il n'a rien coûté à produire. Il en a une, et celle-ci est d'autant plus grande qu'il est plus utile et plus recherché.

Telle est la première erreur de Marx ; elle n'est pas la seule : le puissant logicien en commet une seconde d'ordre tout à fait opposé.

S'il n'est pas vrai que tout objet gratuitement fourni par la nature soit dépourvu de valeur, il n'est pas vrai davantage que tout produit de l'industrie humaine en soit pourvu. Tout produit en sera dépourvu qui ne sera utile à personne, que personne ne désirera s'approprier et qui ne trouvera à s'échanger nulle part. Karl Marx le reconnaît d'ailleurs de bonne grâce : « aucun objet, dit-il, ne peut être une valeur s'il n'est une chose utile. S'il est inutile, le travail qu'il renferme est dépensé inutilement, et conséquemment, ne crée pas de valeur. »

A ceci je n'ai rien à reprendre. Mais comment ce grand penseur qu'était Karl Marx ne s'est-il pas aperçu qu'il existe toute une gamme dans les utilités : qu'entre l'utilité nulle et l'utilité infinie de l'objet indispensable, il y a tous les degrés d'utilité intermédiaires ; que, si l'objet inutile vaut zéro, l'objet utile vaudra d'autant plus que son utilité sera plus grande ?

Comment n'a-t-il pas vu que s'il existe une gamme dans la valeur des objets produits par le labeur humain, il n'est plus possible d'admettre l'égalité entre la faculté productive de toute espèce de travail à la seule condition que celui-ci ne soit pas complètement inutile ? Entre ces termes extrêmes : le fantaisiste qui s'amuserait à casser de la glace sur le sommet de la Jung-frau et le laboureur auquel nous devons le froment, il y a tous les travailleurs intermédiaires dont les produits variés ont une utilité également variée, ce qui entraîne pour eux une différence de valeur. Qu'une vérité aussi lumineuse ait pu échapper à un esprit aussi lucide que l'était celui de Karl Marx, il y à lieu de s'en étonner.

Il est bien vrai que, dans les faits, et en pleine civilisation, les prix élevés des produits utiles et rares appellent les capitaux vers la branche d'industrie qui les fabrique : il y a là l'incitation des gros bénéfices. Il est bien certain que cet afflux de capitaux et la concurrence qui en résulte amènent la baisse de l'objet fabriqué. Il n'est pas douteux qu'en fin de compte le prix de cette marchandise n'arrive à s'équilibrer avec celui des autres marchandises et ne devienne proportionnel à l'effort qu'a coûté la production. Personne ne se souciant de donner double travail pour demi-salaire, la valeur courante des marchandises finit toujours par représenter la quantité de travail humain incorporé en elles. Mais c'est là un résultat et non une cause. La quantité de travail nécessaire à la fabrication d'une valeur d'échange devient à la longue proportionnelle à cette valeur, mais ne la constitue pas. Celle-ci en demeure indépendante et ne reconnaît de mesure réelle que dans la rareté plus ou moins grande de l'objet combinée avec le besoin plus ou moins impérieux que l'on en a.

Marx a été obligé de reconnaître dans une certaine mesure cette vérité et de faire brèche à son principe. Il a dû convenir qu'il y a lieu d'établir une distinction entre la durée absolue du travail et la durée sociale moyenne de ce même travail.

Traduit de l'argot économique en langage vulgaire, voici ce que signifie cette formule.

Si l'on divise par le nombre total des objets d'une même espèce — des paires de souliers par exemple — le nombre d'heures que leur ensemble a exigé pour être produit, le quotient représentera la durée sociale moyenne du travail nécessaire à la production d'une unité de cette marchandise — dans notre exemple, d'une paire unique de souliers —.

Cela posé, la durée sociale moyenne de travail correspondante à la confection d'une paire de souliers étant par exemple d'une heure, tout individu qui aura confectionné une paire de souliers en une heure recevra un bon d'une heure de travail (moins les retenues nécessaires pour les dépenses collectives et les réserves sociales, retenues dont nous n'avons pas à nous occuper ici pourvu qu'il soit bien entendu qu'elles existent). Au contraire, celui-là ne recevra qu'un seul bon d'une heure de travail bien qu'en fait il ait travaillé pendant deux heures qui aura mis deux heures à fabriquer cet objet dont la fabrication ne correspond qu'à une durée sociale moyenne d'une heure.

Marx ne dit pas, ni ses disciples non plus, ce qu'il adviendra de l'ouvrier qui aura confectionné deux paires de souliers en une heure et s'il recevra deux bons au lieu d'un. Il semble toutefois que cette solution soit le corollaire de la précédente. Elle est d'ailleurs conforme à l'intérêt social, car si elle n'était pas admise on ne concevrait guère ce qui pourrait inciter l'ouvrier à produire plus vite.

Mais alors chacun reçoit, soit en étant payé plus cher, soit en travaillant pendant un nombre d'heures moindre pour le même salaire, une rémunération en rapport avec son habileté et nous retombons dans le travail aux pièces. La valeur du travail n'est donc pas déterminée par sa durée.

D'ailleurs, si même le principe métaphysique de Karl Marx était vrai ; si la valeur d'une marchandise se confondait avec la quantité du travail incorporé en elle, elle ne pourrait pas être mesurée par le temps employé à la produire. Ce qui en fixerait le chiffre, ce ne serait pas la durée du travail, ce serait la somme d'énergie dépensée et utilisée, termes qui ne sont ni égaux ni proportionnels.

Que penserait-on d'un industriel qui possédant cinq machines à vapeur, une de dix chevaux, une de vingt, une de cinquante, une de cent et une de cinq cents, évaluerait la valeur de leurs produits d'après le temps pendant lequel chacune d'elles aurait fonctionné? On se rirait à juste titre de son ignorance.

La dépense en combustible donnerait une évaluation plus rapprochée. Celle-ci serait cependant encore imparfaite, toutes les machines n'utilisant pas la même fraction de l'énergie produite par la combustion de la houille. On ne pourrait trouver dans cette dépense en combustible un élément exact de mensuration que si les six machines étaient de même modèle et utilisaient une égale fraction de l'énergie dégagée. De même, si les six machines de même modèle étaient toutes les six d'égale force, la durée de leur fonctionnement donnerait la mesure du travail parce qu'alors toutes choses seraient égales d'ailleurs. Mais en dehors de ces conditions spéciales, la durée du fonctionnement, pas plus que le poids du combustible consommé, ne pourrait fournir aucun élément d'appréciation.

Malheureusement dans cette machine d'une espèce particulière qu'est l'homme, nous ne pouvons connaître ni la dépense en combustible, ni la fraction d'énergie utilisée, et dès lors la supputation de la durée ne conduit plus à aucun résultat comparable.

A-t-on jamais pu déterminer l'équivalent du travail in tellectuel et du travail musculaire?

Entre le travail musculaire pénible, le travail de l'homme qui soulève de grands poids, et celui auquel on pourrait plus exactement appliquer le qualificatif de méticuleux comme, par exemple, celui de l'horloger cherchant minutieusement, sa loupe à la main, à assembler les rouages d'une montre, sait-on lequel entraîne la plus forte usure organique?

Sait-on qui consomme le plus de matière cérébrale grise du mathématicien ou du poète, de l'homme d'imagination ou de l'homme de déduction?

Sait-on même si entre deux poètes de puissance inégale la dépense n'est pas moindre chez le poète supérieur dont les vers qui font l'admiration du monde sont écrits sans effort que chez le rimailleur infime qui sue sang et eau pour arriver péniblement à aligner quelques mauvais hémistiches.

C'est ce qu'il importerait de connaître pour établir une mesure de l'énergie déployée par l'homme et, grâce à celle-ci, une mesure de la valeur déterminée par la somme d'énergie qu'elle a coûtée. Or c'est là ce que nous ignorons et ce que vraisemblablement nous ignorerons longtemps encore.

S'il existait une mesure approximative du travail, ce serait la loi de l'offre et de la demande qui seule nous la fournirait.

Le travailleur a l'impression instinctive de la fatigue que lui coûte la production d'un objet. Comme il est naturel qu'il tienne d'autant plus à ses prix que cette fatigue a été plus forte, on pourrait supposer dans la balance qui s'établit sur le marché entre le producteur et le consommateur une intervention de cet élément *fatigue*, lequel apporterait une évaluation indirecte plus ou moins exacte de l'usure humaine.

Encore cette conclusion demeurerait-elle entachée d'erreur. Il y a, en effet, deux éléments dans la fixation du prix, le vendeur et l'acheteur, et si le degré de fatigue éprouvée peut influer sur les prétentions du premier, l'utilité seule exerce son influence sur la décision du second.

Comme nous le disions plus haut, entre deux poètes de valeur inégale dont l'un écrit sans effort des vers qui font l'admiration du monde, et dont l'autre sue sang et eau pour aligner péniblement quelques mauvais hémistiches, nous ignorons quel est celui des deux chez lequel la dépense organique est la plus forte. C'est peut-être chez le poète inférieur.

Supposons un moment qu'il en soit ainsi. Faudra-t-il en conclure que la poésie de Tartempion ait droit à une rémunération plus élevée que celle de Victor Hugo ou de Shakespeare? oui, dans notre hypothèse, si l'on admet avec Karl Marx que la valeur de la marchandise se mesure à l'effort qu'elle a coûté. Et cependant il ne saurait en aucun cas en être ainsi, car les vers de Victor Hugo ou de Shakespeare trouveraient facilement acquéreur sur le marché à un prix très élevé, tandis que personne n'affecterait même dix centimes à l'acquisition des autres.

La somme de l'effort, si l'on pouvait l'évaluer exactement, ne donnerait donc pas la mesure de la valeur. A fortiori la durée de l'effort est-il un élément d'appréciation manifestement insuffisant.

En veut-on la preuve? c'est dans les écrits de Marx ou de ses disciples que nous la trouverons.

Après avoir pris pour unité de valeur l'heure sociale moyenne, ils ont été fatalement amenés à chercher dans l'offre et la demande, la mesure de l'heure de travail elle-même.

Ecoutons, par exemple, M. Deville, le commentateur, le **vulgarisateur de Karl Marx.**

« C'est également en excitant l'intérêt qu'on assurera l'exécution des travaux tout particulièrement dangereux ou répugnants, grâce à une majoration du prix (quel langage capitaliste, M. Deville!) de l'heure de travail ordinaire. On établira que quatre heures par exemple consacrées à l'une de ces spécialités ingrates équivaudront à six ou sept heures de travail simple. »

Comment se fera d'ailleurs cette appréciation des valeurs inégales de l'heure de travail dans les différentes industries? à qui incombera la tâche, à qui appartiendra le droit de dire à un ouvrier qui aura travaillé pendant six heures : « Voici un bon de trois heures de travail, » et de dire à un autre ouvrier qui n'aura peut-être travaillé que trois heures : « Voici un bon de six heures? »

Seront-ce les fonctionnaires de l'Etat, les surveillants du travail? y aura-t-il une fixation arbitraire?

Dans ce cas que de faveurs imméritées qui rendraient la société inhabitable! On se plaint à juste titre du népotisme de notre époque, nécessairement limité cependant par la limitation même des objets auxquels il s'applique. Que serait-ce en comparaison de ce népotisme universel? On ne peut, en effet, prétendre que le collectivisme soit appelé à changer la nature humaine. On ne peut soutenir qu'à partir du jour où les ateliers auront été socialisés, les affections, les haines, les jalousies, et toutes les passions élevées ou basses qui viennent de nos jours interférer avec le sentiment abstrait de la justice, doivent cesser d'exister.

Dira-t-on que le système électif serait une garantie suffisante contre les passions subversives?

D'abord, rien ne prouve que le système électif puisse persister dans la société collectiviste. Schaeffle fait sur ce point les réserves les plus formelles.

D'autre part, l'expérience de plus d'un siècle nous le démontre, le système électif loin d'être une sauvegarde contre le népotisme, tend, au contraire, à l'exagérer. Un despote pourrait, à la rigueur, faire taire ses amitiés et ses haines, ne s'inspirer que de la vérité, malgré toutes les difficultés qu'il rencontrerait sur cette voie, quoiqu'il soit bien rare de rencontrer des despotes placés à une telle hauteur. Un élu ne le peut pas. Il lui est commandé d'être partial en faveur de ses électeurs et contre ses adversaires. S'il ne le fait pas il est brisé. L'injustice s'impose ici presque avec la force de la nécessité, de l'anankè antique.

Enfin, si même on suppose un pouvoir puissant d'une grande autorité, foncièrement honnête et foncièrement intelligent, un pouvoir qui ne s'inspire que des nécessités sociales, de l'intérêt général, comment arrivera-t-il, avec la meilleure volonté du monde, à évaluer le taux auquel il convient de rétribuer le travail d'un maçon, d'un cordonnier, d'un portefaix, d'un vidangeur? Comment parviendra-t-il à modifier chaque jour son évaluation d'après les circonstances? Un tel problème dépasse les forces humaines. Si le favoritisme disparaissait, ce serait pour faire exclusivement place à la chance, au hasard; et ceux-ci ne sont pas mieux que le favoritisme la représentation de l'égalité et de l'équité.

Aussi les élèves de Karl Marx ont-ils senti cette difficulté, ce défaut de la cuirasse, et se sont-ils bien gardés de tomber dans l'erreur de la taxation. M. Gabriel Deville continuant le passage que nous venons de citer poursuit ainsi :

« Il n'y aura pas là du reste de détermination arbitraire; la différence pour un même gain, entre le temps employé à des travaux ordinaires et celui employé à des travaux pénibles variera d'après l'offre et la demande de ces derniers travaux. »

On a bien lu. L'offre et la demande. Le grand mot est lâché et ce n'est pas seulement M. Deville qui parle de la sorte. M. Jules Guesde a répété les mêmes choses à la Chambre des députés, et M. Ed. Bellamy résout la question de la même manière dans son remarquable livre communiste *looking Backward*.

Mais il est une loi mathématique qui se formule ainsi : « deux valeurs égales à une troisième sont égales entre elles. » Appliquons-la aux doctrines de M. Gabriel Deville, nous serons amenés à raisonner comme il suit :

Un objet a une valeur égale à la durée du travail qu'a exigé sa fabrication ;

La durée du travail est égale à ce que déterminent l'offre et la demande ;

Dès lors, la valeur de l'objet est égale à ce que déterminent l'offre et la demande.

En d'autres termes, mesurer le travail par la loi de l'offre et de la demande, c'est-à-dire par l'utilité, après avoir donné le travail comme base à la valeur, cela revient à mesurer la valeur par l'utilité.

Si donc les économistes font une tautologie en disant « un objet vaut ce qu'il vaut », n'avions-nous pas raison de dire que Karl Marx en faisait une toute semblable en disant : « le travail vaut ce qu'il vaut ».

En parlant de la suppression de la monnaie métallique et de son remplacement par des bons de travail, les disciples de Marx se sont figuré qu'ils nous apportaient un changement radical, en réalité ils n'ont changé que les mots.

A l'heure actuelle un tiers de gramme d'or ou cinq grammes d'argent ayant été adoptés en France comme commune mesure, et la loi de l'offre et de la demande faisant connaître contre quelle quantité de l'un de ces métaux précieux les échangistes consentent à livrer leurs marchandises ou à en prendre livraison, la valeur de celles-ci s'exprime en un certain nombre de grammes d'or ou d'argent.

Demain, dans l'hypothèse de l'Etat socialiste réalisé, elle s'exprimerait en nombre d'heures de travail, mais ces heures elles-mêmes ayant été fixées par la loi de l'offre et de la demande, le nom de la mesure serait seul changé.

Les heures de travail mesurées par la loi de l'offre et de la demande, ce ne sont plus des heures de travail. Sous une autre appellation ce sont encore des francs, des marcs, des gulden, des roubles, des dollars ou des livrês.

Il faut donc chercher ailleurs que dans le travail une définition de la valeur.

C'est que, comme beaucoup d'autres, cette notion échappe à une définition précise. C'est une conception qui résulte de plusieurs notions sériées. Nous pouvons en trouver dans la physique qui sont tout à fait analogues, celle de la matière par exemple.

La nature ne nous offre pas la matière. Nous ne savons pas ce que c'est et nous sommes impuissants à la définir. Nous ne voyons autour de nous que des corps, mais quelque divers, quelque variés que soient tous ces corps, nous trouvons en eux tous des propriétés communes — et parmi elles, en première ligne, la pesanteur.

A ce quelque chose d'inconnu dans son essence qui jouit, sous toutes ses modalités corporelles, de propriétés semblables, nous donnons un nom : nous l'appelons matière et nous obtenons la série :

Corps, pesanteur, matière.

Poussant plus loin l'analyse, nous cherchons à mesurer la quantité de matière qu'un corps renferme par la quantité de pesanteur qui est en lui, l'une étant proportionnelle à l'autre, et ne possédant aucun moyen de mensuration absolue, nous devons nous borner à une mensuration relative.

A cet effet, nous prenons une certaine quantité d'un

corps pesant, en France un centimètre cube d'eau distillée à quatre degrés au dessus de zéro ; nous donnons à cette unité pesante le nom de gramme, et nous disons d'un corps donné qu'il pèse tant de grammes, c'est-à-dire qu'il renferme la même quantité de pesanteur ou de matière que le nombre de grammes auquel il fait équilibre.

Enfin nous désignons la quantité relative de pesanteur ou de matière contenue dans un corps et ainsi exprimée au moyen d'une unité arbitraire, par le vocable *poids*.

Cette nouvelle conception nous permet de compléter la série précédente ; celle-ci devient :

> Corps, pesanteur, matière, poids.

Il en va de même dans l'ordre économique pour la valeur.

La société ne nous offre la valeur nulle part. Ce qu'elle nous offre, ce sont des marchandises, et les marchandises sont ici ce que sont les corps dans l'ordre physique pris pour exemple : Elles constituent le premier terme de la série.

Continuant le parallèle, nous trouvons dans ces marchandises diversifiées à l'infini par leurs qualités et leurs utilités, un caractère qui leur est commun à toutes. Ce caractère commun, cette propriété commune, c'est l'échangeabilité.

Nous nous élevons alors à la conception abstraite d'un quelque chose qui existe dans toutes. A ce quelque chose nous donnons le nom de *valeur* tout comme, en physique, nous avons appelé *matière* l'abstraction tirée des propriétés communes et générales des corps, et nous considérons la valeur comme proportionnelle à l'échangeabilité tout comme nous avons admis la proportionnalité de la matière à la pesanteur.

Poursuivons cette comparaison.

Lorsqu'il s'agit de mesurer la quantité de matière que

renferme un corps par la quantité de pesanteur qui est en lui, nous l'évaluons relativement en grammes, c'est-à-dire en poids.

De même sur le marché nous mesurons la quantité de valeur incorporée aux marchandises par la quantité d'échangeabilité qui est en elles. Nous comparons en un mot les marchandises par la faculté qu'elles ont de s'échanger les unes contre les autres en proportions variées, et n'ayant pas plus ici que pour la pesanteur et pour la matière de mesure absolue, nous devons nous contenter aussi de mesures relatives.

Afin de rendre les résultats comparables, nous nous trouvons dans l'obligation, ici comme là, d'adopter une unité arbitraire, un terme de comparaison auquel nous puissions rapporter toutes les marchandises.

Dans l'ordre physique nous avons pris pour unité le gramme, c'est-à-dire la quantité de pesanteur ou de matière renfermée dans un centimètre cube d'eau distillée.

Dans l'ordre économique nous prenons pour unité le franc, c'est-à-dire la quantité d'échangeabilité ou de valeur que renferme 1/3 de gramme d'or ou cinq grammes d'argent monnayés.

L'unité ainsi adoptée nous sert à déterminer la quantité relative de valeur incorporée dans chaque marchandise, et cette quantité de valeur ainsi exprimée en francs prend le nom de *prix* tout comme la quantité de matière contenue dans un corps et exprimée en grammes avait pris le nom de *poids*.

En somme, le mot *poids* exprime la notion relative de ce dont les mots *pesanteur* et *matière* expriment la notion absolue. — Le mot *prix* exprime de même dans l'autre série la notion relative de ce dont la notion absolue est exprimée par les mots *échangeabilité* et *valeur*.

En physique nous nous servons de la balance pour déterminer les poids.

Sur le marché nous nous servons de la loi de l'offre et de la demande pour déterminer les prix.

Nous arrivons ainsi aux deux séries parallèles :

Corps, pesanteur, matière, poids,
Marchandises, échangeabilité, valeur, prix.

Voilà la notion vraie et scientifique de la valeur. Elle n'a rien de commun avec la conception métaphysique de Karl Marx [1].

1. M. Garofalo, dans son étude sur le socialisme dont nous parlons à l'épilogue de ce livre, expose que Karl Marx a renoncé dans les derniers temps de sa vie à la théorie que nous venons de réfuter.

Dans un travail posthume publié par les soins de M. Bebel, il aurait déclaré que celle-ci s'applique non point à des objets déterminés, mais à l'ensemble de la production humaine comparé à l'ensemble du travail humain dont elle est l'équivalent. S'il en est ainsi, et de l'avis même de son auteur, il ne reste plus rien de la théorie de la valeur de Karl Marx, car, sous sa forme nouvelle, elle ne conduit plus à aucune conclusion.

CHAPITRE III

Nous avons vu plus haut que la deuxième prémisse du socialiste allemand, la loi des salaires, était une conséquence de sa conception de la valeur.

On pourrait donc, par le seul fait que cette conception est ruinée, se dispenser de discuter la loi qui en est déduite.

Mais comme la *loi d'airain* pourrait être vraie bien que les raisonnements sur lesquels on s'appuie pour l'échafauder fussent faux, il importe de l'examiner en elle-même, de la discuter, d'effectuer le départ entre la portion de vérité et la portion d'erreur qu'elle renferme. Elle renferme en effet une portion restreinte de vérité.

Cette loi, nous avons exposé plus haut en quoi elle consiste. C'est le principe en vertu duquel le salaire, strictement limité à ce qui est indispensable à l'ouvrier pour vivre et pour se reproduire, ne pourrait jamais, d'une manière permanente ou générale, s'élever au dessus ou s'abaisser au dessous [1].

---

1. Lassalle la formulait ainsi : Le salaire oscille à la limite de ce qui est strictement nécessaire à l'ouvrier pour vivre et se reproduire, sans pouvoir ni s'élever sensiblement au dessus ni descendre sensiblement au dessous.

Nous disons d'une manière permanente et générale parce que les collectivistes n'ont jamais prétendu qu'à aucune époque et sur aucun point les salaires ne puissent s'élever au dessus du nécessaire ou s'abaisser transitoirement au dessous. La surabondance de la main d'œuvre dans une industrie, jointe à une diminution de la demande, peut, suivant eux, faire tomber le salaire bien au dessous de ce qui est indispensable à l'ouvrier pour assurer sa subsistance et celle de sa famille. Ils reconnaissent aussi que l'effet inverse se produit souvent par suite de l'augmentation de la demande combinée avec une décroissance de l'offre. Seulement ils pensent, et M. Jules Guesde le dit nettement dans un opuscule publié par lui sur ce sujet, que ce sont là des effets passagers et que ceux-ci ne diminuent en rien la justesse de la loi appliquée dans le temps et dans l'espace. Il y aurait là quelque chose d'analogue à ces séries d'oscillations innombrables qui, malgré les mouvements continuels de va et vient de l'onde calorifique ou lumineuse, n'en constituent pas moins des rayons très rectilignes de lumière et de chaleur.

C'est sur cette donnée qu'il faut se placer pour discuter la *loi d'airain*, et c'est ce qui s'oppose à ce que l'on puisse attacher une grande importance aux chiffres statistiques que l'on apporte chaque jour pour montrer que les salaires sont susceptibles de subir des élévations ou des diminutions absolues. Ces chiffres s'appliquent en effet toujours à des points limités dans l'espace et à des périodes non moins limitées dans le temps. Ils n'ont par cela même aucune valeur probatoire.

La *loi d'airain* si elle était vraie serait épouvantable et elle suffirait à elle seule à condamner notre société. Elle dirait aux ouvriers : « Perdez toute espérance non seulement de vous enrichir mais même d'améliorer votre situation. Laborieux ou paresseux, intelligents ou obtus, économes ou prodigues, le sort pour vous sera le même. Le capital absorbera toute la plus-value sociale et ne vous laissera que ce qui .vous est strictement nécessaire pour ne pas mourir de faim. Les capitalistes voudraient-ils faire qu'il en advînt autrement, ils ne le pourraient pas. L'inflexible loi s'impose en dépit de toutes les volontés humaines si le corps social n'intervient pas. »

Ces conclusions fussent-elles établies, il ne serait pas encore prouvé que le collectivisme fût possible et dût être supérieur à ce que nous avons. De ce qu'un système social est démontré mauvais, il ne s'en suit nullement qu'un autre soit forcément meilleur ou même qu'il soit possible d'en découvrir un meilleur.

Mais cette loi ferait certainement du prolétariat un bagne légitimant toutes les révoltes.

Est-elle vraie ?

Oui ! dans une acception limitée et restreinte ; non, avec le caractère de généralité que Lassalle, Karl Marx et Guesde lui attribuent.

A chaque époque, il y a un minimum de consommation au dessous duquel aucun travailleur — et presque aucun assisté — ne descend. Si l'on prend ce minimum-là pour base de la loi des salaires, la loi est vraie et l'on peut dire que des modifications de détail tendant à élever les salaires ou à abaisser le prix des marchandises n'exercent point un effet d'ensemble appréciable et durable. C'est ce qui a permis à M. Jules Guesde de critiquer avec beaucoup de finesse les systèmes sur lesquels comptent certains philanthropes pour amener un grand soulagement dans les masses en changeant l'assiette de l'impôt.

Jusque-là Lassalle, Karl Marx et Jules Guesde ont raison. Mais où ils se trompent c'est lorsque du minimum de consommation d'aujourd'hui, qui est chose tout à fait contingente, ils veulent faire un tantum incompressible et inextensible rendant impossible dans une société capi-

6.

taliste tout progrès comme toute rétrogradation. Leur erreur est si manifeste que Lassalle avait été obligé d'écrire :

« Le tantum de subsistance nécessaire *dans un temps et dans un milieu donné.* »

Or, de même que l'idée de Marx sur la durée sociale moyenne de l'heure de travail renverse de fond en comble toute sa théorie de la valeur, de même, sous la plume de Lassalle, ce membre de phrase : « dans un temps et dans un milieu donné » renverse toute la prétendue *loi d'airain*. Et cependant Lassalle ne pouvait pas le supprimer, car s'il l'eût fait l'absurdité de sa proposition aurait éclaté aussitôt.

L'ouvrier le plus misérable de nos jours, même celui des workhouses de Londres pendant les chômages, est mieux logé, plus substantiellement nourri, plus confortablement vêtu, que ne l'étaient nos pères alors qu'ils vivaient de chasse, se vêtissaient de peaux d'animaux et s'abritaient contre les intempéries des saisons dans les cavernes naturelles.

Sans remonter aussi loin, nous voyons de nos jours un ouvrier allemand, un ouvrier belge, un ouvrier italien, se contenter d'un moindre salaire qu'un ouvrier français, et, dans une proportion beaucoup plus forte encore, un travailleur chinois, à travail égal, se contenter d'une rétribution de beaucoup inférieure à celle qu'exige un Yankee. Le minimum de consommation dont les hommes se sont contentés ou se contentent varie considérablement suivant les lieux et les temps, et ces variations portent en elles la réfutation la plus topique, la plus complète, que l'on puisse faire de la proposition de Lassalle.

M. Jules Guesde, grand défenseur de cette proposition, ne s'est pas dissimulé l'objection, mais il croit l'avoir résolue.

A ses yeux, si le troglodyte consommait moins que le travailleur actuel, c'est qu'il travaillait moins. Travaillant moins, il usait moins son organisme ; et l'usant moins, il avait moins besoin de le réparer.

L'argument paraît quelque peu hypothétique. Le troglodyte certainement n'était attaché à aucune usine, ne cultivait pas le sol, ne pratiquait aucun métier. La chasse, la pêche ou la cueillette lui procuraient seules le gibier, le poisson et les fruits nécessaires à son alimentation. Mais pour les obtenir il devait parcourir des espaces considérables, lutter de vitesse avec les animaux, rapporter de loin le gibier tué, le poisson pêché, les fruits cueillis. Il devait, en un mot, faire d'énormes efforts de marche ou de transport. Rien ne prouve que la combustion organique — l'usure humaine — déterminée par ces efforts fût inférieure à celle qui se produit de nos jours chez les métallurgistes ou les mineurs aidés par de puissants mécanismes. C'est possible ; mais c'est à tout le moins fort douteux.

M. Guesde répliquera peut-être que notre supposition relative au travail dépensé par le troglodyte n'est pas mieux démontrée que la sienne. Je le veux bien ; mais alors mettons-les de côté l'une et l'autre : on ne peut établir une démonstration sur des hypothèses elles-mêmes indémontrables.

Laissons donc les troglodytes sur lesquels nos données sont par trop bornées et ra isonnons sur ce qui se passe actuellement.

En l'an 1899, M. Jules Guesde est-il en situation d'affirmer, qu'entre Allemands, Belges, Italiens, Espagnols, Anglais ou Français il existe des différences organiques de nature à expliquer les différences de consommation que l'on observe entre les ouvriers de ces divers pays? prétend-il qu'il y ait là quelque chose d'analogue à ce qui se passe entre deux machines dont l'une brûle plus de charbon que l'autre pour donner un même travail effectif?

Il le dit en ce qui concerne les Chinois. Il explique ainsi

les salaires infimes qui suffisent à leur existence. Mais ici
encore ce sont de simples affirmations; ce ne sont pas des
preuves. Pour que ces affirmations devinssent des preuves,
il faudrait montrer les différences anatomiques et physiologiques qui permettraient une meilleure utilisation de
la force. Il faudrait apporter la démonstration que si les
Chinois consentent à travailler pour un moindre salaire,
c'est parce que leur organisme, machine perfectionnée,
leur donne la puissance de produire un effort égal ou supérieur avec une moindre dépense de combustible humain,
de mieux transformer l'action chimique en action mécanique ou intellectuelle.

Cette démonstration, M. Jules Guesde ne l'apporte pas;
et en outre il ne paraît pas s'apercevoir de la conclusion
qu'il faudrait en déduire s'il l'apportait. Il ne se dit pas
que si le peuple chinois était apte à produire un plus
grand effort avec une dépense moindre, ce serait le peuple supérieur; qu'il serait destiné à nous évincer tous,
telles ces machines Compound qui réalisent le même travail que leurs devancières avec une plus faible quantité
de houille et qui évincent toutes les autres dans l'industrie. Et cependant cette supériorité du Chinois sur les
nations de l'occident n'apparaît pas encore. Jusqu'ici c'est
même l'inverse qui semble se manifester ostensiblement.

C'est qu'en réalité, si les Célestes se suffisent avec un
salaire inférieur à celui de nos ouvriers occidentaux, la
cause en est tout autre que M. Guesde ne l'imagine. Elle
réside simplement dans le fait que, étant moins civilisés,
ayant des goûts plus simples, plus modestes, ils se contentent de produits de qualité inférieure dont ne se contente-
raient pas les Européens et les Américains, produits aussi
nutritifs mais moins agréables à consommer. Leur moindre consommation semble bien n'être pas une conséquence
chez eux d'une plus grande perfection de la machine humaine, mais être un simple résultat de leur volonté, d'un

goût moins raffiné, d'une moindre dépense qui serait possible pour tous, mais à laquelle seuls ils se résignent.

M. Jules Guesde ne s'arrête pas à ces vétilles. Il a besoin d'une loi, il en affirme l'existence sans se préoccuper à aucun degré des faits qui la contredisent. Il fait une hypothèse quelconque pour expliquer la perturbation observée ; puis, l'hypothèse bâclée, il s'en contente, la donne pour une vérité incontestable et poursuit son chemin. Quelque bien disposé que nous soyons pour lui, nous ne pouvons pas nous incliner devant un tel raisonnement.

D'ailleurs, cette hypothèse, qu'on peut à la rigueur lui passer lorsqu'il s'agit des Chinois, à cause de la distance considérable qui sépare les Asiatiques des Européens, devient par trop fantaisiste lorsqu'il l'applique aux peuples de l'Europe ou de l'Amérique du Nord.

Où a-t-il aperçu les différences organiques qui distingueraient le Français du Belge, de l'Allemand, de l'Italien, de l'Espagnol, de l'Anglais, de l'Américain ?

Passe encore pour l'Italien et pour l'Espagnol. On peut ici invoquer le climat ; on peut prétendre que dans les pays chauds la moindre consommation tient à ce qu'en fait l'homme a besoin de moins d'aliments respiratoires.

Encore cette explication n'est-elle admissible que si l'ouvrier italien travaille en Italie et l'ouvrier espagnol en Espagne. Dès que l'un et l'autre débarquent à Paris, ils se trouvent placés dans les mêmes conditions climatériques que le travailleur parisien et doivent physiologiquement consommer autant que lui.

S'ils consomment moins il faut nécessairement en déduire, à moins de renverser toutes les lois de la logique, que le salaire de l'ouvrier parisien ne représente pas *le tantum strictement nécessaire à l'entretien de sa vie et à sa reproduction ;* il est certainement au dessus de ce minimum puisque l'Espagnol et l'Italien transplantés à Paris s'y contentent d'un salaire moindre et n'y meurent pas.

Avec l'Allemand et le Belge (je ne parle pas des Américains et des Anglais qui, eux, exigent des salaires élevés) le vice du raisonnement de Guesde est bien plus frappant. Ces hommes habitent des contrées plus froides que les nôtres. Ayant besoin de la même quantité d'aliments que nous pour reconstituer leurs tissus et produire une même quantité de travail utile, il leur en faut plus qu'à nous pour lutter contre des saisons plus rigoureuses, pour entretenir la même chaleur physiologique malgré une température ambiante plus basse.

Comment donc serait-il possible d'expliquer que Belges et Allemands se suffisent avec une rétribution moindre si, comme l'affirment Jules Guesde, Karl Marx et Lassalle, ce que reçoit l'ouvrier parisien était la représentation minima de ce qui est indispensable à un être humain pour vivre en fournissant une certaine somme d'efforts? Ce serait tout à fait impossible, et le fait dûment établi des salaires différents avec lesquels parviennent à vivre les ouvriers des diverses nations suffit à prouver que la *loi d'airain* n'est qu'une chimère, ou tout au moins la généralisation exagérée d'une vérité dont on a tiré des déductions qu'elle ne comportait pas.

M. Jules Guesde a reconnu, par l'analyse du phénomène, nous l'avons déjà dit, que cette loi n'est pas exclusive de certaines oscillations. Il affirme qu'à de certaines heures la rétribution de l'ouvrier peut s'élever au dessus du minimum strictement nécessaire à la vie et que, par compensation, à d'autres heures, il peut descendre au dessous.

Monter au dessus, la chose est concevable; elle l'est moins lorsqu'il s'agit de descendre au dessous. Déclarer que le salaire représente un minimum irréductible et prétendre ensuite qu'il peut être réduit, cela paraît d'une logique quelque peu douteuse.

Ce raisonnement rappelle la vieille histoire de la femme

à qui le Diable avait promis, un jour, dit-on, d'exaucer complètement les deux souhaits qu'elle ferait.

« Montre-moi, lui dit-elle, le plus fidèle de tous les amants actuellement existants. »

Le Diable s'exécuta et lui amena aussitôt la perle d'amour qu'elle désirait connaître.

« C'est bien », ajouta-t-elle alors, après avoir contemplé cet amant idéal : « montre-moi maintenant un amant plus fidèle encore. »

Le démon, s'il faut en croire l'histoire, fut fort embarrassé et ne se tira pas de la difficulté.

Très supérieur au démon, M. Guesde s'en tire, et d'une manière assez ingénieuse, il faut en convenir.

Le minimum de consommation nécessaire est une moyenne et ne représente pas une quantité fixe pour tous les individus. Lorsque les salaires s'avilissent et tombent au dessous de ce niveau, il y a des natures qui résistent étant plus robustes, plus fortes, plus aptes à supporter les longues privations. Les autres, les faibles, meurent et la diminution de la population a pour effet de relever le salaire et de le ramener au minimum nécessaire.

Théoriquement l'argumentation se tient. Malheureusement les faits lui donnent tort. Lorsqu'une forte baisse vient déprimer les salaires, et lorsque, la crise passée, les salaires se relèvent, on n'observe pas, en effet, que ces relèvements aient été précédés d'une de ces épidémies qui déciment les populations. C'est cependant ce qui devrait se produire si l'explication fournie par M. Jules Guesde était conforme à la vérité.

D'ailleurs il existe contre la loi des salaires un argument qui me paraît sans réplique : les consommations inutiles et quelquefois nuisibles, qui se sont implantées aussi bien parmi les classes populaires que parmi les classes privilégiées.

Au nombre de ces consommations inutiles ou nuisibles figurent en première ligne l'alcool et le tabac.

L'alcool est un poison bien plus qu'un aliment; c'est cependant aussi un aliment et sur son usage l'équivoque est possible; mais que dire du tabac?

On a écrit des volumes pour et contre la nocivité du tabac. D'aucuns le considèrent comme funeste, d'autres le tiennent pour inoffensif; mais personne n'a encore prétendu qu'il soit utile, qu'il conserve la santé, qu'il facilite les fonctions organiques, qu'il accroisse les facultés intellectuelles, qu'il développe la mémoire, qu'il multiplie la force musculaire ou qu'il rende la vue plus perçante.

Non! personne, aucun physiologiste, aucun médecin n'a prétendu cela, et le moins qu'on en puisse dire c'est qu'il est inutile, qu'il ne sert à rien, que c'est une consommation dont on peut se passer.

Et cependant presque tous les ouvriers, presque tous les paysans fument. Mais comment fumeraient-ils s'ils ne pouvaient faire sur leur consommation utile, reproductive, une économie suffisante pour y puiser le luxe de cette consommation somptuaire? Ils pourraient tout aussi bien, si telle était leur volonté, placer dans une tirelire les sous qu'ils emploient à l'achat du tabac puisque celui-ci ne leur sert à rien en dehors du plaisir qu'il leur procure. Et s'ils peuvent économiser si peu que ce soit, c'est donc qu'ils reçoivent plus que le tantum indispensable à leur subsistance. S'ils ne recevaient que strictement ce tantum, il leur serait impossible d'en rien distraire pour se procurer un plaisir.

On nous dira peut-être que l'usage du tabac est devenu un besoin et que si ce besoin disparaissait les salaires baisseraient aussitôt. Cela est probable et c'est pourquoi nous disions plus haut que la *loi d'airain* est vraie pourvu qu'on lui assigne des limites. Il n'en reste pas moins établi que le minimum de consommation qu'elle permet est indéfiniment extensible, puisque les ouvriers ont la faculté de se créer des besoins nouveaux, autrement dit des jouissances nouvelles, et de prendre une part chaque jour plus large à ce que Maltus appelait le banquet de la vie.

Non moins probant est le repos que se donnent volontairement bien des ouvriers sans que rien les y contraigne. L'ouvrier parisien chôme le lundi après avoir chômé le dimanche. L'ancien lazzarone de Naples chômait tout le reste de la semaine après avoir travaillé un seul jour. N'est-ce pas la démonstration péremptoire que tout ouvrier qui travaille reçoit un salaire supérieur à celui qui lui serait strictement nécessaire pour entretenir son existence et celle de sa famille pendant le temps que dure son travail.

On raconte qu'un voyageur, de passage à Naples sous le règne des Bourbons, voyant un lazzarone étendu sur la porte d'un palais la tête à l'ombre et les pieds au soleil, lui demanda quelle somme il avait gagnée la dernière fois qu'il avait travaillé.

Le lazzarone énuméra un certain nombre de *tari* et de *baiocchi*.

« Mais, reprit le voyageur, si tu avais travaillé toute la semaine tu aurais pu te procurer une paire de souliers. »

« Pas si sot ! » reprit le Napolitain ; « je m'y serais habitué et il m'aurait fallu toujours travailler pour m'en procurer d'autres quand les premiers auraient été usés. Je préfère le repos, d'autant que les chaussures ne me sont nullement nécessaires, que même mes pieds nus se déforment bien moins que les vôtres enfermés dans des étuis en cuir, et ne sont pas comme les vôtres sujets aux cors. »

Faut-il d'autres preuves pour démontrer la fausseté de la loi d'airain? on les trouvera dans les innombrables livrets de caisse d'épargne pris chaque année par des ouvriers : par ces sommes très petites, si l'on considère chacun des déposants, mais très grandes si l'on considère l'ensemble des économies réalisées et placées par le prolétariat.

On les trouvera encore dans les fonds de guerre, dit M. Paul Leroy-Beaulieu, dans les fonds de réserve, dit M. Millerand, que réunissent les associations ouvrières et qui leur servent à alimenter les grèves.

Si la loi des salaires était rigoureusement vraie, comme l'ont affirmé dans leur théorie absolue, Lassalle, Karl Marx et Jules Guesde [1] ; si l'ouvrier ne recevait que ce qui lui est strictement nécessaire pour vivre et pour s'amortir, il ne pourrait rien épargner, rien réserver, et les grèves seraient impossibles à moins qu'on ne les supposât entretenues par les capitalistes eux-mêmes, ce qui n'est guère admissible dans la généralité des cas.

Or, si l'économie est possible à l'ouvrier, si les réserves lui sont possibles, il est faux qu'aucune amélioration ne soit susceptible de se produire en régime capitaliste dans la situation du travailleur.

Le progrès économique, pour lent et difficile qu'il soit, est une réalité. L'humanité en fournit la preuve à la manière de ce philosophe antique qui démontrait le mouvement en marchant. Elle marche, et les progrès accomplis, quoi qu'on en dise, dans le costume, l'habitation, la nourriture, sont la plus écrasante critique que l'on puisse élever contre la loi des salaires.

Maintenant cette loi radicalement fausse si on l'envisage à un point de vue absolu devient vraie lorsqu'on l'envisage à un point de vue purement relatif.

Dans un milieu donné, avec des habitudes données et des besoins déterminés, il s'établit un minimum de consommation autour duquel oscillent les salaires, cela est certain.

Que l'on puisse partir de là pour mieux juger certaines

1. Liebknecht a reconnu l'inexactitude de la loi d'airain.

réformes projetées qui paraissent importantes au premier
abord et ne le sont pas; que l'on en démontre le peu de
valeur en les éclairant à ce jour nouveau, cela ne saurait
faire l'objet du moindre doute.

Mais de là à conclure que ce minimum de consommation
soit absolument fixe, incompressible, inextensible, il y
a un abîme et il faudrait que cet abîme fût comblé pour
qu'il fût permis d'en tirer les conséquences absolues
qu'en ont tiré les pères du socialisme.

En réalité la consommation somptuaire descend chaque
jour plus profondément dans les couches populaires; elle
pénètre de plus en plus chez l'ouvrier; elle élève le minimum dit nécessaire, et la condition du travailleur s'amé-
liore. Le travail n'est plus cet enfer sur la porte duquel
on pourrait écrire la devise de désespérance du Dante :

« lasciate ogni speranza voi ch'entrate, »

C'est tout au plus un purgatoire. Même dans l'hypothèse
où la propriété individuelle demeurerait la base des sociétés humaines, le prolétariat pourrait conserver la légitime espérance de se libérer.

CHAPITRE IV

La théorie du collectivisme serait incomplète si à la loi d'airain et à la conception de la valeur réfutée plus haut, on n'ajoutait une affirmation indispensable, l'improductivité du capital.

Qu'on suppose en effet le capital personnifié, la machine vivante et associée à l'ouvrier par un contrat bilatéral, il n'y a plus de surtravail, il n'y a plus de loi d'airain ; il y a l'union intime de deux forces également productives prenant chacune dans la production la part qui lui revient.

Aussi Karl Marx, et Proudhon avant lui, n'ont-ils eu garde d'oublier ce point important de leur système.

D'après Karl Marx, le capital constant, c'est-à-dire le capital immobilisé en machines, hangars, fourneaux, ou employé en combustibles et en matières premières, n'a droit, dans la distribution des produits, à aucun intérêt, à aucune part des bénéfices, mais seulement à un amortissement. A ses yeux, comme aux yeux de son école, comme à ceux de l'école proudhonienne, le capital est improductif : le travail seul produit et seul, par suite, il peut légitimement revendiquer une rémunération.

S'il en était ainsi il y aurait lieu de se demander pourquoi l'homme s'est ingénié à constituer des capitaux. Se reposer et jouir est certainement plus agréable, plus commode, que de s'escrimer à construire des hangars, à bâtir des maisons, à confectionner des machines, à extraire de la houille du sol et à la transporter là où l'industrie la réclame.

Puisque l'homme exécute ces travaux, c'est donc que ces travaux lui sont utiles ; c'est que les hangars, les maisons, les machines, le combustible qui les doit mettre en mouvement, les voies de transport, l'achat en grand des matières premières, lui permettent, sans augmenter son travail, d'accroître démesurément la quantité des valeurs d'usage, d'en obtenir infiniment plus que s'il avait été réduit à travailler avec ses dix doigts. Or, s'ils ont une utilité, s'ils élèvent la production, il est, semble-t-il, bien légitime qu'ils en prélèvent une part, et personne certainement ne s'aviserait de leur en contester le droit si, comme nous en formulions l'hypothèse en commençant ce chapitre, ces capitaux étaient des êtres animés et conscients qui viendraient simplement réclamer le prix de leur libre concours.

La situation est identique — on s'en aperçoit bien vite pour peu qu'on y réfléchisse — que ces capitaux vivent, raisonnent, débattent et traitent pour eux-mêmes, ou qu'ils soient le prolongement pour ainsi dire de celui qui les a créés et à qui ils appartiennent.

Sur une question purement métaphysique, toutefois, on peut, cela est certain, ratiociner à perpétuité en entassant sophismes sur sophismes. Mais la métaphysique et la science réelle s'excluent. C'est à la clarté de la science et non aux obscurités de la scolastique que l'on doit recourir pour examiner et résoudre les questions de sociologie, et la science nous enseigne qu'en toutes choses nous devons prendre pour guide l'intérêt social.

Cela étant, la première question qui se pose est celle-ci : Le capital, sous ses formes diverses est-il utile à l'homme ? Augmente-t-il la production, c'est-à-dire la richesse générale ?

A cette première question la réponse est affirmative et universelle. Marx lui-même reconnaît l'action bienfaisante du capital. Il veut le socialiser ; mais il n'entend nullement le détruire, et il considérerait à juste titre comme une épouvantable rétrogradation le retour au travail parcellaire d'autrefois.

Aucune dissidence ne se produisant sur ce premier point, il y a lieu de poser une seconde question : le capital étant utile de l'aveu de tous, y a-t-il lieu d'en encourager la formation ? c'est-à-dire y a-t-il lieu de pousser à l'épargne ?

Si la logique n'est pas un mot vide de sens, la réponse affirmative sur le premier point en entraîne une semblable sur le second. On ne saurait concevoir une société dans laquelle une chose étant reconnue utile, indispensable même, on se refuserait néanmoins à pousser à sa constitution.

Or, quel est le moyen le plus sûr et le plus rapide de pousser à la constitution du capital ? Est-ce de le rémunérer, ou est-ce de lui refuser toute rémunération ?

Il serait puéril de s'attarder à discuter une pareille évidence : le moyen le plus sûr, le plus rapide de pousser à la formation du capital, c'est évidemment de le rémunérer.

Le juste et l'injuste ne résultent plus, pour le philosophe moderne, des prétendus décrets de l'on ne sait quelle providence hypothétique, mais de l'intérêt général. Tout est juste qui sert la société humaine dans son ensemble, tout est injuste qui tend à relâcher les liens sociaux et à ramener l'homme à la sauvagerie primitive. Si donc le capital est socialement utile, s'il y a lieu, dès lors, de pousser à sa création et si le meilleur moyen d'y pousser est de le rémunérer, il est clair que la rémunération du capital est juste et légitime parce qu'elle est conforme à l'intérêt général de toute l'humanité.

A supposer qu'il ne fût pas rémunéré, qui s'ingénierait à le faire naître?

L'homme construirait, sans doute, une maison pour y abriter sa famille et pour s'y abriter lui-même; mais il ne perdrait certainement pas sa peine à en construire une seconde.

Tout au plus, s'il était plus habile à cette besogne qu'à toute autre, en construirait-il pour les échanger. Mais cet échange ne pourrait avoir lieu qu'entre personnes possédant des valeurs égales. Quiconque ne pourrait acheter une maison serait obligé de coucher à la belle étoile, car pas un homme ne consentirait à perdre son temps à la construction de demeures qu'il n'habiterait pas lui-même, qu'il n'échangerait pas, et cela pour l'unique plaisir d'y loger autrui.

Si on le faisait, on ne se trouverait plus dans une catégorie économique; on ne se trouverait même plus obéir à la justice. On serait exclusivement guidé par la charité, par la fraternité, et, l'exemple de tous les temps et de tous les lieux le démontre surabondamment, si, par exception, à de certaines heures, la fraternité est capable d'accomplir de grandes œuvres pour la gloire du genre humain, c'est là un sentiment par trop exceptionnel, par trop intermittent, pour qu'il soit permis de fonder sur lui quoi que ce soit de durable.

Proudhon prétendait que mise depuis son origine en face de ce dilemme « la fraternité ou la mort », l'humanité n'avait jamais cessé de répondre : « la mort! »

Quoiqu'il y eût quelque exagération dans cette image des hommes plus enclins à se suicider qu'à s'entr'aider, il y avait cependant là un fond de vérité : si la fraternité peut être parfois, dans des circonstances déterminées, un élément d'impulsion considérable, elle ne peut jamais devenir la base d'un édifice social.

Mais reprenons l'hypothèse dont nous nous sommes un moment écarté. S'il était interdit de retirer un intérêt des immeubles que l'on construit, on n'en construirait plus que pour soi ou pour ceux qui pourraient les payer en capital, et la plus grande partie de la population en serait réduite à vivre en plein air. Non seulement la décence, la dignité, le bien-être matériel en seraient atteints, mais encore la production matérielle. L'homme en proie aux intempéries des saisons pourrait moins bien travailler, serait plus souvent malade, et finalement, quoique ne payant pas de loyer, serait beaucoup moins riche qu'aujourd'hui.

Il est vrai qu'une société collectiviste construirait socialement des habitations et ce qui précède n'a nullement pour but de démontrer que dans un tel milieu l'homme ne trouverait plus à se loger. Ce serait enfantin. Nous avons seulement voulu par cet exemple bien montrer l'importance du capital, l'intérêt qui s'attache pour l'humanité à pousser à sa production sous une forme ou sous une autre, et la puissante impulsion que donne à cette production la rémunération dont il jouit.

Proudhon, le grand adversaire de l'intérêt des capitaux le reconnaissait lui-même dans une certaine mesure. Aussi longtemps, disait-il, que le capitaliste rend un service en prêtant son capital, il est juste qu'il en soit rémunéré. Mais, ajoutait-il, si, par une combinaison quelconque, on arrivait à pouvoir s'en passer, il n'y aurait plus lieu de rétribuer un service dont on n'aurait plus aucun besoin.

Rien de plus juste. Seulement Proudhon qui avait pompeusement pris pour devise *destruam et œdificabo* (je détruirai et je reconstruirai) a, en fait, peu détruit et n'a rien reconstruit.

Chose remarquable! Il n'y a pas jusqu'aux lois physiques, qui ne viennent battre en brèche l'hypothèse de l'improductivité du capital, hypothèse à laquelle, malgré d'éternelles protestations, répond l'histoire tout entière de l'humanité.

Si le capital était improductif, si l'effort personnel seul produisait, toute économie, toute épargne, toute accumulation seraient impossibles. Vouloir, en effet, produire un travail égal à *deux* avec une force égale à *un,* ce serait s'abandonner au sophisme des chercheurs du mouvement perpétuel.

S'il n'y avait pas un élément producteur en dehors du travail humain, l'ouvrier produirait chaque jour à grand' peine de quoi vivre le lendemain. Encore y aurait-il lieu de se demander avec quoi il aurait pu vivre le premier jour.

L'homme conserve, économise, thésaurise ou capitalise, parce que primitivement la nature lui a offert un capital gratuit : les fruits, les animaux propres à l'alimentation, les animaux dont il a utilisé la force, le sol de la planète sur lequel poussent les végétaux, enfin l'air, l'eau et les rayons solaires à l'aide desquels s'opère la végétation.

Aussi longtemps qu'on n'aura pas trouvé un moyen de se passer du capital ou tout au moins du capitaliste, il sera donc indispensable de rémunérer celui-ci.

Cette rémunération est-elle aussi excessive qu'on le proclame chaque jour? Est-il exact que le capital soit une pieuvre qui pompe toute la plus-value d'un pays? voilà ce qu'il convient maintenant d'examiner.

Selon nous, il y a là une véritable fantasmagorie.

A proprement parler, le capital est une abstraction. Ce qui a une existence réelle, ce sont les capitaux et les capitalistes.

Quelle est la situation de ces derniers? Est-ce vraiment à eux que va la totalité des profits dont leurs capitaux ont été le principal élément producteur?

Il est certes loin d'en être ainsi, et quoiqu'il soit difficile de résoudre mathématiquement ce problème, il est possible d'arriver à une évaluation approximative de ce que prélèvent les capitalistes sur la production nationale.

Ce prélèvement est déterminé par l'intérêt qu'ils perçoivent, et cet intérêt se réduit tous les jours, à mesure que, par son propre fonctionnement, le capitalisme accroît l'abondance des capitaux. C'est le serpent qui se mord la queue des Alchimistes. Il y a trente ans le taux en était de 5 o/o. Il est tombé aujourd'hui à 3. Il sera peut-être descendu à 1 et 1/2 dans 25 ans, si bien que sans qu'il puisse jamais atteindre zéro, il s'approche sans cesse de cette limite.

On évalue à deux cents milliards la fortune totale de la France. Si l'on prend comme normal pour l'intérêt le taux de 3 pour cent, c'est une somme de six milliards qui revient annuellement aux capitalistes sur la production générale évaluée elle-même à trente milliards. Le prélèvement capitaliste serait d'après ces chiffres de 20 o/o. Il y a trente ans il était 33 o/o; dans vingt-cinq ans il ne sera peut-être plus que de 10 o/o.

Mais en lui-même, qu'est-il? Pour la plus grande part c'est une réserve supplémentaire faite par les individus et qui s'ajoute à celles des compagnies. C'est une réserve dans laquelle on puise les souscriptions pour les emprunts d'Etat et pour les entreprises propres à mettre en valeur des procédés nouveaux, des terres nouvelles, des richesses jusque-là inexplorées. Ces réserves sociales, il faudrait bien les faire dans une société collectiviste sous peine de voir celle-ci s'appauvrir.

On peut, à ce point de vue, répéter ce que disait M. Jules Guesde dans une interruption qu'il m'adressa un jour à la Chambre : que « les capitalistes ont simplement la gestion de la fortune sociale, » affirmation sur laquelle j'aurai à revenir dans la dernière partie de cet ouvrage.

Karl Marx d'ailleurs avait écrit avant lui, dans son livre *Das Kapital* : « Cependant il ne faut pas oublier qu'une partie du surtravail actuel, celle qui est consacrée à la formation d'un fonds de réserve, d'accumulation, compterait alors (dans un Etat socialiste) comme travail nécessaire. »

Que reste-t-il donc qui paraisse pris ou qui soit véritablement pris au travail ? uniquement cette portion du produit social impossible à déterminer même par approximation qui sert à la consommation personnelle du capitaliste, consommation directe si c'est lui qui consomme, consommation indirecte si ce sont les domestiques employés à son service qui sont les consommateurs.

On nous objectera peut-être que le prélèvement capitaliste est très supérieur à l'intérêt proprement dit, qu'il absorbe tout le surtravail par la raison naturelle que les bénéfices de l'industrie et du commerce rapportent non pas 2 1/2 ou 3 o/o mais 5, 7 et jusqu'à 10, 15 et 20 pour o/o.

Il y a là une illusion d'optique.

Le prélèvement du capital ne réside pas dans les dividendes et les profits ; il réside exclusivement dans l'intérêt, avec les restrictions que nous avons énumérées. Les dividendes, les profits, les tantièmes d'administrateur dans les sociétés anonymes ou en commandite et les réserves, représentent tout autre chose.

Les tantièmes d'administrateur représentent une partie de la rémunération du travail intellectuel, de la direction, sans lesquels aucune entreprise commerciale ou industrielle ne peut prospérer, de cette intelligence directrice dont M. le comte de Mun disait avec raison :

« Et quand je dis l'intelligence directrice j'ajoute, non pas seulement l'intelligence de l'ingénieur qui met en œuvre les machines, mais l'intelligence du commerçant qui calcule les besoins et règle les procédés sans lesquels il n'y a pas d'industrie. »

Ce n'est pas là un prélèvement du capital; c'est le fruit d'un travail qui, dans une société collectiviste serait exercé par des fonctionnaires, mais qui, sous cette autre forme, serait rémunéré quand même et dont il n'est aucune société qui puisse se passer.

Les réserves, dont nous avons déjà parlé, et dont Karl Marx a reconnu la nécessité absolue quelle que soit la forme sociale, représentent moins encore s'il est possible un prélèvement du capital. Ce sont, comme leur nom l'indique, les sommes mises hors de la consommation et destinées soit à reconstituer l'outillage quand besoin est, soit à parer aux insuffisances quand les années sont moins bonnes, soit enfin à fournir les fonds dans lesquels on puisera pour l'agrandissement de l'exploitation, pour l'extension des affaires.

Les bénéfices, les profits, les dividendes sont la contrepartie des pertes, la rémunération de l'aléa, et l'on peut établir qu'entre ces deux éléments, profits et pertes, il y a balance, les entreprises couronnées de succès compensant exactement celles qui échouent. S'il en était autrement dans l'ensemble l'appât du gain exciterait l'esprit d'entreprise téméraire jusqu'à ce que l'équilibre fût obtenu.

Dans une société collectiviste, il est vrai, il n'y aurait plus de pertes dans l'acception actuelle de ce mot. Celles-ci résultent de l'état parcellaire du capital et ont les gains pour contre-partie. Mais il y aurait encore des années mauvaises, des insuffisances de récoltes auxquelles il faudrait pouvoir parer par des approvisionnements réservés ; il y aurait l'outillage à renouveler ou à perfectionner tout comme aujourd'hui ; il y aurait les industries à étendre. Ce prélèvement, à supposer que ce mot puisse être employé, serait donc encore indispensable et il ne peut pas, dès lors, être envisagé comme une conséquence de l'état capitaliste.

Ainsi nous sommes en droit d'éliminer les tantièmes d'administrateur, les dividendes, les profits, les réserves, du prélèvement opéré sur le travail par le capital. Celui-ci se réduit non pas même à l'intérêt, dont une fraction, nous l'avons vu, sert de réserve sociale supplémentaire, mais à la partie de l'intérêt qui pourvoit à la consommation personnelle du capitaliste.

Les bénéfices, d'ailleurs, tendent à diminuer relativement tout en augmentant d'une manière absolue par suite de l'accroissement de la production. Nous avons vu qu'ils sont la simple contre-partie des pertes. Celles-ci diminuant à mesure que l'organisation industrielle et commerciale se concentre et se perfectionne, les bénéfices qui en forment la contre-partie subissent la même diminution.

Le mécanisme de cette diminution des profits est des plus simples.

La concurrence oblige tout industriel à se contenter du moindre profit. Tout industriel qui vend plus cher que son concurrent un produit identique, quelque faible que puisse être la différence des prix, est évincé d'avance sur le marché. Chaque producteur se voit donc obligé, s'il veut conserver sa clientèle et ses débouchés, de diminuer continuellement son prix de vente.

Autrement dit, il est forcé d'abandonner au consommateur une grande partie de cette plus-value qui est le spectre de Karl Marx et de ses disciples.

Or qu'est-ce que le consommateur ? C'est tout le monde.

Et comme dans la très immense majorité des cas (je demande pardon à mes lecteurs de cette incorrection de style : immense tout seul ne suffirait pas à exprimer toute l'étendue de cette majorité), comme dans la très immense majorité des cas le consommateur est en même temps producteur, la plus grande partie des profits revient à l'ouvrier, sinon par voie directe sous la forme de salaires plus élevés, du moins par voie indirecte sous celle de valeurs d'usage plus nombreuses et mieux appropriées à ses besoins.

Si donc il y a surtravail ainsi que le prétend le socialiste allemand, la fraction la plus importante de ce surtravail ne profite pas au capitaliste mais à l'ensemble du corps social, y compris l'ouvrier, et cesse par cela même d'être du surtravail.

D'autre part, si la loi d'airain présente un fond de vérité — et elle en présente incontestablement un lorsqu'on envisage les phénomènes économiques dans des limites données et assez étroites du temps et de l'espace, lorsque, par minimum de consommation, on entend un minimum actuel, n'ayant rien d'absolu et différant de celui d'hier et de celui de demain, — si la loi d'airain présente un fond de vérité c'est sur le capital que pèse la totalité des impôts. Il est juste d'ailleurs de reconnaître que les disciples de Marx le proclament. M. Jules Guesde l'affirme dans sa « loi des salaires » et rejette avec le plus profond dédain toute pensée d'amélioration du sort des travailleurs par des réformes fiscales.

Bien des esprits superficiels — et même des hommes d'une haute culture intellectuelle comme M. Clémenceau — se récrieront devant une telle assertion.

Ils protesteront en montrant les impôts de consommation pesant plus lourdement sur les pauvres que sur les riches.

Un collectiviste bien identifié à sa doctrine sourit à ces critiques de notre système fiscal et il a raison de sourire.

A chaque époque, il le sait et nous le savons comme lui — et je prends ici la vérité économique au lieu de l'affirmation démesurément enflée et par cela même erronée du socialisme, — les habitudes, les mœurs, le progrès du bien-être créent un minimum de consommation.

Certains individus consentiront sans doute à s'imposer des privations, à descendre au dessous de cette limite qui, nous l'avons vu, n'a rien d'incompressible, et ces privations deviendront la source de l'épargne.

Mais s'il y a des hommes qui pour économiser consentent à restreindre leur consommation, à consommer moins que la moyenne minima, aucun ne consentira à travailler pour un salaire inférieur à celui qui la représente. A le faire, il renoncerait sans compensation aux jouissances abandonnées par lui, puisque gagnant moins que ses compagnons de labeur, il n'économiserait pas plus qu'eux.

Si le minimum de consommation individuelle peut varier à un même moment, il n'en est donc pas de même du salaire, et dès lors il devient évident que l'ouvrier ne peut pas participer aux charges publiques. L'impôt pèse-t-il sur les objets de première nécessité ? Les salaires s'élèvent d'autant et c'est en dernière analyse le capitaliste qui l'acquitte par voie de répercussion.

L'impôt est-il perçu directement sur le capital ou sur le revenu ? Les salaires baissent, et l'ouvrier reçoit en moins ce qui, dans l'hypothèse contraire, en était la représentation. Dans les deux cas il peut avec ce qu'il reçoit se procurer la même quantité de marchandises, et comme son salaire réel doit être évalué à sa puissance d'achat et nullement à la somme en numéraire par laquelle ostensiblement il se manifeste, on peut dire qu'en principe le travailleur est très peu touché par l'assiette de l'impôt.

Il ne faudrait cependant pas pousser cette conclusion à l'extrême. Elle ne serait absolument vraie que si la loi d'airain l'était aussi et nous avons vu qu'elle ne l'est que très relativement.

Un renchérissement des marchandises amènera fatalement une hausse des salaires tout comme un abaissement de leur prix déterminera l'effet inverse. Mais les organisations ouvrières résistent violemment par les grèves à toute diminution du prix du travail, et cette résistance est d'autant plus grande qu'elles ne se rendent pas toujours compte des circonstances économiques qui en sont la cause. Il en résulte souvent une grande difficulté pour les patrons à amener une dépression des salaires proportionnelle à la baisse survenue dans les prix des objets de consommation. Une mesure fiscale bien comprise peut, à une heure déterminée, être la cause occasionnelle d'une élévation du minimum de consommation, mais c'est là un effet tout à fait contingent et certainement toujours médiocre dans ses résultats.

Si l'assiette qu'affecte l'impôt ne présente qu'une importance minime pour les travailleurs, elle en présente au contraire une très appréciable, très sérieuse, pour les capitalistes. De deux rentiers vivant exclusivement de leurs rentes, l'un pourra être beaucoup plus affecté que l'autre par une mauvaise répartition des charges publiques et sa protestation contre les droits qui grèvent les consommations sera légitime. Leur revenu ne s'élevant pas en même temps que sa puissance d'achat diminue, ces rentiers sont réellement atteints dans leurs moyens d'existence. Comme, d'ailleurs, ils le sont en chiffres absolus d'une manière à peu près égale; comme l'impôt de consommation équivaut presque à une capitation, il est évident que le moins riche des deux rentiers sera relativement le plus frappé. Quant à l'ouvrier, il est protégé sur ce point par ce qu'il y a de vrai dans la loi de Lassalle.

Il sera touché, cela est certain, si les contributions deviennent assez lourdes pour entraver l'industrie. La vie sociale est alors arrêtée dans son développement et le trouble économique qui en résulte peut empêcher le minimum de consommation de s'élever aussi vite qu'il le ferait dans des conditions plus favorables. Mais il demeure acquis que, jusque-là, l'impôt est intégralement pris sur les profits du capital, et dans le dernier cas lui-même, lorsque l'ouvrier souffre de l'énormité des charges qui pèsent sur la nation, c'est là un effet général, tout à fait étranger à la forme qu'affecte l'assiette de l'impôt et exclusivement en rapport avec son importance quantitative globale.

Or, en collectivisme il y aurait encore des dépenses publiques et celles-ci seraient prélevées sur le travail. La rétribution générale de ce dernier se trouverait de ce fait considérablement réduite.

Puisque actuellement c'est le capital qui en a la charge, ces dépenses publiques viennent encore diminuer le prélèvement de ce dernier, et cette réduction n'est pas négligeable dans un pays comme la France où les budgets national et locaux réunis absorbent environ 13 o/o du revenu de la nation.

M. Jules Guesde n'a garde cependant de se rendre. Il s'efforce de chiffrer le surtravail; voici quel est son raisonnement.

Les matières premières transformées en France s'élèvent à la somme de 4,941, 000, 000 de francs et le combustible à 191, 000, 000, chiffres dont la somme est égale à 5,132, 000, 000. La valeur vénale des objets fabriqués est de 7, 126, 000, 000, ce qui, en en prélevant les 5,132,000, 000, dépensés pour l'achat des matières premières et du combustible, laisse une différence de 1,994, 000, 000 représentant la plus-value qui résulte de la transformation. Sur ces 1,994 millions, 984 seraient distribués en salaires et 1 milliard 14 millions passeraient au capital sous forme de profits. M. Jules Guesde en tire cette conclusion que sur une journée moyenne de douze heures, il y a cinq heures quarante-quatre minutes seulement de travail payé et six heures six minutes de surtravail. Cela donnerait pour chaque ouvrier une moyenne de 691 francs de travail impayé par an.

Il va de soi que toute l'argumentation repose sur l'idée que le capital ne produit rien, que seul le travail est productif et que, par conséquent, l'intégralité de la production devrait lui revenir.

Nous croyons avoir amplement établi le caractère erroné de cette conception. Mais fût-elle vraie, il suffirait encore d'analyser les chiffres de M. Guesde pour en découvrir l'incorrection.

Comment, en effet, établit-il son chiffre de la plus-value? en défalquant du prix de vente le prix de revient des objets fabriqués par l'industrie. Or, si son prix de vente est exact, il n'en est plus de même du prix de revient dans l'établissement duquel il oublie de faire figurer les frais généraux, ce qui lui permet de porter à l'actif ce qui devrait figurer au passif. Il porte seulement aux frais généraux les matières premières et le combustible. Mais ces dépenses ne sont pas les seules qui dans une bonne comptabilité doivent y trouver leur place. Plus économiste que lui, Karl Marx y portait aussi l'entretien et l'amortissement des machines qui s'usent en travaillant et ne se réparent ni ne se remplacent toutes seules. Il y a en outre, dans notre forme sociale, des frais de commission, de courtage, d'assurances, de voyages, la part des déchets, des non-valeurs, des faillites. De ces frais une partie cesserait, il est vrai, de figurer dans la comptabilité collectiviste, mais ils y seraient en partie représentés par des dépenses équivalentes. En tout état de cause d'ailleurs on ne saurait en faire abstraction lorsqu'on évalue les bénéfices du capital dans notre société. Si M. Jules Guesde avait tenu compte de toutes ces données, son évaluation de 1,994 millions se serait trouvée facilement ramenée à un chiffre de trois, quatre, ou cinq cents millions tout au plus.

M. Paul Leroy-Beaulieu, duquel, dans notre brochure de 1890, nous avons emprunté les chiffres de M. Jules Guesde et leur réfutation, donne d'ailleurs un argument plus topique que ceux qui peuvent résulter des raisonnements les plus subtils. Ce sont les chiffres de gestion que la loi oblige les sociétés anonymes à publier chaque année.

Ainsi, à Fives-Lille, dans une période de grande activité, de 1880 à 1883, la compagnie a distribué 720 000 francs aux actionnaires, dont il faut prélever environ un dixième perçu par le fisc sous forme d'impôts. Il est donc resté aux actionnaires, au nombre de 24 000, 660,000 francs à se partager, soit 27, 60 francs par action.

Au cours de cette même période, l'usine a employé de 5 à 6000 ouvriers. Si nous prenons comme constant le plus petit de ces chiffres qui est le moins favorable à notre démonstration, 5000, et si nous cherchons ce qui serait revenu, en plus du salaire touché par eux, à ces 5000 ouvriers dans l'hypothèse où les 660,000 francs distribués aux actionnaires leur auraient été distribués à eux, nous constatons que chacun d'eux aurait reçu 132 francs supplémentaires. Si donc surtravail il y a eu, ce surtravail ne se chiffre pas à 691 francs comme le prétend M. Jules Guesde, mais à 132 francs; nous sommes loin de compte.

Veut-on un autre exemple : dans l'année 1881, les 20,701 ouvriers, employés dans les houillères du département du Nord, se sont partagé 20,529,406 francs tandis que la part totale revenant aux actionnaires n'a été que de 2,751,914 francs, somme qui, divisée par le nombre des ouvriers donne pour quotient 133. C'est donc un salaire supplémentaire de 133 francs et non de 691 qu'auraient touché les ouvriers si la part des actionnaires leur eût été distribuée. Encore conviendrait-il de défalquer de ces 133 francs $\frac{1}{10}$, soit 13,30 fr., qui ont été prélevés par le fisc et que, par conséquent, les actionnaires n'ont pas encaissés, ce qui ramènerait le chiffre à 120.

M. Paul Leroy-Beaulieu cite à cet égard les considérations suivantes de M. l'ingénieur Pernolet, considérations que nous nous sommes permis de lui emprunter en 1890, et que nous reproduisons aujourd'hui.

« Les 20,701 ouvriers dont il s'agit ont dû faire en 1881, à raison de trois cents journées au plus par an et par ouvrier, 6,210,300 journées de travail, qui ont été payées 20,649,406 francs, c'est-à-dire 3,306 fr. moyennement par journées des différentes catégories de travailleurs. D'autre part, les 2,751,914 francs payés aux actionnaires comme rétribution du capital correspondent à 0,443 par journée d'ouvrier. C'est-à-dire que l'ensemble des exploitations houillères du Nord en 1881 peut être considéré comme ayant occupé 20,701 ouvriers de toutes sortes, qui, touchant moyennement 3,30 fr. + 0,443 par jour de travail, en auraient consacré 0,443 à la création, à la préparation, à l'entretien, au renouvellement, à l'administration, de tout ce qui constitue l'industrie dont il s'agit : toutes choses aléatoires au début, longtemps improductives, quelquefois ruineuses, mais toujours nécessaires pour assurer aux populations qui vivent de cette industrie la régularité et la sécurité de leur existence ».

Ces chiffres sont peut-être optimistes, ajoutions-nous en 1890, parce que, tenant compte des salaires et des bénéfices distribués, ils ne mentionnent ni les réserves, ni les tantièmes attribués aux administrateurs, tous prélèvements pris sur le produit brut et qui laissent au profit une part un peu supérieure à celle que lui attribue M. Perno-let. Mais, si même on considère le profit comme absorbant la totalité de cet excédent, dont une part cependant, celle afférente aux réserves, doit en bonne règle être défalquée, celui-ci ne représenterait encore que 13,40 pour cent du produit global au lieu de représenter 103,50 pour cent, proportion qu'il faudrait déduire des calculs de M. Jules Guesde.

M. Leroy-Beaulieu et M. Pernolet, par contre, négligent un élément qui, s'ils en avaient tenu compte, leur aurait permis de conclure à une réduction beaucoup plus grande encore de la part du capital, sinon dans les sociétés dont ils ont analysé les bilans, du moins dans l'ensemble de la gestion sociale. Cet élément n'est autre que l'aléa.

Certes! L'aléa ne nous apparaît pas comme une base légitime de la propriété dans un monde idéal. C'est là un point sur lequel nous aurons à revenir, et autant nous trouvons la théorie de Karl Marx d'une métaphysique erronée, autant, au point de vue de la justice pure, nous sommes prêt à admettre les protestations de Lassalle et de Georges, sur le hasard, la chance, la conjoncture.

Mais il n'est pas contestable que, dans notre monde capitaliste, et aussi longtemps que celui-ci ne sera pas remplacé, l'aléa joue et jouera un rôle de stimulant de la production et du progrès qui légitime son action.

Quoi qu'il en soit d'ailleurs de la légitimité de la fortune que la conjoncture industrielle fait échoir à un capitaliste au détriment d'un autre, c'est là un élément qu'on ne saurait négliger lorsqu'on cherche à déterminer l'importance du prélèvement opéré par le capital total d'un pays sur la production totale du même pays.

Plaçons-nous un moment, par hypothèse, dans un milieu collectiviste. Il y aurait, ainsi que nous le disions plus haut, selon les années, accroissement ou diminution de produits. Mais il n'y aurait jamais de bénéfices ni de pertes dans l'acception que nous attachons aujourd'hui à ces expressions: l'aléa serait supprimé.

Au contraire, dans notre mode actuel de production, tous les capitalistes ne s'enrichissent pas. Le capital social va sans doute toujours en s'accroissant dans l'ensemble de l'humanité; mais bien des particuliers se ruinent, bien des nations s'appauvrissent, bien des capitaux sont détruits.

On en arrive, par suite, à une conclusion fausse dans sa généralité quoique exacte dans telle ou telle espèce donnée, lorsque des bénéfices d'un capitaliste on cherche — ainsi que nous venons nous-mêmes de le faire avec MM. Leroy-Beaulieu et Pernolet à propos de Fives Lille et des Houillères du Nord — à déduire la proportion de la plus-value sociale annuellement absorbée par le capital.

M. A fait travailler ses ouvriers 12 heures par jour et s'enrichit. C'est parfait. Mais à côté de lui et quoiqu'imposant la même somme de travail à son personnel, M. X se ruine.

Si donc, à la fin de l'année, on voulait se rendre compte du degré d'accumulation sociale du capital, il faudrait, après avoir additionné toutes les plus-values résultant de la gestion de messieurs A,B,C,... etc., diminuer ce total de toutes les moins-values résultant des échecs industriels ou commerciaux de messieurs X,Y, Z... etc.

Encore faudrait-il, pour rendre le calcul absolument exact, établir entre les nations la même balance que chez chacune d'elles on aurait établie entre les individus. Il faudrait, chaque année, faire le bilan de l'humanité entière. La différence entre deux années consécutives donnerait le chiffre de l'accroissement ou de la diminution du capital sur le globe.

En dehors de ce calcul impossible à réaliser faute de données, toutes les supputations sont inexactes. Mais il est infiniment probable — et l'on s'en apercevrait bien vite si un tel travail de statistique pouvait être fait — que par suite de ces aléas laissés par les disciples de Marx soigneusement dans l'ombre, les pertes diminueraient assez les bénéfices pour réduire encore dans une proportion énorme la part attribuée au capital sur la production universelle.

Sans doute il y aura inégalité entre le capitaliste qui aura sombré et celui qui aura prospéré. Sans doute le premier sera admissible à se plaindre des effets de la conjoncture, de ce qu'il appellera, lui aussi, l'anarchie de la concurrence. Mais lorsqu'on envisage l'ouvrier et le problème de la répartition des richesses entre le travail et le capital, la question change de face. Ces inégalités individuelles entre capitalistes sont dénuées d'intérêt pour l'ouvrier. Une seule chose doit raisonnablement préoccuper ce dernier : la part qui est faite au capital social total comparée à celle qui est faite au travail total sur la production générale.

De toutes les considérations qui précèdent, nous pouvons donc sûrement déduire un nouvel amoindrissement de la quote part qui, à un examen superficiel, semble revenir au capital, amoindrissement impossible à évaluer exactement, mais néanmoins certain. Si donc un peu plus haut nous avons accusé M. Pernolet de faire la part trop belle au travail et trop modeste au capital dans son analyse en ne tenant pas compte des réserves et des tantièmes attribués aux administrateurs, nous trouvons par contre à cette erreur une compensation qui la dépasse, lorsque, au lieu de considérer une industrie isolée, nous considérons l'ensemble de l'industrie nationale ou, mieux encore, l'ensemble de l'industrie humaine. M. Pernolet ne supputait, en effet, la part revenant au capital que dans les industries prospères et ne s'occupait pas de celles qui ont sombré dans le même temps.

Etant donné que l'importance du prélèvement attribué au capital par les socialistes est exagérée et doit être considérée comme très inférieure à leur évaluation ; étant donnée aussi la nécessité des réserves sociales, dont, selon l'expression rappelée plus haut de Jules Guesde, les capitalistes sont de nos jours les gérants, nous sommes en droit de conclure, comme nous le disions plus haut, que la discussion ne peut subsister que sur un point : la part du produit social consommé personnellement d'une manière directe ou indirecte par les capitalistes.

Cette part, nous venons, par une analyse sévère, de la réduire à ses justes proportions et nous avons le droit de nous demander maintenant si, ainsi réduite, elle ne représente pas exclusivement le travail du capitaliste, car le capitaliste travaille et son travail n'est certainement pas le moins productif.

Le travail qu'il fournit est un travail d'administration, de direction, de surveillance, dont l'influence sur la marche des entreprises confiées à ses soins est tout à fait décisive, décisive à ce point qu'on peut poser l'aphorisme : « tant vaut l'homme qui dirige une affaire, tant vaut l'affaire elle-même ».

Déterminer les conditions les plus avantageuses du travail ; avoir l'esprit toujours aux aguets pour surprendre, pour ainsi dire au vol, toutes les nouvelles découvertes ; se renseigner assez bien sur l'état du marché pour acheter les matières premières dans les meilleures conditions ; savoir se créer des débouchés sans multiplier outre mesure une réclame coûteuse ; ce sont là des qualités maîtresses, des facteurs prépondérants dans le succès ou le revers des entreprises.

Aussi, placez en face l'une de l'autre deux industries semblables, montées avec des capitaux égaux. Dotez l'une et l'autre d'ouvriers, de contremaîtres, d'ingénieurs également habiles,... l'une réussira pleinement et donnera des bénéfices tandis que l'autre périra. Pourquoi cette différence ? par la seule raison que l'une d'elles aura à sa tête un directeur capable, à la hauteur de sa tâche, alors que le directeur de l'autre sera inférieur à la sienne.

S'il en était autrement ; s'il suffisait pour s'enrichir de faire travailler des ouvriers au delà du temps nécessaire à la reconstitution de ce qui est indispensable à leur vie et d'encaisser le produit de ce surtravail, ce serait là une chose aisée, à la hauteur de laquelle se trouverait le premier venu, et toutes les industries, tous les commerces prospéreraient.

Au moyen-âge, à l'époque de la corvée, c'est ainsi que se passaient les choses. Le seigneur possédait des terres que le serf travaillait gratuitement trois jours par semaine et dont le produit appartenait au maître. Le seigneur, à cette époque ne pouvait pas se ruiner, ou tout au moins ne le pouvait-il pas par l'insuccès de son industrie. Pour l'industriel actuel non seulement la ruine est possible, mais c'est trop souvent un fait qui se réalise. Les entreprises qui échouent ou qui vivent au jour le jour dépassent de beaucoup en nombre celles auxquelles une pleine réussite est réservée. C'est là une des objections les plus fortes que l'on puisse opposer aux affirmations de Karl Marx et de ses disciples sur le surtravail ou la corvée moderne.

Dans le cas de ruine où donc est le surtravail ? non seulement il n'y a pas eu d'accumulation opérée grâce aux efforts impayés de l'ouvrier, mais encore, par suite de circonstances diverses, le capital a été anéanti. C'est ici le travail du capitaliste qui a été impayé. Il a même reçu une rémunération négative.

Et cependant l'insuccès n'est pas toujours imputable à un défaut de direction. Si l'on peut expliquer beaucoup de déconfitures par la maladresse ou l'incapacité du chef, auquel cas le travail de ce dernier ayant été inutile il est naturel qu'il n'ait pas été rétribué, il est souvent dû à des causes accidentelles dont personne n'est responsable.

Qui donc, malgré ces chances de perte, apporterait son capital, son temps, son labeur, cet état de tension de l'esprit qui naît de préoccupations incessantes, si aux éventualités de ruine ne s'opposait pas l'espérance d'un aléa favorable qui fait ici l'office d'une stimulation bienfaisante ?

Dans les sociétés par actions, il est vrai, et c'est là un des grands arguments qu'on élève contre le capitalisme, le rôle de travailleur autrefois dévolu au petit patron disparaît en partie, puisque les simples actionnaires n'ont rien autre à faire qu'à toucher leurs dividendes.

Mais il est à remarquer d'une part que les actionnaires ont fourni leurs capitaux, lesquels sont productifs ; qu'ils courent tous les aléas de l'affaire ; qu'ils se sont donné la peine d'économiser au lieu de dépenser leur fortune et que, l'ayant épargnée, ils l'ont exposée à des risques au lieu de la conserver à l'état de trésor stérile. Cela leur donne des droits incontestables à une part des bénéfices qu'on n'aurait pas pu faire sans eux.

D'autre part — il est juste de le constater — le capitaliste qui dirige, qui exécute un travail actif, est infiniment mieux rémunéré que le simple actionnaire dont toute l'intervention se borne à l'apport de son argent. Les administrateurs ont **des tantièmes**; les directeurs reçoivent des doubles tantièmes et souvent **des appointements**, sans compter que, presque toujours, ce sont les **plus forts** actionnaires.

Dans bien des cas aussi — cela est à considérer — les simples actionnaires d'une entreprise ont une part de direction, c'est-à-dire de travail, dans d'autres entreprises dont sont peut-être simples actionnaires soit les directeurs, soit les ouvriers de celle de laquelle ils se bornent à posséder des actions. Il y a là un chassé-croisé qui se multiplie à mesure que se multiplient les sociétés.

Nombre de capitalistes, actionnaires ou rentiers, cela n'est pas moins certain, vivent cependant exclusivement de leurs dividendes ou de leurs rentes. C'est un mal sans aucun doute puisque ce sont là des forces inutilisées; mais cela ne peut être taxé, en soi, d'injustice sociale, à la condition bien entendu qu'il soient légitimes possesseurs du capital rémunéré. Leurs capitaux sont, en effet, créateurs de plus de richesses que n'en consomment leurs détenteurs. D'ailleurs le *statu quo* étant à peu près impossible, les capitalistes accroissent leurs fortunes ou se ruinent. Dans le premier cas ils épargnent, et cette épargne essentiellement utile, cette épargne qui tend à diminuer sinon le prélèvement absolu du moins le prélèvement relatif du capital, exige d'eux un travail.

Non que l'on puisse admettre le prétendu travail d'abstinence des économistes, mais parce que le placement, la conservation de l'argent épargné, le choix des entreprises où il fructifiera nécessitent certainement un effort.

Dans le second cas, celui où le capitaliste se ruine, une partie de ses capitaux passe en d'autres mains et n'est pas perdue pour la société. Si l'autre partie est anéantie, cette perte est largement compensée par l'énorme excès de production que l'on doit à la spéculation saine.

Le nombre des purs oisifs tend, du reste, à s'amoindrir de jour en jour par suite de la hausse constante de toutes les bonnes valeurs et de la baisse de l'intérêt qui en est la conséquence. Il résulte de cet abaissement du taux de capitalisation qu'il faut aujourd'hui des fortunes considérables pour pouvoir vivre sans rien faire, et que les personnes possédant de telles fortunes sont exceptionnelles.

Mais il est temps de revenir au capitaliste vraiment digne de ce nom, à celui qui dirige, qui travaille, et qui, par sa direction, son travail, imprime de la valeur à son industrie.

Celui-ci, même aux yeux des collectivistes les plus absolus dans leurs doctrines, a le droit de prétendre à une part des profits, représentation exacte au moins de l'effort par lui dépensé.

Cette part quelle sera-t-elle?

Si l'école marxiste se confinait dans le principe étroit et absolu de l'égalité des salaires; si, négligeant la qualité du travail, elle ne tenait compte que du nombre d'heures pendant lesquelles chacun aurait travaillé, ce directeur d'usine ne pourrait légitimement revendiquer un salaire plus élevé que celui du dernier de ses ouvriers.

Mais la doctrine du socialiste allemand est beaucoup plus large, beaucoup plus humaine, beaucoup plus scientifique. Elle tient compte de la qualité comme de la quantité de l'effort. Elle admet du travail compliqué à côté du travail simple et, dans l'impossibilité où nous nous trouvons de mesurer l'usure des organes, elle s'en remet finalement à l'offre et à la demande du soin de déterminer les rapports des divers genres de travaux entre eux. Cela explique et justifie l'écart qui sépare la rétribution du manœuvre de celle du directeur.

Et maintenant que nous avons réduit à ses justes proportions le prélèvement du capital, nous sommes en droit de nous demander si par la quantité des produits qu'il consomme le capitaliste coûte sensiblement plus à la société que ce que coûterait le travail de direction dans un milieu collectiviste.

Je dis des produits consommés et non des produits encaissés.

Il est en effet certain — et j'en ai fait la démonstration plus haut — que la partie de la plus-value qui s'accumule au lieu de se perdre dans la consommation, est employée à des travaux utiles à la généralité, travaux auxquels il faudrait pourvoir dans une société collectiviste tout comme dans la société actuelle.

Ici elle servira à construire une ligne de chemin de fer ou à creuser un canal ; là, par des expériences mécaniques et par la création de machines nouvelles, elle fécondera une découverte ; ailleurs elle mettra en culture des terrains vierges ou, comme dans l'*agro romano*, s'efforcera de rendre de nouveau propre à la culture un sol épuisé ; ailleurs encore elle facilitera des entreprises de colonisation et ouvrira à la civilisation des continents nouveaux.

Toutes ces œuvres sont non seulement utiles mais nécessaires. Aucun état social ne serait digne de fixer un seul instant l'attention des hommes qui se reconnaîtrait incapable de les produire.

Si donc, par hypothèse, le capitaliste se soumettait au régime de ses ouvriers, ne dépensait pas plus qu'eux pour sa consommation propre et se bornait à accumuler des capitaux en vue d'œuvres d'une utilité universelle, nul ne pourrait légitimement lui faire un crime de cette accumulation.

On ne peut élever contre lui qu'une accusation : celle de consommer au delà de ce que vaut son travail. Elle tombe devant le principe de la productivité du capital. Et d'ailleurs fût-elle fondée qu'elle serait encore plus apparente que réelle.

Les sociétés s'avancent perpétuellement vers un idéal d'égalité et de justice qui ne se réalisera peut-être jamais complètement, sa réalisation absolue étant tout à fait assimilable à ces limites géométriques dont on se rapproche jusqu'à l'infini sans pouvoir les atteindre. La baisse de l'intérêt d'un côté, de l'autre l'accumulation des capitaux ont pour effet, nous l'avons vu, de diminuer constamment la quote part relative du capitaliste. La différence de consommation entre celui-ci et l'ouvrier, grossie par la perspective individuelle, devient, par suite, insignifiante lorsqu'on considère combien est infime le prélèvement effectué sur chaque membre de la société par quelques individus de plus en plus rares chaque jour.

Cette argumentation ne se trouverait en défaut que si l'on s'attaquait à l'accumulation du capital en soi au lieu de s'en prendre uniquement à la consommation propre de ses détenteurs, que si l'on demandait à la société de cesser ses amortissements et ses réserves, que si l'on exigeait d'elle la distribution intégrale ou tout au moins beaucoup plus forte qu'aujourd'hui de la production annuelle. Or, ni l'une ni l'autre de ces pratiques ne saurait prévaloir, car leur triomphe aboutirait à une telle catastrophe pour les sociétés humaines que si elles découlaient nécessairement d'un système social celui-ci serait condamné *ipso facto*.

LIVRE III

CRITIQUE DU COLLECTIVISME

CHAPITRE Ier

VUES GÉNÉRALES

Nous venons d'analyser la théorie sur laquelle Karl Marx a fondé son système ; il convient maintenant d'analyser le système en lui-même.

La théorie plus métaphysique que scientifique n'a pas résisté à l'examen ; mais cela n'empêche pas la société actuelle d'être, quoique à un degré infiniment moindre que ses devancières, génératrice d'injustice, d'inégalité, de misère et de mort. Le souci des améliorations à apporter à ces injustices, à ces inégalités, à ces misères, n'en demeure dès lors pas moins la plus noble des préoccupations qui puissent absorber l'esprit humain.

Nous venons de poser une affirmation en disant que l'injustice et la misère, pour grandes qu'elles soient de nos jours, sont moindres qu'elles ne l'étaient dans les siècles passés. Karl Marx le conteste énergiquement. Non certes qu'il pousse à un retour vers ce qui fut ! loin de là ! Il considère ce qui existe à l'heure présente comme une étape nécessaire dans l'évolution de l'humanité. Mais les hommes, l'ouvrier surtout, lui apparaissent comme ayant été moins exploités, comme ayant été plus heureux, pendant les époques féodales, sous la garantie des jurandes et des maîtrises, qu'ils ne le sont de nos jours.

Cette erreur est peut-être la plus lourde qu'il ait commise; elle provient du champ par trop limité de son observation.

Sans nul doute, les petits patrons des villes, qui possédaient le monopole du travail et qui, au dessous du seigneur féodal, constituaient des embryons de capitalistes, étaient plus protégés que ne le sont les travailleurs actuels contre l'excès de labeur de la veille et contre le chômage du lendemain.

Mais pour tirer de là une conclusion générale, il faudrait fermer systématiquement les yeux au tableau d'ensemble qu'offrait l'humanité dans ces temps si tristes que Michelet a pu se demander comment le genre humain n'y avait pas péri.

Marx se plaint du chômage qui s'abat sur un grand nombre d'ouvriers pendant les crises industrielles, de ces armées de sans travail auxquelles il donne le nom d'armée de réserve du capital. Il est dans le juste. Il oublie seulement que, dans le passé, c'était là non point une réserve mais une armée permanente. Elle se composait de tous les hommes valides auxquels on déniait le droit de travailler, de tous les malheureux qui tendaient leurs mains décharnées aux portes des monastères, tout comme de nos jours les ouvriers atteints par le chômage les tendent aux administrateurs de l'assistance publique chez nous ou aux dispensateurs de la taxe des pauvres en Angleterre; avec cette différence toutefois que de nos jours le chômage est temporaire tandis que pour ces parias de l'organisation féodale il était alors perpétuel.

Il faut aussi, pour exalter le passé en dénigrant le présent, oublier, qu'au moyen-âge, le travailleur de l'industrie était une minime exception, que les grosses cohortes étaient composées de paysans. Il faut se refuser à envisager le spectacle qu'offrait l'agriculture au milieu des guerres, des incursions constantes à main armée et des déprédations de toute espèce. Il faut ne tenir aucun compte de l'épouvantable situation des ouvriers des champs. On n'a pour s'en convaincre qu'à se reporter aux éloquentes et magnifiques pages écrites par Michelet sur le sort des cultivateurs dans ces siècles de demi-barbarie. On peut y lire la description de ces souterrains dans lesquels les travailleurs des campagnes étaient obligés de s'ensevelir eux, leurs bêtes et leurs récoltes, pour éviter les vols, les assassinats, les violences sans nombre qu'ils avaient continuellement à subir de la part des maraudeurs, des grandes compagnies, des envahisseurs étrangers et même des soldats du roi. La corvée occupait la moitié de leur temps, et l'insécurité était telle qu'elle ne leur permettait jamais de jouir en repos de l'autre moitié.

Non! notre époque n'est point inférieure à celles qui l'ont précédée; et bien plus conforme à la réalité des choses que les lamentations de Karl Marx ou de M. de Laveley est ce passage de l'historien anglais Macaulay :

« Ceux qui comparent le siècle dans lequel le hasard les a fait naître avec un âge d'or qui n'a d'existence que dans leur imagination peuvent parler de dégénérescence et de déclin; mais aucun homme ayant des connaissances exactes sur le passé ne sera disposé à devenir le contempteur morose ou découragé du présent [1]. »

Le minimum de consommation personnelle s'est accru, et ce fait indéniable est la réponse la plus catégorique qui puisse être opposée aux vues pessimistes d'un grand nombre de nos réformateurs sur l'état présent.

Pour être supérieur au passé, le présent n'en est cepen-

___

1. Those who compare the age on which their lot has fallen with a golden age wich exists only in their imagination may talk of degeneracy and decay : but no mann who is correctly informed as to the past will be disposed to take a morose or desponding view on the present (Macaulay, History of England, Tauchnitz édition, vol. 1, p. 228).

dant pas moins fort éloigné de la perfection et l'on ne saurait trop encourager ceux qui sont à la recherche d'améliorations fécondes. La socialisation des instruments de travail en sera-t-elle une? constituera-t-elle, au contraire, une rétrogradation? ou, tout en étant autre, la nouvelle société maintiendra-t-elle autant d'inégalités et d'injustices que la société actuelle? le collectivisme rendra-t-il le sort des hommes meilleur ou pire? c'est ce qu'il convient maintenant d'examiner.

Qu'on le remarque, poser ainsi la question ce n'est ni dénier à la société le droit d'opérer la transformation rêvée par Karl Marx et par ses disciples ni même chercher une preuve péremptoire contre l'avénement du collectivisme. L'évolution de l'humanité, en tous points comparable à la vie de l'individu, peut nous faire passer par des phases successives et différentes sans que ces modifications de l'état social soient nécessairement liées à une situation plus heureuse des hommes, à un progrès réel. C'est si vrai que Proudhon a pu nier d'une manière absolue le progrès résultant de l'évolution. Il se trompait selon nous, mais cette erreur même d'un penseur de son envergure démontre qu'il n'est point absurde d'envisager la possibilité de phases humaines qui se succéderaient sans pour cela comporter un progrès de l'une sur l'autre.

Quant au droit qu'a la société de se transformer même aussi intégralement, il ne saurait donner lieu au moindre doute.

La propriété, quoi qu'aient pu en penser les législateurs et les philosophes, n'est pas de droit naturel. Elle est de droit essentiellement social. La société seule l'a créée; la société a incontestablement le droit de la détruire.

Suivant les lieux, les mœurs et les époques les conventions sociales que les hommes ont établies ont été les plus disparates, les plus dissemblables, les plus opposées.

La loi d'un peuple était chez l'autre peuple un crime.

fait dire Victor Hugo à l'humanité future de l'humanité actuelle ou passée.

Le communisme a fonctionné chez les Incas avant la conquête de l'Amérique et au Paraguay après la conquête ; la propriété collective existe encore à Java ; elle se retrouve dans le Mir russe et l'on en constate des vestiges jusqu'en Suisse dans les Allmends.

Ailleurs, chez les Arabes, chez les peuples nomades, on voit la propriété, sans pour cela disparaître, sans faire place au communisme, acquérir un caractère collectif ; elle ne se fixe pas ; elle ne s'individualise pas.

Chez nous, au contraire, elle a acquis le caractère absolument individualiste. Ce caractère est même poussé jusqu'aux limites extrêmes, et cependant cela n'empêche pas les pouvoirs publics, lorsqu'ils le jugent utile, d'intervenir et d'imposer aux propriétaires des lois limitatives de leur liberté. C'est le cas, par exemple, dans les expropriations pour cause d'utilité publique. Quelquefois ces obligations légales sont poussées assez loin pour paraître presque en contradiction avec le principe même de la propriété. Nos voisins d'outre Manche nous ont fourni un exemple de limitations de cette nature dans le land act, par lequel l'Etat Britannique est intervenu en Irlande entre le landlord et le fermier, et s'est attribué la faculté d'abaisser le taux des fermages malgré la volonté du détenteur du sol.

La propriété individualisée du monde civilisé moderne est donc, tout comme les autres formes d'appropriation ayant existé dans le monde, un fait social. Si les hommes l'ont établie — et bien que cela se soit fait en vertu d'une évolution naturelle et nullement sous l'empire d'une idée préconçue, les lois n'étant intervenues qu'en dernier lieu pour fixer la coutume —, c'est qu'ils y ont trouvé ou ont cru y trouver un avantage. Le jour où leur manière de voir changerait, rien ne pourrait mettre juridiquement obstacle aux décisions nouvelles qu'il leur conviendrait de prendre pour transformer l'état social.

Tout au plus devraient-ils tenir en sérieuse considération les habitudes contractées et procéder avec ména-
gement dans l'acte de la transformation.

Encore cette nécessité de ménager les habitudes anciennes ne s'imposerait-elle à eux qu'au point de vue pratique, pour éviter les heurts trop violents qui risqueraient
sans cela de nuire à la réforme elle-même. Quant au droit,
il est absolu, même dans ce que ces mesures pourraient
avoir de plus révolutionnaire, et l'on prête à rire lorsque,
en semblable matière, on parle de spoliation.

La spoliation existe lorsque, dans un état de société
déterminée, on dépouille un homme d'une propriété qu'il
tient des lois, tout en laissant subsister ces lois pour
lesquelles on continue à professer le plus profond respect.
La confiscation, par exemple, est un vol, et c'est à un vol
que poussent les antisémites quand, sans vouloir apporter
aucun changement à notre organisme juridique, ils proposent d'arracher leurs fortunes aux Juifs.

Mais lorsqu'on s'attaque résolument à l'édifice ; lorsqu'on porte la main sur l'état général des choses, il ne
peut plus être question de spoliation, mais de changement
total dans ce qui est.

On n'a pas spolié les seigneurs féodaux en abolissant la
féodalité ; on n'a pas spolié l'église en s'emparant de ses
biens et en les remplaçant par une dotation inscrite au budget ; on ne la spoliera pas davantage le jour où, déchar-
geant les citoyens de la part des impôts affectés au service
des cultes, et leur accordant le droit d'association pour
qu'ils puissent subvenir librement aux frais cultuels, on
séparera les Eglises de l'Etat ; on n'a pas spolié les possesseurs d'esclaves en supprimant l'esclavage ; mais un
planteur isolé du Sud aurait pu se dire volé si on lui avait
confisqué ses esclaves tout en laissant l'esclavage subsister.

La société possède le droit incontestable, absolu de se
transformer partiellement ou intégralement. Ce droit, on

ne saurait donc le contester aux collectivistes à une double condition cependant : ils devront apporter à l'humanité quelque chose de supérieur à ce qu'elle possède et il faudra que la grande majorité des hommes soit convaincue de la justesse de leurs principes et accepte volontairement les transformations réclamées par eux. On ne saurait, en effet, admettre à aucun degré qu'une minorité factieuse, s'emparant du pouvoir par la force, usât de violence pour imposer à un pays quelconque un bouleversement social dont ce pays ne voudrait pas. Un renversement de l'ordre social ne peut justement se produire que par l'évolution économique naturelle dont les lois ne sont jamais que la sanction dernière.

Du reste un tel danger n'est pas à craindre. Un gouvernement de minorité peut s'imposer et durer lorsqu'il n'apporte que des modifications à l'état politique sur lequel il n'y a pas de parti pris bien absolu ; mais une révolution sociale non préparée par les faits économiques, et par suite non acceptée, rencontrerait une résistance telle qu'elle serait absolument irréalisable. Par contre si cette révolution est la conséquence naturelle de l'évolution économique, si elle n'en est que la consécration finale et si la majorité l'accepte et la veut, nul n'a aucune prescription ni aucun droit à invoquer contre elle.

Une seule réserve, nous l'avons dit, devrait être observée. Elle est relative aux individus actuellement vivants qui, nés sous les lois actuelles et ne pouvant en soupçonner l'abrogation, n'auraient pas de professions, ayant jusque-là vécu de leurs rentes. La société devrait évidemment assurer leur subsistance, comme le gouvernement italien, après la suppression des communautés religieuses, a assuré celle des moines dispersés. Mais ce sont là des conditions temporaires d'exécution qui n'ont rien à faire avec le droit.

Il ne suffit pas, toutefois, de critiquer la société.

9

Ce serait chose relativement facile, car s'il n'est pas donné à tout le monde de le faire avec la profondeur philosophiqne d'un Karl Marx, ou avec l'éloquence passionnée et la dialectique puissante d'un Proudhon, il est par contre donné aux moins instruits d'apercevoir aisément les imperfections de ce qui existe. Il n'est pour cela nul besoin d'analyser les salaires et de rechercher les causes de la plus-value. Il y a des riches et des pauvres ; il y a des millionnaires oisifs qui dissipent dans le vice une fortune qu'ils ont reçue du hasard alors que des ouvriers laborieux et honnêtes meurent de faim faute d'ouvrage. Ce fait seul accuse la société tout comme l'existence des inégalités naturelles non seulement entre les hommes mais encore entre les animaux accuse la création. Cela saute aux yeux du moins clairvoyant, mais la vraie question est ailleurs. Ce qu'il faudrait prouver, c'est que ces imperfections ne sont pas en partie le résultat d'une fatalité qui pèse sur nous ; ce qu'il faudrait établir c'est que l'on peut non pas seulement les atténuer par des améliorations successives, mais encore les faire complètement disparaître par une cure radicale.

La science moderne repousse en effet les articles de foi et n'admet que ce dont la démonstration est faite.

Il est clair que si l'on part de l'idée qu'il existe une justice immanente ; si l'on croit que, de par une loi universelle, tout doit finalement aboutir au bien, il suffit de démontrer le mal pour qu'il soit logique de conclure à l'existence d'un remède efficace.

Mais lorsque, imbu des principes de la science positive, on n'admet ni providence, ni justice immanente, rien ne prouve plus qu'il soit possible de remédier aux imperfections que l'on constate dans la nature ; rien ne permet plus d'affirmer que celles-ci ne soient pas inhérentes aux choses et conformes aux lois universelles ; rien n'autorise à conclure qu'à l'état social dénoncé à juste titre il soit possible de substituer un état social meilleur.

Il est incontestable que la loi générale de l'univers blesse ce sentiment de justice qui, avec les progrès de la civilisation, s'est lentement emparé de l'esprit de l'homme, et qui ne paraît répondre à rien de réel, à rien d'objectif en dehors de l'humanité.

Cette loi universelle, on la peut résumer en six mots d'une fatalité terrible : « mangez-vous les uns les autres. »

Dans la nature les forts détruisent les faibles ; les gros mangent les petits.

Cela est vrai dans tous les règnes, même dans le règne minéral. Enfermez dans un récipient de verre une solution saturée d'un sel quelconque dans laquelle vous aurez placé un grand nombre de cristaux non dissous du même sel, en ayant soin de choisir des cristaux de grosseurs variées ; fermez le récipient ; exposez-le pendant plusieurs années aux intempéries des saisons, et vous vous apercevrez au bout de ce laps de temps, que, par un mécanisme dont il est d'ailleurs facile de se rendre compte, les gros cristaux se seront accrus tandis que les petits auront diminué de volume ou se seront évanouis.

Les plantes se font une concurrence sans merci et s'évincent les unes les autres. Les animaux dévorent les plantes et se dévorent entre eux. L'homme lui-même, après des siècles d'anthropophagie dont il reste encore des vestiges à la surface du globe, dévore encore et dévorera probablement toujours les animaux. Le monde n'est qu'un vaste abattoir, un immense charnier. Où donc va-t-on chercher le droit à la vie ? assurément ailleurs que dans la nature qui n'en renferme pas trace.

Pourquoi cet ordre de choses ?

Tuer pour le manger un mouton inoffensif blesse le sentiment de la justice et renverse le principe du droit à la vie, au moins en ce qui concerne les animaux. Et cependant nous ne pouvons pas, sans péril, renoncer à nous alimenter, et nous ne pouvons nous alimenter qu'avec des cadavres. Notre vie est inséparable de la destruction de milliers d'êtres vivants, bêtes ou plantes, et rien ne dit que, de même, dans les sociétés humaines, des imperfections qui nous froissent ne soient pas inévitables.

Par cela seul qu'il est l'être supérieur, l'homme s'élève à des conceptions qui n'ont de réalisation objective nulle part et demeurent à l'état purement subjectif. La justice absolue ne serait-elle pas une de ces conceptions subjectives? on se le demande avec angoisse. Il est bien possible que l'idée de justice soit une de ces idées qui ne peuvent jamais sortir du domaine de l'imagination pour entrer dans celui des faits. Certes! Il n'est heureusement pas démontré qu'il en soit ainsi; mais la démonstration inverse n'est pas faite davantage, et l'impossibilité dans laquelle nous nous trouvons bien souvent de réaliser notre idéal — dans le domaine de l'alimentatation notamment — laisse le champ libre à ceux qui croient que la même impuissance limite également nos efforts en bien d'autres matières.

Il ne suffit donc pas de dénoncer les vices de la société actuelle, il faut encore établir qu'une autre forme de société est possible moins féconde en injustices et en abus.

CHAPITRE II

La première question qui se pose dans cet examen est celle-ci : comment se fera la répartition des richesses dans une société collectiviste? C'est l'inégalité de cette répartition qui frappe les réformateurs socialistes. C'est sur elle que se basent leurs accusations contre la société actuelle. C'est elle surtout qu'ils veulent atteindre. Le but qu'ils visent est bien moins une production plus intense qu'une répartition plus équitable. Leur système conduit-il vraiment au but qu'ils poursuivent? c'est là ce qu'il convient de rechercher tout d'abord et au début de cette étude on se sent envahir par un doute : le collectivisme ne laissera-t-il pas subsister sous une autre forme les inégalités que l'on se propose de faire disparaître, et n'aura-t-il pas pour unique effet — celui-là funeste s'il se réalise — de diminuer la production.

Pour que la répartition collectiviste nous apparût comme sûrement supérieure à la nôtre, il nous faudrait trouver dans le collectivisme une règle absolument diffférente de celle qui prévaut aujourd'hui.

Cette règle, que nous cherchons avec l'ardent désir de la trouver, le communisme autoritaire et brutal de Babeuf la possédait. Il |supprimait la liberté de la consommation aussi bien que la liberté de la production. On consommait en commun tout comme on produisait en commun. A proprement parler on réglait la répartition en la supprimant. L'humanité se transformait en une grande caserne, en un grand couvent, mais en un couvent qui n'avait pas pour subsister le levier de la religion, en une caserne que ne soutenait pas l'amour de la patrie et qui ne se maintenait que par la discipline. Babeuf invoquait, il est vrai, la fraternité, mais nous savons ce qu'il faut penser de la fraternité considérée comme moyen d'organisation sociale. Ce communisme absolu faisait horreur à l'espèce humaine ; il lui était odieux parce qu'il tuait la liberté, le premier et le plus grand des biens. Il n'est plus. C'est actuellement une doctrine morte. Il a fait place au collectivisme moderne.

Le collectivisme n'entend pas toucher à la liberté de la consommation. Il veut la laisser intacte. Il ne s'attaque qu'à la liberté de la production. Il est obligé par là même de répartir les produits et il lui faut une règle d'après laquelle cette répartition puisse s'opérer.

Karl Marx croyait l'avoir trouvée dans sa théorie de la valeur et dans la substitution, qui en était la conséquence, des bons de travail à la monnaie métallique ; mais nous croyons avoir établi de la manière la plus péremptoire qu'il avait commis de ce chef une erreur capitale.

Rappelons, en effet, que Marx n'admet pas ce que, dans le langage actuel, on appellerait l'égalité des salaires, et que, sur ce point, ses disciples ont été encore plus explicites que lui. Il reconnaît des travaux d'ordre différent : des travaux compliqués dont une heure peut valoir plusieurs heures d'un travail simple. Son commentateur Schæffle va même plus loin. Non seulement à ses yeux l'effort plus considérable nécessité par certains travaux justifierait une rétribution supérieure pour les ouvriers qui en seraient chargés ; mais encore la société aurait le droit, même à égalité d'effort, de mieux rémunérer les travailleurs dans une partie déterminée que dans une autre, par simple considération d'utilité.

Nous ne voulons pas nous demander ici si le sentiment farouche d'égalité d'une majorité collectiviste s'accommoderait aisément de cette différence de traitement fondée sur l'utilité seule. C'est d'autant moins certain qu'il s'agirait là d'une utilité que bien souvent les masses ne comprendraient pas. Elle résulterait uniquement de la nécessité où l'on se trouverait de pourvoir certaines industries de travailleurs dont des circonstances seules auraient détourné les bras, et quoique le travail n'y fût pas plus pénible qu'ailleurs. Cette nécessité sociale, démontrée par les statistiques, n'apparaîtrait peut-être pas à qui n'aurait pas fait de celles-ci une étude particulière, et les ouvriers moins payés se récrieraient sans le moindre doute et se refuseraient à accepter cette disparité de rémunération.

Et puis, n'avons-nous pas vu que les bons de travail ne seraient qu'une monnaie comme les autres, la valeur du travail étant fixée comme de nos jours par la loi de l'offre et de la demande ? [1] en quoi les conditions sociales seraient-elles donc changées ?

Pourquoi cette malheureuse loi de l'offre et de la demande, aujourd'hui chargée de tous les péchés d'Israël, deviendrait-elle subitement exempte de tout reproche, lorsque la socialisation des instruments de travail aurait été opérée ?

Aujourd'hui l'ouvrier mécontent dans un atelier peut aller ailleurs. Le champ est large. Des milliers d'ateliers appellent ses bras ; et malgré cela, quoique le capital soit disséminé entre les mains de capitalistes qui ne se connaissent pas, ne s'aiment pas, ne s'entendent pas, il peut demeurer victime de cette force écrasante.

1. PP. 94 et 95 ci-dessus.

Demain il aurait en face de lui un seul producteur, un seul capitaliste, l'Etat. Il serait bien forcé d'accepter ses conditions, quelles qu'elles fussent. Il se trouverait dans la situation des producteurs actuels de tabac courbés sous le joug de la régie. Non seulement la loi de l'offre et de la demande ne serait pas affranchie de ses défauts, mais ceux-ci se trouveraient centuplés par l'unité du capitaliste.

Je prévois la réponse. Le grand mal de la société actuelle ne réside pas dans les différences, en somme modiques, qui peuvent exister entre les salaires de tel ou tel ouvrier. Le vice de la répartition capitaliste réside dans le fait que les détenteurs du capital reçoivent sans travailler et prélèvent ainsi une part indue sur le travail.

Nous nous sommes déjà expliqué sur ce point et nous avons fait la preuve que ce prélèvement réduit à ses limites réelles est de beaucoup inférieur à ce qu'on le suppose. Mais considérable ou infime, la société n'en aurait pas moins le droit, cela est clair, de se priver d'un service qu'elle paierait trop cher ; et elle le paierait trop cher si, quelque bon marché fût-il, elle était en situation de l'obtenir à un prix moindre encore.

La société collectiviste nous apparaît-elle comme présentant sous ce rapport un avantage sur ce qui existe aujourd'hui ?

Par la mise en commun des instruments de travail on aura supprimé les rentes, les intérêts, les profits et, par conséquent, les oisifs. Tout le monde sera obligé de travailler à la seule exception des enfants, des vieillards et des infirmes.

Ici déjà nous devons nous arrêter. Les enfants et les vieillards seront affranchis du travail. C'est parfait et il n'y a rien à dire, l'âge étant toujours facile à déterminer. Il est bien vrai que l'énergie productrice ne s'éteint pas toujours au même âge, que tel est vieux à 40 ans et tel autre jeune à 50. Mais nous n'insistons pas sur ce point, la société pouvant adopter comme constitutif de la vieillesse un âge assez avancé pour ne comporter aucune exception, et les cas de vieillesse prématurée pouvant rentrer dans ceux d'infirmité.

Reste l'infirmité et c'est ici que la difficulté commence. Tous les paresseux, tous les fainéants se diront infirmes; comment constatera-t-on s'ils le sont ou non réellement? On verra se reproduire là sur l'échelle la plus vaste ce qui se produit actuellement dans l'armée.

Les infirmités matérielles aisément constatables ne donnent lieu dans les Conseils de révision de l'armée et ne donneraient lieu dans ceux de la société collectiviste à aucune espèce de difficulté.

Par contre, les affections si nombreuses du système nerveux, plus pénibles cent fois pour qui en est atteint que les infirmités matérielles, mais qui ne se voient pas, qui ne sont pas perceptibles au dehors, comment les constater? Comment contrôler le dire de ceux qui s'en prétendent atteints?

Croira-t-on sur parole les personnes qui affirmeront en être frappées? dans ce cas que d'oisifs! Le prélèvement actuel du capital n'est rien en comparaison de la consommation fainéante, du prélèvement de la paresse qui se produirait demain.

Refusera-t-on systématiquement d'ajouter foi aux dires des intéressés? Alors que de victimes innocentes! que de malades, que d'impuissants à qui l'on dira : « travaillez ou mourez de faim. »

Aujourd'hui, le riche malade se prive de tout travail sans avoir rien à demander à personne. Quant au pauvre dont la maladie n'est pas perceptible, il n'a pas en face de lui — si ce n'est à l'assistance publique dont l'exemple est peu encourageant — les rigueurs d'une administration. Il trouve, dans la multiplicité des personnes auxquelles il a la faculté de s'adresser, et dans les variétés de leurs caractères, le moyen de se procurer des secours qui le mettent sinon en état de vivre du moins en état de ne pas mourir. La charité publique est même exploitée par beaucoup d'indignes qui parviennent à masquer leur paresse sous d'apparentes infirmités. Mais ils descendent au dessous du minimum de consommation moyenne de l'époque pour tomber au minimum physiologique, et il y a là un obstacle qui limite les infirmités apparentes.

Demain tout se passerait avec la rigueur militaire : « travaillez ou mourez ! » Il ne serait guère possible de sortir de là. A supposer même que les travailleurs se laissassent aller comme de nos jours à des mouvements de charité, la situation pourrait ressembler à celle dont on se plaint aujourd'hui. Elle ne serait pas supérieure.

Et à côté des invalides du travail, il y a les moins capables, les faibles, ceux dont le travail est moins soutenu, moins intense, moins productif.

Aujourd'hui les travailleurs sont tous réunis dans l'usine. Tous, pour une même profession, sauf le cas de salaire aux pièces, reçoivent un salaire égal. Le patron sait qu'il peut compter sur une certaine moyenne. C'est sur elle qu'il base ses calculs sans se préoccuper des différences individuelles.

L'ouvrier, lui, est désintéressé de la rétribution de son voisin. Même lorsqu'il est aux pièces son salaire est indépendant de celui de ses compagnons d'atelier. Que ceux-ci travaillent peu ou beaucoup, qu'ils soient bien ou mal payés, il ne recevra ni plus ni moins. Il n'a pas à se préoccuper de la plus ou moins grande productivité du travail des autres ; sa situation n'est pas subordonnée à la leur, ou ne l'est du moins que d'une manière trop indirecte pour qu'il s'en aperçoive. Le capitaliste seul est intéressé à ce que le travail acquière son maximum d'intensité. Aussi, aucune surveillance ne s'exerce-t-elle de travailleur à travailleur.

Dans une société collectiviste tout serait renversé. Les capitalistes propriétaires seraient remplacés par des fonctionnaires, directeurs ou surveillants, et ceux-ci n'auraient qu'un intérêt secondaire à exercer leur surveillance.

Les ouvriers, au contraire, auraient un intérêt de premier ordre à ne pas voir diminuer la production totale et aussi à faire valoir leur heure de travail en dépréciant celles d'autrui. Il s'ensuivrait dans l'atelier une concurrence vitale qui entraînerait l'universelle délation.

La fraternité serait impuissante à corriger ces abus tout comme elle est impuissante à corriger ceux qui se produisent de nos jours. Quiconque connaît la dureté qu'apporte à surveiller ses salariés et à exiger d'eux le plus grand effort possible le travailleur, ouvrier ou paysan, devenu capitaliste, se rendra compte du peu de fond que l'on peut faire sur le sentimentalisme humain.

A cet égard les tentatives de 1848 ont été probantes. De nombreuses associations ouvrières se formèrent à cette époque, associations subventionnées par l'Etat qui porta pour cet objet au budget national un crédit de trois millions de francs. L'une d'elles, celle des tailleurs, s'inspira, plus encore que les autres, des idées de Louis Blanc et substitua au travail à la tâche le travail à la journée. On espérait que le contrôle naturel des intéressés suffirait à soutenir leur zèle et que la fraternité empêcherait ce contrôle de dégénérer en espionnage et en oppression. Il n'en fut rien, et d'après M. Feuqueray, qui a écrit l'histoire des associations ouvrières de ce temps, la surveillance dégénéra en récriminations si violentes, si acrimonieuses, que l'atelier devint un enfer et qu'il fallut rétablir le travail à la tâche. Ce moyen seul permit aux associés de se rendre réciproquement leur compagnie supportable et de faire renaître la concorde parmi eux.

Et cependant en 1848 la fraternité débordait de toutes

' les âmes. On peut juger par là de ce que deviendrait le contrôle mutuel dans le collectivisme universel.

Ainsi : difficulté de déterminer la valeur des heures de 'travail ; difficulté de tenir compte des infirmités, des maladies et des incapacités relatives ; difficulté d'organiser une surveillance qui ne dégénérât pas en espionnage ; tels sont les premiers obstacles auxquels se heurterait la répartition dans une société collectiviste, obstacles qui risqueraient de rétablir sous une forme nouvelle les oisifs supprimés sous leur forme antérieure.

J'aperçois une autre cause plus importante encore d'inégalité.

Dans le collectivisme comme dans la société capitaliste il faudrait un travail de direction et de distribution. Ce travail-là, à qui incomberait-il?

Aujourd'hui il est le lot du capitaliste libre. Demain il appartiendrait au Gouvernement, à l'Etat, à la Société, suivant l'appellation qu'on voudra donner aux metteurs en œuvre de l'énergie sociale.

Mais le Gouvernement, l'Etat, la Société, c'est un être impersonnel. Il ne peut agir que par des personnes interposées, c'est-à-dire par des fonctionnaires : on verrait donc surgir une foule chaque jour croissante d'employés de tous ordres. Les choses se passeraient — seulement sur une échelle gigantesque — comme elles se passent de nos jours dans les administrations publiques, et le spectacle que ces administrations nous offrent n'est pas tel qu'il doive nous inspirer le désir de le généraliser.

Que voyons-nous aujourd'hui?

Ce qui domine le fonctionnaire c'est la crainte d'être considéré comme inutile et de voir sa fonction supprimée.

Son intelligence est perpétuellement tendue vers cet écueil à éviter, et le meilleur moyen de conjurer le péril consiste à enfler continuellement son service.

Si un bureau renferme deux commis on peut être tenté

d'en éliminer un, de transférer le second dans un autre bureau, fusionnant ainsi deux services, et de réaliser l'économie d'un chef et d'un sous-chef.

Le chef et le sous-chef estiment naturellement qu'une telle économie serait déplorable et ne visent qu'à la rendre impossible.

Il leur suffit pour cela d'avoir dix à douze employés. Ceux-ci ne feront pas plus de besogne productive. On se bornera, pour paraître les utiliser, à augmenter les formalités oiseuses. Mais ils seront dix; et comment l'idée pourrait-elle se présenter à l'esprit de qui que ce soit de supprimer un service aussi considérable, un bureau aussi occupé! Aussi aucun effort n'est-il négligé pour obtenir ce résultat ; et comme rien ne résiste à l'action patiente, persistante, tenace, de quiconque fait tout converger vers un même but, ce résultat ne manque jamais d'être atteint tôt ou tard. C'est ainsi que le nombre des fonctionnaires, c'est-à-dire des improductifs par excellence, s'accroît d'année en année.

Ce fait se produit avec une continuité effrayante. La bureaucratie — c'est une loi inéluctable — engendre la bureaucratie, comme autrefois, en Amérique, les Etats à esclaves engendraient les Etats à esclaves. C'est là une plaie de nos budgets actuels contre laquelle commissions des finances et ministres se brisent, et à laquelle il ne semble exister qu'un seul remède : enlever le plus possible au gouvernement de ce qui n'est pas rigoureusement de son ressort, retirer le plus qu'on peut à l'Etat en faveur de l'initiative privée.

Or c'est juste le contraire que proposent les collectivistes. Ils veulent généraliser le système de régie en faisant de l'industrie tout entière une branche de l'administration publique. Comment ne pas craindre de voir ainsi se multiplier au centuple les abus que, là où il est pratiqué, ce système engendre de nos jours.

Le capitalisme en tant que propriété privée serait supprimé. Il n'existerait plus ni rentiers, ni actionnaires, ni
heureux mortels touchant des dividendes, mais intéressés
par l'appât même de ces dividendes à favoriser le ren-
dement général.

Seulement, il y aurait pour les remplacer, des employés
sans nombre, des fonctionnaires vaniteux, insolents et
doctrinaires, qui, on en peut être convaincu, sauraient
évaluer avantageusement pour eux la valeur de leur heure
de travail inutile, et qui vivraient grassement sans rien
faire, ou tout au moins sans rien faire de véritablement
productif.

L'ouvrier n'aurait plus le crève-cœur de se dire que M.
Lebaudy accumule des capitaux ; mais il fournirait tout
autant de surtravail, pour employer le langage de l'Ecole.
Peut-être même en fournirait-il davantage pour obtenir
une même part ou une part moindre de la production
totale.

On peut aller jusqu'à se demander si le collectivisme
réussirait à éteindre les intérêts et les profits de toutes
sortes, ou si, plutôt, il ne conserverait pas ceux-ci en les
doublant du gaspillage gouvernemental et en les rendant
eux-mêmes stériles.

Du moment où il entend respecter la liberté de consommation ; du moment où il autorise la possession pourvu
qu'elle se borne à la faculté de consommer et n'aille pas
jusqu'à la faculté de produire — et Schæffle est formel
sur ce point —; du moment où il laisse subsister le don
et l'héritage, il va de soi qu'il autoriserait aussi le prêt
gratuit.

Or, le prêt gratuit autorisé peut reconstituer l'épargne
usuraire, cette épargne improductive et nuisible qui se
développe comme une larve malfaisante partout où n'existe
pas la liberté de l'industrie.

Dès qu'on repousse le communisme simpliste de Babeuf

et de Cabet, et on le repousse pour cause, l'humanité ne voulant pas même tolérer qu'on lui en parle, le collectivisme cesse d'être une garantie contre les différences que l'on observe aujourd'hui entre les hommes et qui risqueraient fort de se reproduire dans la société nouvelle. Il y aurait des ouvriers auxquels leur heure de travail cotée très bas rendrait l'économie difficile ; il y en aurait d'autres, au contraire, auxquels cette épargne serait rendue facile par l'évaluation élevée de leur heure de travail.

Il y aurait des jouisseurs qui dépenseraient chaque jour leur salaire — je demande la permission de continuer à me servir de ce mot qui m'est commode —, et des économes, des avares même, qui accumuleraient, en se privant de tout, bon de travail sur bon de travail.

Qui donc empêcherait un de ces prodigues de venir faire un emprunt à l'un de ces avares, un de ces ouvriers mal rétribués de venir contracter un emprunt chez un de ces ouvriers mieux retribués ? qui pourrait interdire à cet ouvrier mieux retribué ou à cet avare de leur consentir un prêt ?

Oui ! mais sans intérêt se hâtera-t-on d'ajouter. Sans doute : sans intérêt légal ; mais aujourd'hui aussi la loi proscrit sinon l'intérêt, du moins un intérêt usuraire. Ces lois ont-elles jamais empêché l'usure ? On condamne bien, par ci, par là, un usurier lorsque la preuve du délit est palpable, évidente ; mais pour un qui est pris dix mille échappent. Je prête cent francs à un besoigneux ; je ne stipule pas d'intérêt ; mais tandis que je lui fais souscrire un engagement de cent francs, je ne lui en remets que quatre-vingt-quinze. L'intérêt se trouve compris dans le principal et défie toute inquisition, toute enquête. Aussi l'usure n'a-t-elle jamais été tuée par les lois édictées contre elle, mais uniquement par la possibilité pour les capitalistes de trouver à leurs capitaux un emploi digne, honorable et utile, et par la possibilité pour les emprunteurs de trouver dans des établissements de crédit, de l'argent à des prix modérés. Ce n'est pas la limitation légale du taux de l'intérêt qui, de nos jours, a fait à peu près disparaître l'usure. C'est le développement et la sécurité du commerce et de l'industrie.

En collectivisme le capital ne pouvant plus servir aux individus, mais seulement à l'Etat, de moyen de production, l'épargne risquerait fort de reprendre son caractère désastreux des temps barbares : thésaurisation et usure. Elle ne cesserait pas sous cette forme d'être productive pour l'individu; mais elle cesserait d'être productive pour la nation et serait même, pour celle-ci, un véritable chancre rongeur.

Le fait semble confirmer sur ce point la déduction théorique. Il existe en Russie, sous le nom de « Mir » des communautés agricoles et, de l'aveu de tous les auteurs qui s'en sont occupés, quelque sympathiques qu'ils aient été à l'institution, l'usure s'y est développée et cela avec assez de force pour que les usuriers y aient reçu un nom spécial : on les appelle les « mangeurs du mir. »

Pourrait-on même empêcher complètement la capitalisation productive? La chose semble malaisée.

Voici, par exemple, un travailleur qui aura mis de côté pour l'avenir, en bons de travail, une somme plus ou moins considérable pouvant lui permettre soit de vivre lui-même, soit de donner à autrui la faculté de vivre pendant un temps plus ou moins long sans travailler.

Voilà, d'autre part, un homme à imagination féconde auteur d'une découverte que les représentants de la société auront repoussée. Ce second homme, ce second travailleur vient trouver le premier. Il est désireux de s'attacher exclusivement à la construction de sa machine et de déserter pour un temps l'atelier général afin de se concentrer avec plus de liberté d'esprit sur ses essais particuliers. Mais il ne possède aucune réserve et si l'Etat qui a rejeté son invention l'achète plus tard, ce ne sera que lorsqu'il l'aura perfectionnée, complétée. Cela exige du temps. Que faire ? Il s'adresse à l'homme aux réserves. Il lui demande s'il ne consentirait pas à lui céder une portion de sa monnaie d'un nouveau genre, en échange de la promesse à lui faite d'une part des bénéfices qui doivent revenir à l'inventeur si la machine, enfin mise à point, est adoptée par l'Etat. L'homme aux réserves accepte. Voilà une petite association formée dans la grande. Voilà un petit capital privé qui fonctionne. Voilà l'intérêt ou le profit reconstitué au profit de ce capitaliste en miniature. Et comme le capital possède le secret de faire rapidement des petits, on verra bien vite des entreprises privées se fonder à la barbe des régies nationales facilement battues dans cette occurrence.

Ce contrat sera-t-il déclaré illicite ? Ce sera bien tyrannique ; mais admettons qu'on aille jusque-là. Par toutes ces inhibitions on ne l'empêchera pas plus que, pendant des siècles, à la Bourse et dans le commerce, on n'a empêché les marchés à terme en refusant de leur accorder la sanction de la loi ou même en édictant des pénalités contre leurs auteurs. Les seuls moyens de supprimer cette forme de la capitalisation serait de supprimer les bénéfices de l'inventeur en refusant de rémunérer sa découverte, ou de rendre toute accumulation impossible en proclamant l'égalité absolue des salaires et en réduisant celui-ci au minimum de consommation physiologique.

Mais le premier de ces moyens, en même temps qu'il sonnerait le glas funèbre de tout progrès, qu'il supprimerait l'invention, aurait pour effet unique de favoriser l'usure par l'élimination de toutes les autres formes possibles d'accumulation ; et le second irait à l'encontre des principes mêmes de l'Ecole qui poursuit non l'abaissement des salaires mais leur élévation.

Et qu'on le note bien, nous ne citons là que quelques

exemples destinés à montrer à quel point il serait difficile d'empêcher l'intérêt et le profit de s'introduire dans la société collectiviste. Le nombre de ces procédés est illimité, comme sont illimitées les ressources de l'intelligence humaine et des combinaisons qu'elle peut engendrer.

Nous pouvons faire une autre hypothèse aussi frappante que les précédentes. Les marchandises n'auront pas une valeur uniforme en collectivisme. Si même on s'en tenait à la théorie de Karl Marx, il est clair que, à la suite d'une mauvaise récolte, la valeur du froment ou du vin hausserait, puisqu'une même quantité de ces produits représenterait une moyenne plus considérable de travail social, le travail total ayant été le même et la production ayant été moindre.

Qui empêcherait dès lors un citoyen prévoyant, ou simplement un joueur heureux, de se servir, puisque l'achat serait libre, de son épargne pour acheter du blé ou du vin avant la récolte qu'il prévoit mauvaise. Qui l'empêcherait de revendre ensuite, après la hausse, ces denrées à ses voisins, en leur bonifiant sur les prix des magasins généraux une certaine réduction pour les attirer? (Je me sers de ce mot, prix, parce que ce serait encore un prix, quoi que l'on dise, et parce que cette expression m'est commode). Ce commerce serait illicite, interdit? Certainement. Mais aujourd'hui aussi la contrebande du tabac est illicite et interdite, ce qui ne l'empêche pas d'être journellement pratiquée.

Les professions dites libérales seraient une autre cause d'inégalité de répartition. Fourier avait supprimé les procès et les maladies, mais le collectivisme moderne ne va pas aussi loin dans ses espérances. Dans la société nouvelle il y aura des procès civils puisqu'elle maintiendra l'appropriation des objets de consommation et même l'héritage. Il y aura des procès criminels, car on ne supprimera ni les vices, ni les mauvais penchants, ni les passions des hommes. Il y aura des maladies. Il y aura donc encore des juges, des avocats et des médecins. Ces avocats et ces médecins seront-ils des fonctionnaires rétribués par la société? Les uns disent oui; les autres disent non! En fait, il est difficile qu'ils le soient. Un grand médecin ou un grand avocat gratuit se verrait demandé partout à la fois. Comme il ne pourrait suffire à sa tâche, force serait de limiter sa circonscription. Chaque avocat aurait donc son cercle et chaque médecin le sien dans lequel, et dans lequel exclusivement, il devrait se mouvoir. Dès lors les citoyens seraient privés du droit de se faire défendre ou de se faire soigner par qui bon leur semblerait. Ce serait une tyrannie tout à fait vexatoire. On serait par suite probablement conduit, ainsi que le propose Schæffle, à laisser libres ces professions où le travail s'exerce sans outils, sans capitaux.

Mais s'il en est ainsi — et l'on ne conçoit guère qu'il en puisse être autrement, — comment empêchera-t-on le médecin couru, l'avocat recherché, de se faire payer très cher en bons de travail et de prélever sur le revenu social une part incomparablement supérieure à celle de la masse des travailleurs?

Fît-on, d'ailleurs, des médecins et des avocats des fonctionnaires, voulût-on fixer à chacun d'eux un cercle limité et leur interdire de recevoir des émoluments, on n'arriverait à aucun résultat. On ne saurait, en effet, s'introduire au chevet des malades ou dans le cabinet de l'homme affligé d'un procès, et l'on ne pourrait empêcher soit l'un, soit l'autre, dans l'espoir d'être l'objet de soins plus empressés, d'ajouter une rétribution personnelle à la rétribution de l'Etat. C'est ce qui arrive de nos jours pour les infirmiers des hôpitaux. Ils sont payés par l'assistance publique; leurs services doivent être gratuits, et cependant ils reçoivent quotidiennement des malades des pourboires grâce auxquels les malades sont ou se croient mieux soignés.

Enfin il y a lieu de se demander si l'on ne reviendrait pas vite aux emprunts d'Etat et aux rentes qui en sont la conséquence. Les collectivités sont souvent gaspilleuses. Souvent aussi sans esprit de gaspillage, en vue simplement de s'outiller pour une meilleure production, elles sont conduites à des dépenses qui dépassent la puissance contributive de la génération présente. Ces dépenses étant d'ailleurs profitables aux générations à venir, il serait injuste de les mettre à la charge exclusive de celle qui vit au moment où l'on exécute les travaux, et l'on se trouve ainsi conduit à les répartir sur plusieurs générations successives.

Deux moyens seulement permettent d'atteindre ce but : l'un consiste à échelonner les travaux eux-mêmes sur un grand nombre d'années, l'autre à réaliser les travaux aussi rapidement que possible et à y subvenir au moyen d'un emprunt remboursable dans un temps éloigné. Le premier moyen est fort mauvais en ce qu'il éloigne le moment où le pays sera pourvu de l'outillage nécessaire, et c'est, par suite, le second qui est choisi de préférence.

Les sociétés collectivistes n'échapperont pas à cette fatalité. Tout comme les nôtres, elles seront forcées d'emprunter pour peu que le système social nouveau n'ait pas supprimé les réserves individuelles. Pour emprunter il leur faudra trouver des prêteurs, et pour trouver des prêteurs elles seront obligées de leur consentir des avantages, d'où les rentes ou les primes au remboursement qui sont choses absolument semblables.

Il semble donc que le collectivisme, s'il ne ruine pas le pays, ne supprimera ni les intérêts, ni les profits ; que son seul effet sera d'en faire disparaître, dans la majorité des cas, le caractère utile et de les transformer en un prélèvement véritablement abusif sur la production nationale.

Il semble en outre qu'il donnerait naissance, sur une

très large échelle, au luxe d'abus que nous offrent les administrations de l'Etat ; qu'il engendrerait une foule incalculable de fonctionnaires, lesquels vivraient grassement sur le pays et remplaceraient avec avantage — pour eux bien entendu — la quote part du produit national retenue aujourd'hui pour leur consommation personnelle par les capitalistes.

Il semble enfin qu'il laisserait subsister les inégalités de rétribution des divers travaux et qu'il créerait aux professions libérales des situations aussi lucratives que dans la plus bourgeoise des sociétés.

En un mot, l'analyse économique ne montre pas la répartition des richesses comme devant, dans l'ordre social nouveau, être plus juste et plus égalitaire qu'elle ne l'est dans l'ordre social actuel. La corvée — puisque corvée il y a, — le surtravail, y tiendraient une place aussi grande, peut-être plus grande, qu'aujourd'hui. Il reste à examiner si, échouant dans la répartition, le collectivisme favoriserait la production ou l'entraverait ; s'il ne constituerait pas un obstacle au progrès ; s'il serait à même, comme l'espèrent les socialistes, de respecter la liberté matérielle et morale de l'individu ; s'il n'opposerait pas des difficultés de tous ordres aux relations et aux commerces internationaux ; si, en un mot, impuissant à atteindre le but utile que l'on poursuit en lui, il n'entraînerait pas d'autre part un ensemble de conséquences redoutables dont aucune société ne saurait éviter de s'émouvoir.

CHAPITRE III

DE LA PRODUCTION DANS UN MILIEU COLLECTIVISTE

La société collectiviste ne serait peut-être pas ce que ses partisans en augurent. Nous nous sommes efforcé de montrer dans le précédent chapitre que sur bien des points les mailles du filet seraient rompues. Peut-être — nous y reviendrons — bien loin de voir là une objection au collectivisme, faut-il y voir, au contraire, l'argument propre à réfuter les autres objections que ce système provoque. Mais s'il en était autrement ; si le collectivisme fonctionnait dans toute la rigueur de son principe ; si toute direction industrielle, tout progrès scientifique étaient abandonnés à un immense mandarinat, recruté probablement par le concours comme en Chine, et qui, quel que fût d'ailleurs son mode de recrutement, écraserait l'humanité entière, il serait difficile de trouver dans un pareil organisme les éléments d'une production toujours croissante et de ces progrès scientifiques et industriels dont est faite la grandeur du monde actuel.

Aujourd'hui une colonie s'ouvre à la civilisation. Aussitôt des capitalistes aventureux prennent sur leur plus-value — sur la part de leur plus-value qu'ils ne consomment pas — un capital suffisant pour féconder cette entreprise coloniale, pourvu que, comme cela se passe malheureusement presque toujours en France, l'Etat ne les entrave pas par sa manie de réglementation.

Un inventeur conçoit une idée nouvelle. Comment celle-ci des lobes de son cerveau va-t-elle passer dans l'application?

S'il est riche il consacrera une partie de sa fortune aux expériences que nécessite son invention. S'il est pauvre et si son idée est bonne, il sera bien rare qu'il ne finisse pas par rencontrer un homme riche et hasardeux désireux d'accroître ses profits par une entreprise aléatoire. Cet homme lui fournira les sommes nécessaires pour mener sa découverte à bonne fin. L'amour de ce qu'on appelle improprement le jeu à cause du rôle qu'y jouent l'inconnu, le hasard — et de ce qu'on doit appeler la spéculation — exercera ici son influence salutaire. L'homme à l'argent rognera peut-être à l'inventeur une part excessive des bénéfices qu'il devrait légitimement récolter? peut-être se taillera-t-il à lui-même une part trop forte; mais en somme si la découverte est féconde, elle verra le jour, l'humanité dans son ensemble en bénéficiera, et l'inventeur, même après la cession au capital d'une partie du fruit de son génie, en recueillera encore des profits considérables.

En sera-t-il de même dans l'hypothèse d'un socialisme rigoureux? rien ne paraît plus douteux.

D'abord, le collectivisme, il ne faut pas l'oublier, vise ce but : supprimer pour en faire bénéficier le travailleur la plus-value que s'attribue aujourd'hui le capitaliste. Or comme, ainsi que nous en avons apporté la démonstration, la partie de beaucoup la plus grande de cette plus-value constitue, non le prélèvement du capitaliste mais la réserve sociale dont celui-ci a la gestion, il est possible une fois le socialisme mis en pratique que cette réserve devienne plus difficile à constituer, que l'accumulation des capitaux cesse ou tout au moins diminue. S'il en allait de la sorte les ressources risqueraient fort de manquer lorsque des capitaux seraient nécessaires pour l'amortissement des machines ou pour la mise en valeur d'une nouvelle méthode industrielle.

Dans toute société anonyme les actionnaires, lorsqu'ils ne sont pas retenus par une direction énergique et intéressée, répugnent aux réserves et tendent à l'intégrale distribution des bénéfices. Cette tendance est si générale que le législateur a dû intervenir pour la paralyser en établissant la réserve légale. Le travailleur socialisé, autrement dit l'actionnaire du capital national, n'éprouvera-t-il pas de même une répugnance invincible à l'accumulation des capitaux? n'exigera-t-il pas chaque année que le produit de l'exercice soit intégralement distribué?

Jaurès espère qu'il n'en sera pas ainsi; il croit même que les masses seront très parcimonieuses lorsque tout leur appartiendra. Il est possible qu'il soit dans le vrai; mais la chose n'est pas établie, l'expérience seule pouvant prononcer sur ce point. Nous ne sommes donc pas dans le domaine de la chimère lorsque nous manifestons notre crainte de voir le travailleur collectiviste exiger constamment soit une retenue moindre sur les heures de travail, soit une diminution plus rapide de la journée laborieuse que les progrès mécaniques ne le permetttaient, soit les deux choses à la fois. Si ce phénomène se produisait, la capitalisation s'arrêterait devant cet obstacle insurmontable et avec elle les nouvelles entreprises génératrices de richesses.

L'inventeur aurait à lutter non seulement contre la pénurie des capitaux, mais contre ce facteur combiné avec la routine et l'inertie administratives.

Je me rappelle moi-même un savant illustre, M. Gavarret, qui, huit jours avant que le premier télégramme fût transmis de New-York à Valentia, me démontrait l'impos-

sibilité d'établir un télégraphe intérocéanique. A l'enten
dre, les courants d'induction devaient empêcher la trans-
mission de s'opérer, et les capitaux étaient sûrement
sacrifiés qui s'étaient associés pour la construction et la
pose du premier câble.

Supposons ce savant consulté par une commission du
budget sur l'opportunité de construire ce câble et de le
jeter à travers l'océan et dites quel avis aurait été donné
et ce qu'aurait pu légitimement faire le comité des finances en présence d'un avis pareil !

Il ne saurait, d'ailleurs, en être autrement : le nombre
des inventeurs est démesuré ; tous les fous inventent. Le
chiffre des propositions qui se produisent de ce chef est
incalculable. Un gouvernement ne se reconnaîtrait jamais
le droit, et ne l'aurait pas en effet, de gaspiller la richesse
publique dans des expériences pleines d'incertitude et
d'aléa. Sauf des cas tout à fait exceptionnels il repousse-
rait tout.

L'administration est de sa nature résistante au changement. Lorsqu'un employé a acquis l'habitude d'un genre
de travail donné, pourquoi ferait-il un effort pour en changer ? Le capitaliste individuel fait cet effort parce qu'il y
est incité par l'appât du bénéfice qu'il entrevoit. Mais le
fonctionnaire collectiviste ?

Le succès de la machine qu'on lui apporte n'accroîtra
ni ne diminuera la valeur de son heure de travail. Pourquoi se dérangerait-il ? Il trouvera infiniment plus commode de décréter l'excommunication majeure de l'inventeur au nom des principes d'une science toujours facile, et
le progrès sera entravé même avant d'avoir vu le jour.

Pourquoi, du reste, l'invention elle-même se produirait-elle ?

Dans l'état actuel, le penseur qui conçoit une idée, l'inventeur qui découvre un instrument nouveau, y sont poussés dans l'immense majorité des cas par l'appât du gain.

Il va construire une machine à vapeur qui diminuera d'un tiers ou de moitié la consommation du combustible ; quel magnifique champ de profit ouvert à son activité ! Il travaillera ; il découvrira ; et, avec l'ardeur, la ténacité que donne l'espérance du profit, il imposera sa conviction aux capitalistes les plus rétifs.

Mais lorsque les instruments de travail seront socialisés ; lorsque le temps consacré à une découverte ne vaudra pas plus que le temps consacré à un travail mécanique et courant, pourquoi l'inventeur se fatiguerait-il à inventer ? En vue d'une décoration ? d'une récompense honorifique ? La valeur qui s'attache à ces hochets ne peut aller qu'en diminuant à mesure que s'élève l'intelligence des hommes. Si les distinctions flattent encore nos stupides vanités, elles ne suffisent déjà plus à déterminer les grands efforts. On les réclame avec insistance une fois l'effort fait ; elles ne l'engendrent pas.

Les socialistes nous promettront-ils d'encourager les découvertes en accordant des récompenses considérables, des bons de travail à profusion, c'est-à-dire d'énormes moyens de jouissance, à leurs auteurs aussi bien qu'aux ingénieurs qui auraient remarqué la découverte et en auraient facilité l'éclosion ? soit ! Mais comment seraient attribuées ces subventions ? seraient-elles, comme aujourd'hui les prix de l'Institut, destinées à l'auteur d'un travail préconçu dont on aurait fixé le but ? ou bien s'appliqueraient-elles à une découverte quelconque ?

Dans le premier cas, nous sommes en droit de nous demander, en voyant le peu d'efforts féconds qu'ont jamais engendrés les prix de l'institut, si ceux de la société collectiviste seraient doués de plus d'attraits et donneraient des résultats supérieurs. C'est peu probable. Les découvertes germent spontanément dans le cerveau de l'inventeur et ne se décrètent pas. Le but fixé ne serait presque jamais atteint. Il en irait de ces récompenses promises comme il en est allé des trois cent mille francs promis à qui découvrirait un remède contre le phylloxera. Le remède est découvert ; il en existe même plusieurs : l'immersion, le sulfure de carbone et les sulfocarbonates, la plantation des vignes américaines. Mais ces résultats n'ont rien d'absolu. Ils ont été obtenus par une extrême multiplicité d'expériences ; l'un des moyens de parer au mal, le meilleur peut-être, la plantation des vignes américaines, n'est pas à proprement parler un remède. Il en résulte que personne ne peut dire : « C'est moi qui ai arrêté le fléau » et que personne n'a eu, que personne n'aura le prix de trois cent mille francs.

Si, par contre, on votait un fonds pour récompenser tous les inventeurs et tous les fonctionnaires qui auraient remarqué la découverte, mais sans préciser d'avance la nature et l'objet de celle-ci, on risquerait de tomber dans le défaut opposé au précédent. Tout le monde apporterait une idée nouvelle ; cette idée serait presque toujours accueillie, et les fonds sociaux seraient dilapidés à l'étude d'une foule d'entreprises saugrenues.

Actuellement, si le capitaliste est poussé par l'appât du gain, il est aussi retenu par la crainte de la perte. De ces deux sentiments opposés naît un sage équilibre qui permet aux idées fécondes de voir le jour, et qui empêche la société d'engloutir inutilement des capitaux à la recherche d'une pierre philosophale ou d'un mouvement perpétuel quelconques.

Avec l'Etat socialiste, au contraire, on ne voit pas bien comment cet équilibre se produirait. Ou l'absence de tout appât et la routine naturelle ferait tout repousser, ou l'absence de toute crainte ferait tout adopter. La stagnation absolue ou la dilapidation semblent être les seules conséquences possibles de l'état socialisé. Il y a là un dilemme entre les cornes duquel nous n'apercevons guère le moyen de passer.

Et puis, pourquoi encourager par des promesses de subventions des efforts que la forme sociale serait impuissante à stimuler, auxquels même elle apporterait des obstacles matériels.

Pour découvrir il faut réfléchir, il faut penser, il faut avoir la liberté de soi-même, il faut vivre d'une vie parfois fainéante à la surface quoique très active au fond.

L'inventeur doit souvent déserter l'atelier ou le laboratoire pour s'abandonner aux combinaisons de son cerveau.

Aujourd'hui il en trouve le moyen dans son capital, s'il en possède un, et, s'il n'en possède pas, dans celui qu'on lui prête, car pour peu que son idée soit bonne, il est bien rare qu'il ne parvienne pas à convaincre quelqu'un. Mais demain ! s'il n'est pas fait brèche aux principes absolus du collectivisme, si personne n'a plus de capital en dehors de l'Etat, qui donc lui en fournira ? l'Etat ? eh bien non ! L'Etat ne lui en fournira pas pour une idée à laquelle personne ne croira, que tous mettront sur le compte de la paresse. A supposer même — ce qui sera rare — que malgré ce manque de stimulant, il soit poussé par une force exceptionnelle à chercher et à découvrir, le milieu social lui en refusera les moyens matériels.

Et les artistes ? les littérateurs ? qu'en adviendra-t-il ?

M. Schæffle est porté à croire que, en ce qui les concerne, il faudra encore, comme pour les avocats et les médecins, se résigner au « laissez-faire, laissez-passer » actuel. Sera-ce aussi aisé que le suppose l'écrivain autrichien ?

La sculpture, la peinture, la littérature même, ne sont pas exemptes d'un côté matériel.

Un sculpteur a besoin d'outils, de terre glaise, de marbre, de fonte, de bronze, d'un atelier dans lequel il puisse s'abandonner à son inspiration.

Un peintre ne peut pas se passer de pinceaux, de couleurs et de toile.

A un poète, à un prosateur, à l'auteur d'une partition musicale, il faut une imprimerie pour répandre leurs œuvres, pour leur donner la publicité sans laquelle elles sont comme inexistantes.

A l'extrême rigueur on peut admettre que, avec leurs bons de travail, sculpteurs et peintres aient le moyen de se procurer couleurs, pinceaux, marbre, bronze, terre glaise et outils divers. Mais une imprimerie est un capital producteur qui ne saurait en aucun cas appartenir à un particulier. Si même ils avaient les ressources suffisantes pour l'acheter, l'homme de lettres et le compositeur seraient encore impuissants à se procurer l'outil indispensable et seraient tributaires de l'imprimerie sociale. Ils se trouveraient donc à la merci de la société qui aurait la faculté exorbitante de supprimer toute production littéraire ou musicale en opposition avec les idées du moment.

Il y aura lieu de revenir plus tard sur cette atteinte épouvantable à la liberté dont n'a jamais approché même le système du premier Empire. Mais sans nous arrêter en ce moment sur ce point si important, si grave; en admettant une société assez libérale pour consentir à la publication des plus violentes satires dirigées contre elle, il reste l'écueil que nous avons signalé à propos des découvertes : ou l'Etat imprimerait tout ce qu'on lui apporterait ou il ferait un choix.

Dans la première hypothèse il imprimerait toutes les inepties, toutes les rapsodies possibles. Quiconque a une situation un peu en relief est à même de se rendre compte, par ce qu'on lui apporte, du nombre d'absurdités aussi sottement pensées que mal écrites qui verraient le jour si cela ne dépendait que de leurs auteurs : ceux-ci sont toujours convaincus d'avoir enfanté des chefs-d'œuvre.

Imprimer tout ce qui se présente est chose inadmissible; ce serait une dilapidation impossible à chiffrer. Il faudrait donc nécessairement opérer un choix parmi les productions de l'esprit et, dans cette seconde hypothèse, quel arbitraire! Malheur à qui n'aurait pas le goût dominant. Victor Hugo se serait certainement vu fermer les imprimeries par les classiques de 1830, et Zola, de nos jours, même sans faire allusion à sa glorieuse et récente intervention dans l'affaire Dreyfus, aurait éprouvé bien des difficultés à vaincre les obstacles dressés devant lui.

Il se passerait là quelque chose d'analogue à ce qui se passe dans les théâtres auxquels un auteur nouveau propose une pièce. On connaît tous les calvaires qu'il est obligé de gravir avant d'être joué. Et ce serait bien plus grave encore. Il existe aujourd'hui différents théâtres, différents directeurs, et ce qui est rejeté par l'un est accepté par l'autre. Dans la société nouvelle il y aurait un comité des arts, des sciences ou des lettres. Quand on n'aurait pas l'heur de lui plaire, il ne resterait qu'à s'incliner; il n'y aurait aucune autre porte où frapper. Un tel régime ne serait-il pas opposé à l'éclosion du talent et du génie? ne serait-il pas de nature à provoquer l'uniformité dans la médiocrité? C'est la question qui se présente tout d'abord à l'esprit du penseur. Il est impossible de ne pas se demander sans effroi si le collectivisme n'aurait pas pour effet de tuer le progrès artistique, le progrès littéraire, le progrès scientifique, le progrès industriel; s'il ne dirait pas à l'humanité: « tu n'iras pas plus loin; » si, par cet éteignoir placé sur tous les esprits d'élite, tuant l'invention, supprimant l'émulation, faisant disparaître la spéculation bienfaisante, on n'empêcherait pas l'accumulation des capitaux; si on ne porterait pas un coup fatal à la production.

Déjà, en nous appesantissant sur sa méthode de répartition nous avons été amené à nous poser cette question : ne répartira-t-il pas aussi mal et peut-être plus mal que la société capitaliste ? En poussant plus loin l'analyse, nous en arrivons à craindre qu'il ne diminue la production, qu'en un mot ne répartissant pas mieux il n'ait moins à répartir. S'il en était ainsi, il diminuerait le bien-être au lieu de l'accroître, et de telles craintes sont extrêmement troublantes pour tous les esprits sincères que n'enflamme pas une foi aveugle.

CHAPITRE IV

DU LUXE

Les causes diverses que nous venons d'énumérer ne sont pas les seules qui puissent nous faire appréhender des entraves au développement social en régime collectiviste. La question du luxe vient encore sous ce rapport poser un problème redoutable. Il semble, en effet, que, si même ce n'est pas un but cherché, voulu, l'égalisation des fortunes viendrait, par voie de conséquence, frapper la consommation somptuaire et, par là même, la production des objets dits de luxe.

La crainte que nous exprimons ici étonnera peut-être un grand nombre de nos lecteurs. Aux yeux de bien des socialistes, la disparition des industries de luxe serait à désirer. Ce serait un moyen de supprimer des travaux inutiles et de rejeter sur des travaux d'une utilité générale une foule de bras qui en sont actuellement détournés. L'abondance des objets de première nécessité se trouverait augmentée d'autant ou, en d'autres termes, la durée du travail destiné à les produire deviendrait moindre.

Il y a là, selon nous, une erreur d'optique que, en dehors même des socialistes, bien des économistes de l'école orthodoxe ont commise et qui ne nous paraît pas résister à l'analyse philosophique.

Le collectivisme, sans doute, déploierait un grand luxe dans les parcs, les jardins, les salles de réunion, les écoles, dans tout ce qui serait public. Mais pourrait-il maintenir le luxe individuel, celui de l'habitation, du vêtement, de la table? et s'il ne le maintenait pas, ne serait-ce pas un malheur social?

Actuellement, et en nous plaçant au point de vue général des simples économistes contempteurs du luxe, il ne nous est pas possible d'oublier que les hommes sont divisés en nationalités. A supposer que le luxe devînt inutile le jour où les frontières seraient supprimées et où l'humanité entière ne formerait plus qu'une vaste agglomération, il n'en saurait être de même aujourd'hui. Le genre humain est loin de constituer un groupement unique; il est divisé en une infinité de peuples et cette division en nations distinctes crée à celles-ci des intérêts distincts. Nous ne pouvons pas ne pas tenir compte de ce fait actuel; nous ne pouvons pas demeurer étrangers aux intérêts spéciaux à certaines agglomérations humaines et surtout aux intérêts de celle de ces agglomérations qui nous touche de plus près : la France.

La France ne se suffit pas à elle-même. Elle est obligée d'importer des marchandises de l'extérieur, et ces marchandises, c'est avec celles qu'elle exporte qu'elle les paie.

Or, ses principales exportations industrielles portent sur les objets de luxe.

Au point de vue de ce que l'on est convenu d'appeler des objets de première nécessité, elle présente sur ses rivaux une infériorité notoire. Quelle qu'en soit la cause, elle produit plus cher que l'Inde, que l'Amérique, que la Chine, que la Russie, que l'Allemagne, que l'Angleterre. Ses cocons ne peuvent pas soutenir la concurrence des cocons japonais ou chinois; ses fers, s'ils n'étaient protégés par des tarifs de douane fort élevés, ne pourraient lutter contre les fers anglais, allemands, suédois, et surtout contre les fers américains qui évincent déjà sur leur propre marché ceux de l'Allemagne et de l'Angleterre.

Mais aucune nation ne produit aussi bien qu'elle les objets de luxe et d'art. D'autres s'essaient à cette production, notamment l'Allemagne. Elles y parviennent quelquefois pour les objets de demi-luxe, pour ce qu'on appelle « la camelote; » mais pour ce qui constitue le luxe véritable, elles ont été jusqu'ici toujours battues par nous, et c'est toujours à la France qu'il faut s'adresser pour se les procurer. Nulle part ailleurs on n'arrive à donner le fini, le goût que savent si bien donner les ouvriers et les artistes parisiens.

C'est avec ses produits de luxe universellement recherchés que notre pays tient sa place sur le marché international; c'est grâce à eux qu'il peut vendre à l'Etranger la contre-partie des marchandises qu'il en importe.

Quand un ouvrier parisien construit un meuble incrusté, une imitation parfaite de l'ancien; quand un tisseur de Beauvais fait une tapisserie qui rivalise par sa beauté avec les *aratri* qui ornent le palais Pitti de Florence; quand une ouvrière de Valenciennes tisse ses magnifiques dentelles universellement recherchées,... pour le reste du monde ce sont des meubles sculptés, des tapisseries, des dentelles qu'ils produisent; pour la France c'est du blé, du vin, de la viande et des pommes de terre, et cela en quantité supérieure à celle qu'ils produiraient dans un temps de travail égal s'ils s'employaient à la culture directe du froment, de la vigne, de la pomme de terre, ou à l'élevage du bétail.

Il est juste de le dire toutefois, ce ne sont là que des arguments locaux, des arguments de circonstances. Nos rivaux apprendront avec le temps à nous égaler, et d'ailleurs une nation ne compte ni aux yeux du philosophe qui envisage les lois économiques de haut, ni aux yeux du socialiste dont les regards dépassent les frontières et n'ont pour objectif que l'ensemble de l'humanité. Si donc la suppression des industries de luxe n'avait d'autre inconvénient que de faire déchoir la France de son rang sur le marché du monde, ce serait suffisant pour émouvoir le patriote ; ce ne serait pas suffisant pour émouvoir le philosophe. Mais il y a des raisons plus générales dont personne ne peut se désintéresser. Nous avons consenti à admettre un instant par hypothèse que le luxe serait inutile au cas où les frontières étant supprimées, l'humanité intégrale se trouverait réunie en une seule agglomération. C'était là une de ces concessions que l'on fait sous réserve pour les besoins de la discussion et qui n'ont rien de fondé. Même si les nationalités étaient détruites le luxe demeurerait utile.

Qu'appelle-t-on objets de luxe? des objets dont le prix est fort élevé et qui, par suite, ne sont à la portée que des gens riches.

Mais la cherté ou le bon marché d'un objet est affaire de milieu et de circonstances. Un objet est cher soit parce qu'il est naturellement rare, comme le diamant, soit parce qu'il est rare industriellement.

On doit considérer comme rare industriellement une marchandise dont la production coûte beaucoup de temps et de peine.

Faisons abstraction des raretés naturelles telles que pierres précieuses et métaux précieux, et nous devrons reconnaître qu'une marchandise rare aujourd'hui peut cesser de l'être demain, si les procédés de fabrication se perfectionnent. Il en résulte que ce qui était hier consommation somptuaire ne l'est plus aujourd'hui, et que ce qui l'est aujourd'hui cessera de l'être demain.

Consommation somptuaire à l'époque des troglodytes la première case construite. Elle a été certainement un objet de luxe entre tous, et quelque inférieure qu'elle fût au plus infect de nos bouges actuels, elle a dû paraître un palais.

Consommation somptuaire, également, le premier tissu qui permit à l'homme de substituer aux peaux des bêtes des vêtements plus commodes et plus aptes à s'approprier aux saisons.

Consommation somptuaire, encore, la chemise qu'Isabeau de Bavière porta pour la première fois dans le monde et dont le prix devait être hors de proportion avec tout ce que nous pouvons imaginer aujourd'hui quand nous nous représentons ce vêtement élémentaire.

Consommations somptuaires, toujours, le premier livre imprimé, la première horloge, la première montre portative, le premier cahier de papier.

Consommations somptuaires, le sucre, le café, le thé, le poivre et tous ces nombreux produits alimentaires que, pour raffinés qu'ils fussent ou crussent être, les Romains et les Grecs n'ont jamais connus.

Consommation somptuaire, le tabac lorsque Nicot l'introduisit en Europe.

Consommation somptuaire, enfin, la modeste pomme de terre elle-même, ce légume égalitaire par excellence qui orne la table du riche comme celle du pauvre, le jour où, apportée par Parmentier, elle parut à la table royale de Louis XVI.

Si l'on considère ces quelques exemples pris au hasard entre mille, on remarquera que parmi tous ces produits agricoles ou industriels dont nous venons de citer les noms, il n'en est pas un seul qui n'ait fini par devenir d'un usage général.

Personne aujourd'hui ne vit plus dans les cavernes. Tout le monde possède au moins l'usage sinon la propriété d'une hutte.

Personne ne se couvre plus de peaux de bêtes. Celles-ci

sont même devenues consommation de luxe. Le plus pauvre, le plus mal vêtu d'entre nous possède un vêtement taillé dans un tissu artificiel.

Tout le monde, sans exception, porte des chemises; presque tout le monde lit un journal ou un livre; tout le monde possède une feuille de papier pour écrire une lettre ou pour fixer une pensée; l'usage des montres s'est à ce point généralisé qu'on en rencontre dans la poche du moins fortuné des ouvriers; le sucre, le café, le thé, le poivre sont sur toutes les tables; il n'est pas de travailleur ni dans les champs ni dans les villes qui ne fume sa pipe, et la pomme de terre est devenue après le pain le plus universel de tous les mets.

En un mot, ce qui n'était hier qu'à la portée de quelques bourses bien garnies est maintenant à la portée de tous et est entré dans ce minimum de consommation individuelle sur lequel se limite la population et qui sert de base aux salaires.

Mais pour que maisons, tissus, chemises, papier, imprimés, montres, sucre, café, thé, poivre, tabac et pommes de terre soient devenus des objets de consommation courante, il a fallu qu'ils commençassent par être objets de luxe d'abord.

Il n'était pas possible, par exemple, qu'un livre ne revînt pas à un prix infiniment plus élevé au lendemain de la découverte de Guttenberg qu'à l'heure présente. Il n'était pas possible que la chemise d'Isabeau de Bavière ne fût pas d'une fabrication plus difficile, et par cela même plus coûteuse, que ne l'est une chemise confectionnée de nos jours.

Si, sous le prétexte que c'étaient là des objets de luxe utiles seulement à quelques privilégiés, on en avait interdit la fabrication; ou si, ce qui revient au même, l'absence de grandes fortunes en avait rendu l'achat impossible, on n'en aurait jamais fabriqué. Pourquoi un tisseur se serait-il ingénié à perdre au tissage d'une chemise un temps que nul n'aurait pu rémunérer?

Pourquoi un navigateur serait-il allé exposer sa vie, son temps, ses capitaux pour rapporter des Indes, d'Amérique, de Chine, d'Arabie, le sucre, le tabac, le café ou la pomme de terre, s'il n'avait été assuré de trouver dans son pays toute une catégorie de citoyens assez riches pour lui acheter sa cargaison et pour lui procurer ainsi un bénéfice? Evidemment il aurait préféré demeurer chez lui à cultiver ce que, avant lui, avaient cultivé ses ancêtres.

Or, une fois la première maison bâtie, chacun a voulu avoir sa maison; une fois la première étoffe tissée, le premier vêtement coupé et cousu, la première chemise confectionnée, chacun a désiré un vêtement en étoffe et une chemise; une fois le premier morceau de sucre, la première tasse de thé ou de café, la première pincée de poivre goûtée, chacun a tenu à sucrer ou à poivrer ses aliments et à se réconforter par des infusions de café ou de thé; une fois le tabac importé, la pipe, le cigare, la tabatière sont devenus d'un usage à peu près univérsel; une fois la pomme de terre connue, il n'est pas de table sur laquelle on n'en ait servi.

L'Industrie, dès lors, s'est ingéniée et elle a fait merveille. Poussés par le désir de vendre en plus grande quantité et de s'enrichir, les producteurs se sont efforcés de perfectionner leurs moyens de production et de transport. La grande navigation s'est établie; la culture a permis d'acclimater chez nous des végétaux exotiques; la mécanique a découvert des procédés permettant d'obtenir en une heure ce qui coûtait antérieurement des mois de travail, et ainsi les objets de luxe sont devenus objets courants; mais ils ne sont devenus objets courants que parce qu'ils ont commencé par être objets de luxe.

Si donc dans le passé la société avait été organisée de façon telle que le luxe y fût impraticable, nous ne connaîtrions aucune des améliorations qui se sont introduites parmi les hommes ; nous continuerions à habiter des cavernes et à nous vêtir de peaux d'animaux non tannées.

Il est certainement préférable que grâce à l'inégalité dans laquelle vivaient nos ancêtres quelques-uns aient été à même de se procurer alors ce qui n'était pas encore accessible à la généralité des humains. C'est à cette circonstance et à cette circonstance seulement que nous devons de voir des objets, luxe au moment de leur création, mis aujourd'hui à la portée de tous.

Proudhon que nul n'accusera de n'avoir pas été socialiste ; Proudhon qui, le premier, a prononcé ces mots : « la propriété c'est le vol ; » Proudhon qui a fait, comme Karl Marx dont il a été sous ce rapport le précurseur, la critique de l'intérêt et des profits du capital ; Proudhon avec sa vaste intelligence, avec son amour intense de la liberté, avec son haut sentiment de la dignité humaine, avait aussi nettement compris le rôle du luxe qu'il avait compris celui de la spéculation. Les lignes qu'il a écrites sur ce sujet méritent d'autant plus d'être citées qu'elles ne viennent pas d'un économiste bourgeois, mais d'un contempteur résolu de notre société.

« Nos lois, » dit-il, « n'ont pas le caractère de lois somptuaires..., c'est précisément ce qu'il y a de mieux dans nos lois d'impôt... Vous voulez frapper les objets de luxe ; vous prenez la civilisation à rebours... Quels sont, en langage économique, les produits de luxe ? ceux dont la proportion dans la richesse totale est la plus faible, ceux qui viennent les derniers dans la série industrielle, et dont la création suppose la préexistence de tous les autres. A ce point de vue, tous les objets du travail humain ont été, et tour à tour ont cessé d'être, des objets de luxe, puisque, par le luxe nous n'entendons autre chose qu'un rapport de postériorité, soit chronologique, soit commercial, dans les éléments de la richesse. Luxe, en un mot, *est synonyme de progrès*; c'est, à chaque instant de la vie sociale, l'expression du maximum de bien-être réalisé par le travail, et auquel il est du droit comme de la destinée de tous de parvenir... Quoi donc ! prenez-vous au sérieux la ville de Salente et la prospérité de Fabricius?...

« Le luxe humanise, élève et anoblit les habitudes ; la première et la plus efficace éducation pour le peuple, le stimulant de l'idéal, chez la plupart des hommes est le luxe... c'est le goût du luxe qui, de nos jours, à défaut de principes religieux, entretient le mouvement social et révèle aux classes inférieures leur dignité... Le luxe est plus qu'un droit dans notre société, c'est un besoin ; et celui-là est vraiment à plaindre qui ne se donne jamais un peu de luxe. Et c'est quand l'effort universel tend à populariser de plus en plus les choses de luxe, que vous voulez restreindre la jouissance du peuple aux objets qu'il vous plaît de qualifier objets de nécessité.

« L'ouvrier sue et se prive et se pressure, pour acheter une parure à sa fiancée, un collier à sa petite fille, une montre à son fils, et vous lui ôtez ce bonheur... mais avez-vous réfléchi que taxer les objets de luxe c'est interdire le luxe [1]. »

Ainsi, le luxe est une nécessité sociale, une des conditions essentielles du progrès. Si donc l'égalisation des fortunes devait fatalement résulter du collectivisme, et si cette égalisation devait avoir pour résultat la suppression de la consommation somptuaire, le collectivisme deviendrait l'obstacle insurmontable au développement humain. Il y a là un des points d'interrogation les plus redoutables que soulèvent les doctrines socialistes.

1. Proudhon, *Contradictions économiques*, 4e édition, t. Ier, pp. 284-286.

CHAPITRE V

Il est une question plus angoissante encore que celle de la production et de la répartition des richesses, que celle du progrès scientifique et du progrès industriel, c'est celle de la liberté.

Schæffle qui, avec une lucidité remarquable, et dans le but d'éliminer les critiques mal fondées, s'est efforcé de décrire les doctrines socialistes telles qu'elles se formulent dans la pensée de leurs partisans ; Schæffle, qui a présenté de ces doctrines une analyse complète quoique succincte, et qui, malgré ses sympathies pour elles, ne manque jamais lorsqu'il y rencontre des points faibles, de les faire loyalement ressortir, éprouve de sérieuses hésitations.

Toutes ses prédilections sont acquises au socialisme ; mais il ne dissimule pas les dangers qu'il risque de faire courir à la liberté. De là pour lui des doutes qu'il exprime dans les lignes suivantes [1].

« En somme, il n'y a aucune raison de conclure que, la production étant socialement réglée et unitaire, la déter-

_____
1. Schæffle, *la Quintessence du socialisme*, traduction française par MALON, p. 47.

mination des besoins doive l'être aussi et que, dans cette matière aussi, l'Etat doive procéder d'office. Nous insistons énergiquement là-dessus, *car si le socialisme devait abolir la liberté des besoins individuels, il devrait être regardé comme l'ennemi mortel de toute liberté, de toute civilisation, de tout bien-être intellectuel et matériel.* Tous les avantages qu'apporte avec lui le socialisme ne compenseraient pas la perte de cette liberté fondamentale.

« C'est pourquoi, en abordant le socialisme, il faut d'abord l'examiner à ce point de vue. S'il donne inutilement à son principe de production un corollaire pratique de nature à mettre en danger la liberté de maintenir un ménage individuel, il est inacceptable, quoi qu'il puisse promettre et nous offrir. En effet, l'ordre des choses actuel, malgré ses difformités, est encore dix fois plus libre et dix fois plus favorable à la civilisation. »

La question se trouve ainsi extrêmement bien précisée et précisée par l'un des hommes qui sont les plus enclins à conclure dans le sens du socialisme. Son traducteur a dû le reconnaître et il a dû reconnaître également l'importance considérable du problème. Aussi s'est-il empressé, au dessous du passage cité, de placer la note suivante :

« J. Stuart Mill, dans ses principes d'économie politique, après avoir vivement critiqué le communisme autoritaire, ajoutait : « si cependant il fallait choisir entre ce » communisme avec ses chances et le maintien indéfini de » la société actuelle, je préférerais encore le communisme. » J. Stuart Mill avait raison : une organisation égalitaire, quelle qu'elle soit, serait supérieure au brigandage social régnant, qu'illustrent tant d'oppressions, tant d'iniquités et tant de souffrances. »

En d'autres termes, Schæffle d'un côté, J. Stuart Mill et Malon de l'autre posent cette question : « le socialisme est-il compatible avec la liberté individuelle ? » Seulement leurs conclusions sont inverses. Schæffle condamnerait le socialisme si son incompatibilité avec la liberté lui paraissait démontrée. Les autres, J. Stuart Mill et Malon, demeureraient encore collectivistes même dans cette hypothèse. Schæffle o .terait pour la liberté contre l'organisation égalitaire ; les autres opteraient pour l'organisation égalitaire contre la liberté. Mais aucun de ces auteurs n'ose affirmer nettement que la liberté ne soit pas menacée par une telle organisation. Nous, nous serions avec Schæffle contre Malon et J. Stuart Mill, aucun bien terrestre ne nous paraissant capable de compenser la liberté perdue. Il s'agit donc d'examiner si ces deux termes, socialisme et liberté individuelle, sont ou ne sont pas irréductiblement incompatibles.

Il est bien difficile de se prononcer lorsqu'on ne discute que sur des principes généraux. Malgré cela; et quelque sympathique à la solution socialiste que soit notre tendance, nous ne pouvons nous dissimuler que le danger signalé par Schæffle est de ceux qui s'imposent à la préoccupation du penseur.

Qu'on le veuille ou non, dans une société collectiviste le fonctionnarisme serait appelé à remplacer le capitalisme.

Si l'on se prononçait pour le communisme pur de Babeuf, pour ce socialisme qui entendait socialiser aussi bien la consommation que la production, on éliminerait évidemment les causes d'inégalité que nous avons signalées dans la société rêvée par Marx et par Schæffle. De ce chef certains de nos arguments porteraient à faux. Mais, par contre, les causes d'inégalité résultant du fonctionnarisme se trouveraient alors considérablement accrues. Une organisation sociale pareille porterait un tel coup à la production que celle-ci ne pourrait être maintenue cahin--caha que par une autorité absolument despotique. Une telle autorité ne va pas sans un grand luxe de fonctionnaires, sans une armée, sans dépenses improductives.

Au surplus l'affirmation de Malon et de John Stuart

Mill ne. nous paraît pas de celles qui méritent une longue réfutation. C'est ce qu'a fort bien compris Schæffle et ce qui lui a fait écrire le passage que nous avons reproduit. Si le socialisme se présentait sous la forme d'un communisme autoritaire supprimant toute liberté, il aurait tôt fait de perdre la presque totalité de ses adhérents. Sa doctrine, dès lors purement académique, ne présenterait plus désormais aucun intérêt social. Le couvent peut convenir à quelques mystiques désillusionnés de la vie ; le régiment peut plaire à certaines gens dénuées de toute inclination pour le travail et de toute initiative personnelle. Mais jamais l'humanité ne consentira à se convertir en un couvent ou en une caserne. Tous les maux lui paraîtraient préférables à cet état de choses.

Personne, d'ailleurs, ne parle plus à notre époque du communisme autoritaire absolu. On ne parle que de la socialisation de la production. Le problème consiste donc à rechercher si, une fois la liberté de production évanouie, la liberté de la consommation matérielle peut subsister et, avec elle, ce qu'on nous permettra d'appeler la liberté de la consommation intellectuelle et morale.

Schæffle a répondu lui-même à cette question dans les lignes suivantes qui précèdent celles que nous avons déjà citées :

« Il est vrai que l'Etat pourrait radicalement éliminer les besoins qui lui paraîtraient nuisibles, en ne produisant plus pour eux ; c'est pourquoi les *végétariens*, Baltzer entre autres, tendent vers le socialisme. Mais ce n'est pas une chose mauvaise (schattenseite) que d'éloigner du corps social les produits falsifiés et nuisibles. Pour éviter l'abus de cette œuvre d'épurement (et les fous *sectaires tempéranciers*), il n'y aurait qu'à s'en rapporter au sens puissant et généralement si développé de la liberté individuelle. »

Ce passage, malgré toute la quiétude qu'il indique chez

son auteur, n'est pas moins de nature à susciter toutes les craintes.

L'Etat maître de la production pouvant supprimer toute consommation qui n'aura pas l'heur de lui plaire! Mais quelques sectaires, devenus maîtres du pouvoir, par une révolution sinon par le consentement général, pourraient donc du jour au lendemain imposer le végétarisme à une ... tion en supprimant l'élevage du bétail! — Sans même aller aussi loin, ne peut-on imaginer tel gouvernement décidant la suppression de l'alcool, tel autre poussant jusqu'au vin? Ce ne sont pas là de simples fantaisies et l'on n'a pour s'en convaincre qu'à voir ce qui se passe de nos jours dans certains Etats de l'union américaine. Qu'on songe aux lois draconiennes qui y sont édictées contre la vente des spiritueux et l'on dira s'il serait bien difficile de franchir un pas de plus le jour où, par la monopolisation de la production entre ses mains, l'Etat aurait acquis toute puissance sur la consommation.

Les révolutions risqueraient fort de n'être pas terminées. On se battrait, entre autres motifs, en vue d'une consommation à supprimer ou d'une consommation à faire renaître.

A supposer que, dans l'ordre matériel, les choses ne fussent pas poussées aussi loin; que le bon sens public fît justice des « *sectaires tempéranciers*; » que l'autorité limitât son action à l'élimination de certaines consommations manifestement nuisibles; il resterait encore le côté intellectuel et moral, et ici l'on peut redouter un despotisme absolu tel que les monarchies les plus autocratiques n'en ont jamais fourni d'exemple.

Que deviendrait par exemple la liberté de la presse, le jour où l'Etat serait le seul et unique imprimeur, le seul et unique éditeur ?

Croit-on que si M. Méline ou M. Dupuy avait seul disposé de toutes les imprimeries de France et des capitaux nécessaires aux frais d'impression des journaux, Jaurès aurait pu faire paraître la *Petite République*, Clémenceau l'*Aurore*, que le *Figaro* aurait pu imprimer l'enquête de la Cour de Cassation, qu'on n'aurait pas fait le silence autour de l'affaire Dreyfus, qu'on n'aurait pas. étouffé la vérité et la justice.

Et qu'on ne dise pas que l'affaire Dreyfus ne se serait pas produite! celle-là peut-être non! Mais il aurait pu se produire des affaires analogues. Les imperfections humaines entraîneront toujours, ou tout au moins pour de longs siècles encore, des erreurs et des crimes et nous ne sommes pas près d'atteindre l'éden harmonique de Ch.-Fourier?

Brissac répond à cette préoccupation que tout écrivain aura le droit, en collectivisme, d'imprimer ce qu'il voudra, à la seule condition de payer les frais d'impression, et c'est la même réponse qu'y fait M. Bellamy dans son livre *Looking Backward*.

Mais il est permis de se demander ce que deviendrait. ce droit en présence d'un imprimeur unique, lorsqu'on voit ce que devient de nos jours la liberté de réunion quand le pays ne possède qu'un nombre de salles limité. Qu'on se rappelle la réunion projetée de l'avenue de Wagram en 1898!

Et puis, payer les frais d'impression est bientôt dit. Avec quoi les citoyens paieraient-ils? avec leurs économies de bons de travail? je le veux bien s'il s'agit d'une petite brochure. Mais lorsqu'il s'agira d'un journal! On sait ce qu'un journal coûte. Seulement aujourd'hui, s'il coûte il rapporte. Le journalisme est une industrie comme une autre. De nos jours on trouve des capitalistes qui en supputent les bénéfices et qui sont prêts à y employer leurs capitaux. Ils y courent les chances de perte comme dans toute autre exploitation industrielle. La liberté de la presse se trouve ainsi sauvegardée.

Une fois les instruments de travail socialisés, une fois l'industrie privée totalement interdite, les choses seraient bien différentes. Avec quoi les rédacteurs des journaux indépendants rentreraient-ils dans les fonds par eux dépensés pour l'achat du papier, la composition et le tirage? L'Etat étant le seul industriel autorisé pourrait seul entreprendre l'industrie de la presse ; et comme quelque perfectionnée que soit la société, la direction de celle-ci se personnifiera toujours dans un ou plusieurs hommes, on ne voit guère l'Etat publiant avec longanimité à ses propres frais les journaux qui le combattraient; ajoutons que même s'il le voulait, il se verrait dans l'impossibilité de publier toutes les feuilles dont on lui demanderait la publication. Ses ressources n'y suffiraient pas. Il serait dans l'obligation de faire un choix, et l'on peut être sûr, pour peu qu'on connaisse la nature humaine que, dans des circonstances semblables à celles que nous venons de traverser, ce n'est pas sur des feuilles telles que l'*Aurore*, le *Radical*, le *Rappel* ou la *Petite République* que son choix se porterait.

Aujourd'hui, pour sévères que les lois puissent être, chacun publie sous sa responsabilité ce qui lui convient, et l'on trouve toujours assez d'esprits et même assez de capitaux aventureux pour empêcher qu'une idée puisse jamais être complètement étouffée.

Même là où la censure intervient avec ses ciseaux comme une arme préventive, des imprimeries clandestines s'organisent grâce à l'individualisation de l'industrie et du commerce qui permettent de s'en procurer les éléments. La décentralisation de la production matérielle met les gouvernements les plus absolus dans l'impossibilité de tuer complètement la liberté, parce qu'ils manquent des moyens d'empêcher toujours et partout les infractions à leurs règlements et à leurs lois. Il y a lieu de craindre, au contraire, que ces moyens d'oppression que n'ont pas eus à leur disposition les despotes les plus terribles dont l'histoire ait gardé le souvenir, ne reçoivent leur plein développement dans une société collectiviste.

L'Etat unique imprimeur, unique fondeur de caractères, unique fabricant de papier, unique fabricant d'encre grasse, quelle censure vaut cela? Ce n'était guère la peine d'avoir fait la révolution de juillet au nom de la liberté de la presse !

Et ce n'est pas seulement en matière de presse; c'est aussi en matière de réunion, en matière d'association, en matière d'instruction publique que la liberté serait menacée.

En matière de réunion il suffirait de refuser aux citoyens dont les idées déplairaient les salles dont l'Etat seul serait propriétaire. Déjà l'on use de ce moyen quoique l'efficacité en soit restreinte aujourd'hui par la multiplicité des propriétaires d'immeubles. Par quoi le sera-t-elle lorsqu'il n'en existera plus qu'un seul, l'Etat?

En matière d'association, on ne serait pas long à professer que toute association constitue un petit Etat dans le grand et nuit à l'association générale.

En matière d'enseignement, les doctrines de l'Etat régnant pourront seules être enseignées. De nos jours on a créé un enseignement d'Etat et c'est à juste titre, une institution aussi nécessaire et aussi peu rémunératrice ne pouvant être abandonnée au hasard de l'initiative privée.

Mais si l'Etat possède son enseignement à lui, enseignement qui doit être neutre pour ne blesser aucune conviction, il laisse intacte la liberté privée d'enseigner, et celle-ci est une soupape de sûreté contre la toute-puissance étatiste. Si, dans les écoles de l'Etat, les professeurs, les instituteurs sortaient de la stricte neutralité qui leur est imposée, on verrait bien vite se fonder des établissements scolaires libres où se réfugieraient les enfants de ceux dont les croyances paraîtraient menacées.

Les catholiques nous apprennent depuis quelques années l'usage que l'on peut faire de pareils établissements et ce n'est pas nous libres-penseurs qui voudrions renoncer aux droits dont ils usent à cette heure, mais dont nous pourrions avoir à user à notre tour.

Avec le collectivisme — et alors même que la loi reconnaîtrait à tous la liberté d'enseigner —, on ne voit pas bien comment cette liberté pourrait être mise en œuvre. Comment organiserait-on une école libre alors qu'il n'existerait plus de capital individuel? L'enseignement est une industrie et à toute industrie un capital est nécessaire. Pour établir une école il faut avoir un local, pouvoir acheter des livres, être à même de rémunérer un personnel enseignant; il faut, en un mot, comme dans toute autre entreprise, une mise de fonds. Cette nécessité s'impose même là plus qu'ailleurs si l'on veut avoir la possibilité de lutter contre la gratuité des écoles publiques.

L'enseignement libre devient donc bien difficile à concevoir dans une société collectiviste. L'enseignement d'Etat et rien que l'enseignement d'Etat, voilà ce que semble nous réserver le régime préconisé par Karl Marx, Lassalle, Schæffle, Jules Guesde et Malon.

Les catholiques tels que M. de Mun s'en accommoderaient peut-être. Ils espèrent arriver au Gouvernement, et les doctrinaires de ce parti n'ont jamais manifesté un violent enthousiasme pour la liberté.

Peut-être verrait-on également s'en accommoder, s'ils espéraient obtenir le pouvoir, les libres-penseurs sectaires, vrais catholiques retournés, disposés eux aussi comme les fanatiques religieux à étouffer par la force toute idée déplaisante [1].

---

1. Au moment où je corrige l'épreuve de ce passage de mon livre, les journaux annoncent le dépôt par le ministère Waldeck-Rousseau d'un projet de loi qui réserve les fonctions publiques aux jeunes gens ayant accompli leurs deux (ou trois dernières

Mais les uns et les autres commettent une erreur grossière, et ceux-là regretteraient amèrement plus tard d'avoir cédé à de pareilles illusions, dont l'événement aurait déçu les espérances.

Pour nous, qui considérons la liberté comme le premier et le plus grand des biens, nous ne nous associerions jamais, quelque attraction qu'il exerçât sur nous par ailleurs, à un système dont l'effet nécessaire serait d'étouffer toute liberté et qui ne laisserait aux hommes que la perspective de révolutions continues et d'oppressions successives.

années d'études dans les établissements de l'Etat. Ce projet démontre combien je m'étais peu trompé, relativement aux idées des républicains actuels sur la liberté de l'Enseignement. Il se présente à la fois comme la manifestation de la faiblesse du gouvernement et de son peu de respect du droit.

Un Gouvernement énergique n'aurait pas besoin de se lier les mains dans le choix de ses fonctionnaires. En cette matière où l'autorité ministérielle est absolue, il ferait sa besogne lui-même, choisissant partout indistinctement des hommes capables de défendre la République et de la faire aimer.

Mais comme il ne se sent pas assez de fermeté pour résister aux sollicitations des hommes de réaction, il cherche à organiser une résistance automatique.

Par là, il porte atteinte aux principes de justice. Il met en interdit de très bons citoyens qui ont su demeurer des hommes libres en dépit de l'éducation cléricale et qui ont fait preuve ainsi d'une remarquable force de caractère. En même temps il les punit d'une faute qu'ils n'ont pas commise, d'une faute qui est l'œuvre de leurs parents.

Et tout ceci sans résultat. L'enseignement des Lycées fournit un stock de réactionnaires, de cléricaux, de militaristes, d'antisémites largement suffisant pour en infecter toute l'administration.

La loi sera d'ailleurs sans effet. Elle n'impose pas l'internat. Les enfants suivront les cours des lycées en qualité d'externes, et demeureront confiés comme internes à la garde des Congréganistes. Par cette persécution inutile on appellera la sympathie sur ces derniers si la loi passe; et si elle est repoussée ce sera pour eux l'occasion d'un triomphe. Belle politique vraiment !

CHAPITRE VI

Tout le monde connaît le fameux principe de population de Malthus.

En se fondant sur l'accroissement de la population aux Etats-Unis, Malthus a cherché à établir que l'espèce humaine, abandonnée à ses simples impulsions physiques, tend à s'accroître plus vite, et même beaucoup plus vite, que ne peuvent le faire les subsistances. Il a considéré un acte de la volonté, un *moral restraint*, comme nécessaire pour entraver cette tendance naturelle sous peine pour l'humanité de se voir condamnée à l'éternelle misère.

Dans un ouvrage déjà bien ancien, j'ai moi-même développé cette théorie en y ajoutant l'analyse de la plupart des commentaires et des combinaisons absurdes ou criminelles qu'elle a fait naître dans certains cerveaux. J'ai cru inutile de revenir sur ces développements un peu primitifs dans mon *Socialisme collectiviste et socialisme libéral de 1890*; je n'y reviendrai pas davantage aujourd'hui.

Au fond, le principe de Malthus ne saurait être nié. Il n'est pas autre chose que la méthode employée par la nature pour assurer l'action de la loi de lutte pour la vie et de sélection dont Darwin a fait la base de son système. Appliqué aux animaux et aux plantes sauvages, il est rigoureusement vrai et, en dehors de l'homme, pour toutes les espèces vivant sur notre planète, c'est même la condition unique de transformation et d'évolution.

Un excès d'individus d'une espèce donnée viennent au monde. Le sol n'offre pas assez de subsistances pour assurer la vie de tous. Il faut que le trop plein disparaisse. De là, la mort d'une partie de ces individus. Les plus robustes, les plus forts, les plus rusés, les plus intelligents, les mieux adaptés au milieu demeurent seuls en vie.

Comme d'ailleurs ceux-là seuls qui vivent peuvent se reproduire, et comme les enfants ressemblent aux parents, les qualités qui ont fait échapper ces derniers à la mort se fixent dans leur descendance. Celle-ci s'en trouve fortifiée, perfectionnée, douée d'une adaptation plus parfaite aux conditions dans lesquelles elle est appelée à évoluer à son tour.

Voilà bien la loi universelle. Elle s'applique à l'homme comme aux animaux et aux plantes en tant que tendance naturelle, et elle produit tous ses effets dès que les conditions sociales sont de nature à éliminer la prévoyance volontaire.

Il n'y a pas de principe qui ait donné lieu à de plus violentes controverses que celui de Malthus. La religion s'en est mêlée; avec la religion une sentimentalité que, même chez les libres-penseurs, on me permettra d'appeler religieuse; et l'on a vu se créer des ligues de la repopulation tout comme des ligues de la dépopulation. Au moment même où j'écrivais ces pages, notre grand romancier national Emile Zola publiait en feuilleton dans l'*Aurore* sous le titre *Fécondité* un éloquent et émouvant plaidoyer en faveur de la reproduction indéfinie. Il aime la vie pour la vie. Il estime que toute production d'un être vivant est un bien. Il va, dans son enthousiasme, jusqu'à ne pas se poser ce problème redoutable : l'expansion trop rapide de la vie n'aboutit-elle pas à une diminution de la vie? N'est-ce pas au nom même de cet amour de la vie qu'il faut demander une limitation voulue du nombre des naissances?

La question est ardue, car elle se résout en un autre problème dont la solution est également fort difficile.

L'évolution, nous venons de le dire, n'est possible chez les êtres inférieurs que par la sélection naturelle, le struggle for life, la génération excessive et, comme conséquence de cet excès, la misère qui fauche les individus. Chez l'homme est-elle possible, grâce au développement auquel nous sommes parvenus, par d'autres voies que celles de la surproduction et de la mortalité qui en résulte? La loi darwinienne, en élevant à travers les siècles le niveau intellectuel et moral de l'humanité, nous a-t-elle fourni le moyen de nous soustraire enfin à son propre empire et de trouver, non plus dans une surproduction génératrice de mort, mais dans l'hygiène, le bien-être et une moralité croissante, les éléments de notre futur perfectionnement?

Ou bien sommes-nous, comme l'arbre ou l'animal, toujours rivés à la fatalité organique?

Tout est là.

Si nous sommes toujours rivés à la fatalité organique, nous n'avons qu'à nous incliner. La misère étant la condition du progrès, la misère est bonne et nous n'avons pas philosophiquement le droit de la combattre.

Si, au contraire, l'hygiène, le bien-être, l'éducation, la morale, ont pour conséquence une retenue salutaire, féconde dans son infécondité voulue, et peuvent enfin remplacer la vieille loi de mort, c'est Malthus qui est dans le vrai, et contre cette vérité les imprécations des littérateurs et des moralistes doivent demeurer sans effet.

Deux causes viennent, je le sais, éloigner bien des penseurs de ces conclusions.

A notre époque la limitation volontaire résulte souvent d'un sentiment d'égoïsme étroit qui la rend excessive, et souvent aussi d'une crapuleuse débauche. Le penseur ne sait pas toujours dégager de ces scories le métal pur. C'est elles seules qu'il aperçoit ; elles seules le frappent ; et il condamne, sans voir au-delà, une doctrine qui se manifeste à lui sous un aspect aussi répugnant.

Il y a aussi l'idée patriotique qui intervient.

Si l'humanité tout entière formait une agglomération unique. Si nous n'étions pas parqués en nationalités résidus des temps barbares, la question acquerrait une bien plus grande netteté. Mais nous sommes des Français, des Anglais, des Allemands avant d'être des hommes, et notre intérêt national entre en conflit avec notre intérêt social.

Supposons la France sans voisins : pas de guerres, pas d'invasions à redouter. Il lui importerait peu d'avoir un chiffre de population élevé ou non. Nous tiendrions alors à être un peuple éclairé, instruit, policé, moral, laborieux et riche, bien plus qu'à être un peuple très dense. Nous préférerions l'élévation morale, la hauteur intellectuelle et le bien-être matériel, au foisonnement d'une population vouée par son excès même à un développement moindre du bien-être, de l'intelligence et de la moralité.

Mais nous avons des voisins qui nous ont jadis attaqués frappés, démembrés. Ces voisins peuvent recommencer et il nous faut une force armée pour garantir notre sol, notre indépendance, notre fortune, nos libertés. Si notre population s'abaisse et avec elle le chiffre de nos défenseurs tandis que s'élève celle de nos rivaux, l'équilibre des forces se trouve détruit et la menace devient chaque jour plus inquiétante.

Si donc même —comme c'est notre opinion bien formelle — socialement Malthus a raison, nationalement ses vues sont un danger, et il est naturel que ce danger ait préoccupé les hommes d'Etat.

Ce point n'est d'ailleurs pas le seul où l'intérêt social — c'est-à-dire l'intérêt humain — se trouve en conflit avec l'intérêt national. Il y en a bien d'autres. Nous en rencontrons par exemple un tout pareil dans la question du protectionnisme et du libre échange.

Mais de ces conflits nous n'avons pas à nous préoccuper lorsque nous discutons le socialisme. Si l'humanité est assez heureuse pour que les arguments qui semblent s'accumuler contre cette forme sociale puissent être réfutés par la raison ou par les faits, le socialisme aura pour première, pour principale conséquence, de supprimer les frontières et de créer des unités continentales en attendant l'unité mondiale. Nous pouvons donc éliminer de notre discussion tout ce côté national. Nous pouvons également éliminer l'erreur que doit amener dans bien des esprits le spectacle de la débauche, s'ils ne se gardent pas contre cette impression purement sentimentale.

Et si nous savons faire abstraction de ces considérations secondaires, qui peuvent masquer la loi à nos yeux sans rien ôter cependant à son caractère de généralité et de souveraineté, nous conclurons contre les adversaires de Malthus, contre les ligues de la repopulation, contre notre grand et glorieux Zola lui-même.

Si la prévoyance, la restriction volontaire apportée à l'accroissement de la population, ce que Zola appelle la fraude et ce que j'appelle l'application de la sagesse économique et de la saine morale, sont choses bonnes et humaines; si elles font gagner à la vie en intensité plus qu'elles ne lui font perdre en extension, nous avons le devoir, lorsque nous envisageons un plan d'organisation sociale, de rechercher quelle en sera l'action à ce point de vue. Favorisera-t-elle cette restriction ou y mettra-t-elle obstacle? Suivant que la question sera tranchée dans un sens ou dans l'autre il y aura lieu de se prononcer pour ou contre l'organisation projetée.

Or, jusqu'ici, en dehors de la responsabilité unie à la réflexion, on n'aperçoit guère quel mobile serait capable d'entraver la tendance aveugle qui est en nous, et d'empêcher la loi de la population de se manifester avec sa fatalité naturelle. Le faible accroissement du chiffre des habitants de certains pays, en tête desquels il convient de placer le nôtre, est une preuve évidente de la puissance que donnent à l'homme son intelligence et sa volonté. Grâce à elles et à elles seules il réussit à enrayer les effets d'une loi qui, abandonnée à elle-même, ferait de la misère une fatalité organique contre laquelle tous les projets de réforme viendraient se briser.

La loi n'en exerce pas moins son action d'une manière permanente. Elle se manifeste dès que s'affaiblissent les forces à l'aide desquelles l'humanité lutte contre ses effets. Ce n'est point par des règlements de police[1], ni même par la persuasion, qu'une tendance aussi naturelle au genre humain peut être combattue. Elle n'est contenue que par un effort individuel spontané, conscient chez chacun de nous et inconscient à la collectivité. Cet effort spontané dérive du sentiment de la responsabilité personnelle, responsabilité sentie, comprise, même par les adversaires les plus résolus de la théorie de Malthus.

Nulle part je n'ai lu un plaidoyer aussi enthousiaste des nombreuses familles, un poème aussi chaud, aussi vibrant en faveur de la multiplication indéfinie de la vie

[1]. M. James Carmichael Spence dans son livre « *the Conscience of the King* » cite un médecin anglais qui, à une réunion d'économistes, aurait émis l'idée d'un bill à proposer au parlement en vue de régler législativement le nombre des naissances : on édicterait des pénalités contre les parents ayant plus de quatre enfants. Une pareille loi ne serait pas plus absurde que les mesures fiscales tentées en France dans une vue inverse pour favoriser les familles nombreuses, ou que les anciennes lois caducaires de Rome ; mais elle serait tout aussi impuissante.

que dans *Fécondité* d'Emile Zola. Et cependant Emile Zola ne s'en tient pas à la génération inconsciente des bêtes. Son héros Mathieu veut avoir de nombreux enfants ; mais la multiplication humaine a pour lui un pendant obligé dans la multiplication des richesses. C'est un rude travailleur et il se promet « de ne plus mettre au monde un enfant sans créer en même temps sa part de subsistances. » Zola aime les familles denses parce qu'il voit dans l'accroissement du nombre des habitants d'un pays une stimulation au travail, à l'intelligence, à la production sous toutes ses formes. Mais à coup sûr, bien qu'il ne le dise pas, bien qu'il n'examine pas cette hypothèse, pour les faibles, pour les inintelligents, pour les improductifs, il modifierait ses conclusions. Il préférerait la stérilité à une procréation indéfinie si celle-ci ne devait donner au monde que des impuissants, si elle ne lui apportait que des dégénérés destinés à engendrer la misère au lieu de la richesse, si au lieu des énergies que le poète en espère il ne pouvait en attendre que des êtres infirmes capables de réaliser non le triomphe de la vie, mais l'empire de la mort. Le roman de Zola est le chant de la vie, mais en même temps, et peut-être sans qu'il s'en doute, le chant de la responsabilité humaine et de ses conséquences.

Or, cette responsabilité humaine d'où résultent le « *moral* et le *physic restraint*, » selon les expressions de l'économiste philosophe anglais, les conditions sociales exercent sur elle une influence considérable. Certaines modifications apportées à la société pourraient la faire disparaître, permettant ainsi à la tendance physiologique de reprendre son cours.

L'exemple de l'Amérique du nord est à cet égard très suggestif. Les facilités de la vie y avaient supprimé tout désir chez l'individu de limiter sa descendance et, par cela même, tout effort en ce sens. Aussi, pendant près d'un siècle, la population y a-t-elle doublé tous les vingt-cinq ans.

Cette croissance énorme a subi plus tard un ralentissement et, dans certaines parties de l'union, dans la nouvelle Angleterre notamment, la vieille population anglo-saxonne est devenue presque aussi peu prolifique que celle de la France. La cause de ce changement ne peut être attribuée qu'aux modifications survenues dans les conditions générales de la vie. Celles-ci, devenues plus difficiles, ont fait naître l'effort personnel et volontaire, lequel n'ayant pas eu jusque-là de stimulant, ne s'était pas manifesté.

La loi de la population n'est pas une loi économique. C'est une loi organique. Mais elle devient loi économique par suite de ce fait que le milieu économique réagit sur elle et en atténue ou en précipite les effets. C'est à cause de cela que les économistes s'en préoccupent beaucoup plus que les naturalistes ; et c'est à cause de cela aussi qu'on n'a pas scientifiquement le droit, lorsqu'on propose des réformes sociales, de le faire sans avoir recherché, au préalable, quelles conséquences ces réformes pourraient exercer sur le développement de la population.

Les socialistes des diverses écoles n'ont pas tenu un compte suffisant de cette question qui cependant semble primer toutes les autres.

Les uns se sont bornés, comme Fourier, à prétendre que l'organisation sociale préconisée par eux aurait pour effet de limiter naturellement la population en dehors de l'intervention de la volonté personnelle. Je me suis échoué moi-même sur cet écueil dans mon livre « *Religion, propriété, famille* » publié en 1868. Malheureusement, pas plus par Fourier que par moi la preuve rigoureuse de cette affirmation n'a été produite, et en une matière aussi grave une hypothèse ne saurait suffire à l'humanité.

Les autres ont ignoré la difficulté attendant sans doute de la providence qu'elle vienne interrompre le cours des choses. C'est par exemple le cas de M. Bellamy.

Mais depuis que, sous la plume de Lassalle et de aKrl Marx, le socialisme a adopté une méthode scientifique il devenait difficile de ne pas aborder le problème posé par Malthus. Ce problème s'imposait d'autant plus que la loi d'airain de Lassalle n'est pas autre chose que le principe de population reproduit sous une autre forme, vu par l'autre bout de la lorgnette.

Il est, en effet, bien clair que si l'accroissement de la population n'était entravé que par le défaut des subsistances; si tout excès de production, dû au travail et au génie humain, devait avoir pour résultat unique et fatal l'apparition sur la terre d'un nombre d'hommes nouveaux proportionnel aux nouvelles ressources produites, le salaire ne pourrait jamais s'élever au-dessus de ce qui est strictement nécessaire à l'ouvrier pour vivre. L'espèce humaine serait condamnée à rouler un éternel rocher de Sisyphe sans espoir de rédemption. Il ne faudrait même pas trop en vouloir dans cette hypothèse aux capitalistes, quelque grand que fût le prélèvement opéré par eux sur le travail, car ce prélèvement n'aggraverait pas la misère. Il n'aurait d'autre effet que d'enrayer l'accroissement de la population et de diminuer le nombre des malheureux. — Il serait alors tout à fait inutile de chercher dans le collectivisme ou ailleurs un remède à des maux dont la fatalité organique serait démontrée.

Karl Marx devait donc nécessairement aborder ce problème. Il l'a fait et il s'est efforcé de tourner la difficulté en établissant, contrairement à ce que nous disions plus haut, que la loi de la population n'est pas une loi organique, mais bien une loi économique dont la cause première gît dans l'organisation capitaliste de la société.

Quant aux économistes, ils ont toujours professé qu'il s'établit une relation entre la production nationale et la population, relation qui n'a rien d'absolu non plus que la loi des salaires, mais qui se manifeste nécessairement dans des circonstances et des conditions déterminées.

La production s'élève-t-elle assez pour permettre à la population d'un pays de s'accroître sans descendre au-dessous du minimum de consommation individuelle de l'époque, voire même en s'accompagnant d'une surélévation de ce minimum, l'accroissement se produit par un mécanisme des plus simples. L'essor de la production est nécessairement liée à une plus grande somme de travail. Il en résulte comme conséquence une demande de bras supérieure à l'offre qui en est faite sur le marché. Le salaire s'élève et le nombre des habitants avec lui.

Mais l'augmentation de la population détermine un mouvement de réaction dans les salaires, et cette réaction détermine, à son tour, un abaissement du chiffre de la population ou tout au moins un arrêt dans le développement de celle-ci.

Cet enseignement de l'école économiste ne constitue qu'erreurs et sophismes aux yeux de Karl Marx. D'après ce dernier, la cause de la surpopulation ne réside pas dans le fait qu'à de certains moments les ouvriers deviennent trop prolifiques ; elle est due aux conditions générales du machinisme. Voici comment, suivant sa conception, les choses se déroulent.

Lorsque les crises sont passées, que les périodes de prospérité industrielle renaissent, il faut au capital des ouvriers en nombre suffisant pour répondre aux besoins de la production.

Dans ces moments-là, appelés par des offres séduisantes, les ouvriers affluent. Ils quittent les champs d'où le machinisme d'ailleurs les expulse — particulièrement dans le pays anglais où Karl Marx faisait ses observations. — Ils se précipitent vers les villes manufacturières où l'abondance de la demande cause une hausse du salaire sur le marché du travail.

Bientôt, toutefois, cette fièvre s'apaise. Les produits
surabondants de l'industrie occasionnent une pléthore et
se heurtent à un arrêt dans la consommation qui refuse
de les absorber. Il faut bien alors que l'industrie elle-même
fasse halte. Les petits fabricants sont ruinés ; les faillites
s'amoncellent ; les gros capitalistes seuls résistent, à la
condition de réduire considérablement leur chiffre d'affaires ; la demande du travail diminue ; les salaires
s'avilissent et une masse énorme d'ouvriers sont précipités
dans le chômage, ne vivant plus que de l'assistance publique, réduits par conséquent aux dernières limites de la
misère, et souffrant dans leur dignité d'hommes autant
peut-être que dans l'imparfaite satisfaction de leurs besoins.

Ces ouvriers congédiés et sans ouvrage, Marx les appelle
l'armée de réserve du capital. Il considère cette armée
comme nécessaire dans un milieu capitaliste. Supprimez-
la, dit-il, et toute reprise industrielle est impossible. Aussi
le capital s'efforce-t-il de la conserver. Pendant la grande
crise cotonnière qui coïncida avec la guerre de la sécession
aux Etats-Unis, les capitalistes anglais firent de grands
efforts pour éviter l'émigration de leurs compatriotes ouvriers. S'ils avaient laissé cette émigration se produire,
que seraient devenues leurs usines quand la fin des hos-
tilités en Amérique permit au coton d'arriver de nouveau
dans les fabriques anglaises, apportant à celles-ci les éléments d'un nouvel et formidable essor ?

Et comme, en dehors même des guerres, les crises, dans
les sociétés capitalistes, sont périodiques et se reproduisent
tous les dix ans environ, avec une tendance même au rac-
courcissement de ces périodes, l'existence de l'armée de
réserve s'impose. La surpopulation serait donc absolument
liée à la forme actuelle de la société ; elle ne tiendrait en
aucune façon au nombre plus ou moins grand d'enfants
qui naissent dans les ménages ouvriers. Pour un peu le

socialiste allemand prétendrait qu'elle n'est même pas fonction de la natalité et de la mortalité.

Les crises sont trop rapprochées, ajoute Marx, pour que les choses puissent se passer ainsi que le supposent les économistes bourgeois. Une période de prospérité ne dure pas assez longtemps pour permettre à une génération supplémentaire de naître et de s'élever. Les fabriques, qui ont besoin quand l'activité reprend d'une affluence immédiate de bras, ne sauraient attendre .les dix, douze ou vingt ans que nécessite la production d'une génération d'ouvriers. La période de crise surviendrait avant que les hommes eussent eu le temps de voir le jour et de se développer.

. Cette réfutation de Malthus n'en est pas une. Marx se borne en effet à déplacer la question.

Son analyse a certainement quelque chose d'exact, mais seulement lorsqu'on considère l'afflux de la population sur un point sans s'occuper du nombre total des habitants d'un pays ou du monde. Elle peut expliquer la répartition de la masse ouvrière dans une nation; elle ne résout pas le problème dans sa généralité nationale et mondiale.

Même ainsi ramené à ses vraies proportions, son raisonnement pèche par bien des côtés et n'est vrai que relativement. Marx me rappelle un peu cet insulaire anglo-saxon qui, par un abus de la généralisation, ayant rencontré une femme rousse en descendant sur le continent, écrivait sur son carnet : « en France les femmes sont rousses ».

Il a assisté à de grandes crises, à des quasi-catastrophes industrielles comme la crise cotonnière que nous venons de rappeler. Il a vécu et il a écrit en Angleterre, où la propriété foncière, régie par des lois aristocratiques et antiéconomiques, engendre certains effets qui ne se réalisent pas dans d'autres pays. Enfin il a été contemporain de l'époque la plus anarchique du machinisme. Des faits transitoires, contingents, qu'il a observés, il a cru pouvoir induire une loi générale que l'observation ne justifiait pas. Là a été son erreur.

Rien ne prouve, en effet, que ces alternatives de crise et de production exagérée doivent fatalement se reproduire tous les dix ans sous un régime capitaliste. Depuis une trentaine d'années elles se sont même beaucoup atténuées.

Leroy-Beaulieu cherche les causes de cette atténuation et croit les trouver dans des phénomènes économiques qu'il expose longuement. J'avais cru pouvoir reproduire en 1890 dans ma brochure « socialisme collectiviste et socialisme libéral » le développement qu'il en donne. Je ne le reproduirai pas aujourd'hui parce qu'il m'a paru à une réflexion plus complète, que Leroy-Beaulieu commettait en sens inverse un abus de généralisation analogue à celui que j'ai reproché au fondateur de l'école collectiviste. Leroy-Beaulieu voit les crises diminuer; il voit l'industrie capitaliste employer autant et plus d'ouvriers que n'en employait la petite industrie morcelée d'autrefois. Il en conclut que le machinisme porte en lui son propre remède et n'a pas lieu de nous inquiéter. Il ne voit pas que si Karl Marx a généralisé à tort, il généralise à tort, lui aussi. Karl Marx s'est trompé en transportant à une époque quelconque les observations faites par lui dans la période de transition de la petite à la grande industrie; Leroy-Beaulieu se trompe en étendant à toutes les époques les phénomènes observés dans la période chronologique qui a suivi immédiatement les temps sur lesquels Marx avait fait porter son étude.

Je reviendrai plus loin sur ce sujet. Je me borne à signaler ici que si la production a augmenté concurremment au machinisme, et cela dans une proportion suffisante pour empêcher l'éviction progressive des ouvriers, la raison n'en est pas exclusivement due à l'augmentation de la consommation intérieure de chaque pays, mais bien aux débouchés que ces pays sont parvenus à se créer au dehors, et qui sont eux-mêmes un phénomène contingent.

Je n'attache donc plus une très grande valeur aux arguments de Leroy-Beaulieu que je m'étais appropriés en 1890. Par contre, j'aperçois une autre cause qui semble devoir prévenir les crises économiques. Cette cause contre laquelle on crie très fort comme contre tout ce qui est nouveau, parce qu'on en aperçoit les effets perturbateurs sans en apercevoir les effets salutaires, réside dans les syndicats, dans les trusts, comme on dit aux Etats-Unis, leur terre classique.

Les Trusts sont des espèces de fédérations industrielles permettant d'amener à l'unité toute une série de sociétés indépendantes.

Soit par exemple cinq sociétés, A, B, C, D, E, s'occupant d'une même branche d'industrie ou de diverses branches entre lesquelles existent des liens de parenté, comme c'est le cas entre une mine de fer et une usine métallurgique. Ces sociétés pour remédier aux effets de la concurrence, pour unifier les prix, pour empêcher les crises et les chômages en évitant la surproduction qui les occasionne, cherchent naturellement à se syndiquer. La première idée qui s'offre à elles est de faire une convention de prix et une convention de production. On détermine la quantité maxima du produit que la consommation peut absorber; on en répartit la fabrication entre les diverses usines au prorata de leur importance; on en fixe le prix de vente, et chaque producteur s'engage à ne pas fabriquer au delà de la part qui lui est échue et à ne pas vendre au-dessous du cours convenu.

Cette première forme d'entente a reçu en Amérique le nom de *pool*, en Allemagne le nom de *cartel*, en France le nom de *syndicat*. Malgré les lois pénales qui permettent de les atteindre, les économistes les plus fougueux, ceux qui défendent avec le plus de vigueur le principe de la libre concurrence, en reconnaissent la légitimité sinon la légalité.

M. Vavasseur s'exprime comme il suit dans la *Revue des Sociétés* [1].

« Mais on doit reconnaître que la tolérance habituelle
» s'explique et se justifie aisément ; il serait injuste de
» refuser aux producteurs le droit de se mettre en garde
» et de se concerter contre les excès de la production ; les
» syndicats de production comme le reconnaissait récem-
» ment l'*Économiste français* usent d'un droit strict lors-
» que, pour combattre les abus de la concurrence, ils se
» bornent à régler la production et à maintenir les cours. »

Seulement les pools, les cartels et les syndicats se heurtent à une difficulté, la mauvaise foi des associés. Ceux-ci
transgressent presque toujours les conditions du contrat
et il est difficile d'exercer sur eux une surveillance qui
suffise à les en empêcher. Ces sortes d'associations ne
peuvent donc jamais être de longue haleine. Elles se rédui-
sent le plus souvent à des concerts passagers entre industriels désireux de relever momentanément les prix et de
rançonner le public. Elles ne peuvent guère atteindre le
but durable qui les légitimerait.

Devant cet échec des conventions de prix et de production, on a songé à une centralisation plus efficace et l'on
a imaginé les trusts, constitutifs de véritables monopoles
de fait. Une compagnie se fonde qui absorbe et met en
portefeuille les titres des sociétés particulières A, B, C,
D, E. Les actionnaires de ces sociétés primitives reçoivent
en échange de leurs titres un certain nombre d'actions
de la compagnie nouvelle, et celle-ci est régie par des
administrateurs, des *trustees*, pris dans les conseils
d'administration des sociétés particulières. Il se constitue ainsi un pouvoir central solide qui dirige toutes les
usines et se rend facilement maître de l'industrie totale.

1. *Revue des Sociétés*; août 1899. 17ᵉ année, nº 8 ; page 435,
2ᵉ §.

Une telle organisation étant durable, elle peut et doit se préoccuper, pour s'assurer le succès, de favoriser le consommateur et le travailleur, le premier en lui livrant des produits meilleurs et à meilleur marché, le second en le garantissant contre les crises, les chômages et les avilissements des salaires.

C'est ce qui arrive en effet. *La standard oil Cº* et le Trust Rockefeller-Carnegie pour la fabrication de l'acier ont réalisé de point en point ces conditions. Ils se sont assuré le monopole presque absolu aux Etats-Unis de la production du pétrole et de l'acier et ils en ont fait profiter le public auquel ils ont livré d'excellents produits à des prix réduits, ainsi que les ouvriers employés dans leur industrie, quoique ceux-ci ne l'aient pas toujours reconnu. Voici comment s'exprime à cet égard M. de Rousiers qui est cependant un adversaire des Trusts.

« Les accusations portées par les ouvriers — comme ouvriers, non comme consommateurs — contre le *Trust* du sucre ne sont donc pas sérieusement fondées. Le seul effet du *Trust* qui atteigne les ouvriers employés par lui est, au contraire, un effet favorable, je veux parler de la régularité de la production. Il n'est pas douteux que le monopole de fait placé entre les mains d'Havemeyer ait rendu les chômages rares. Pour employer une image chère aux défenseurs des *Trusts*, la production scientifique a remplacé la production anarchique. Plus simplement une direction très habile et très prévoyante, pourvue de moyens d'action très puissants et n'ayant pas de concurrence immédiate à redouter, peut maintenir un équilibre suffisant entre la consommation et l'approvisionnement du marché, tout en donnant à sa fabrication une allure à peu près égale. Cela se traduit pour les ouvriers en absence de chômages. C'est, à coup sûr, pour eux, un avantage appréciable, et c'est là le seul effet positif que produise le *Trust* à leur endroit. »

L'Amérique n'est pas le seul pays où la concurrence ait conduit certaines industries au monopole. En France la raffinerie est aujourd'hui une industrie à peu près monopolisée et ce n'est pas le seul exemple de cette nature.

La concurrence avait jeté une très grande perturbation dans l'industrie des poutrelles métalliques. Si l'on n'y eût porté bon ordre, l'état anarchique aurait engendré la crise, avec ses faillites, ses chômages, tout le tableau si parfaiment décrit par Karl Marx.

Mais les producteurs se sont entendus. Pour ne pas tomber sous le coup de la loi antédiluvienne qui proscrit les coalisations faites en vue de peser sur les prix des marchandises, ils ont créé un comptoir central auquel ils se sont engagés à vendre la totalité de leurs produits. Ils se sont, en outre, interdit toute vente en dehors de ce comptoir. Celui-ci, se basant sur les statistiques générales et sur la consommation probable, fait à chacune des fabriques des commandes proportionnées à leur importance, commandes qu'elles ne doivent pas dépasser. La production se trouve ainsi contenue dans les limites imposées par la consommation, et l'on évite les hausses et les baisses excessives du prix des poutrelles, les renchérissements et les avilissements des salaires, les crises en un mot, et, avec elles, l'obligation d'entretenir une armée de réserve industrielle.

On peut s'élever contre ce mouvement de défense de l'industrie du fait qu'il assure aux capitalistes des bénéfices plus réguliers. Nous avons vu cependant que ces attaques ne sont pas justes puisque les trois grands trusts américains sont profitables à la fois au capitaliste, au consommateur, et à l'ouvrier.

Quoi qu'il en soit, on est logiquement autorisé, cela est certain, à prendre acte du monopole de fait qui s'impose pour conclure à la socialisation des industries ainsi monopolisées. Les trusts apportent, à n'en pas douter, un argument puissant au collectivisme. Mais ils ruinent en conjurant les crises la théorie de Karl Marx sur l'armée de réserve du capital et sur la population.

En fût-il d'ailleurs autrement ; les phénomènes observés par l'auteur de Das Kapital eussent-ils le caractère de généralité qu'il leur attribue, je ne saurais que répéter ce que je disais plus haut. Les besoins de l'industrie, la nécessité pour les capitalistes de se créer une armée de réserve expliqueraient la répartition de la population à la surface d'un pays, permettraient d'établir la cause de l'émigration des paysans vers les centres industriels, mais n'indiqueraient nullement pourquoi l'Angleterre compte à l'heure actuelle quarante millions d'habitants, tandis qn'elle en comptait six millions il y a trois siècles. Quand bien même toutes les idées de Marx seraient exactes, cela ne résoudrait en rien la difficulté soulevée par le grand problème qu'a posé Malthus.

Quelques variations que l'on exécute sur ce thème, le problème ne nous étreint pas moins et il n'en reste pas moins établi que le chiffre absolu de la population, à un moment donné, est intimement lié à celui des subsistances. Ainsi que l'a mathématiquement formulé M. Courcelles-Seneuil, « ce chiffre est égal à la somme des revenus de la société, diminuée de la somme des inégalités de consommation, et divisée par le minimum de consommation. » Si l'on désigne par P le chiffre nécessaire de la population, par r la somme des revenus sociaux, par i celle des inégalités de consommation individuelle, et par c le minimum de cette consommation, on peut établir la formule algébrique $P = \frac{r-i}{c}$. A supposer que dans un état collectiviste l'inégalité de consommation fût supprimée, ce qui n'est d'ailleurs guère admissible, l'équation deviendrait $P = \frac{r}{c}$, le facteur i disparaissant. Mais le rapport entre la population et les subsistances n'en demeurerait pas moins absolu. Il n'en demeurerait pas moins certain que tout accroissement de la population devrait correspondre soit à une diminution du minimum de consommation, soit à une augmentation de la production.

D'après les principes qu'a formulés Ricardo sous le nom de *loi de la rente*, l'effort nouveau que nécessiterait cet accroissement de la production ne serait même pas simplement proportionnel au résultat cherché. Il serait plus considérable que la simple proportion ne l'exigerait.

Là, par exemple, où 100 hommes, avec un certain travail auraient obtenu une richesse égale à 1000, il faudrait pour 200 hommes une richesse égale à 2000, pour 300 hommes une richesse égale à 3000 et ainsi de suite.

S'il suffisait de doubler ou de tripler le travail pour doubler ou tripler la richesse, tout irait bien. Deux cents et trois cents hommes donnant respectivement deux et trois fois plus de travail que cent, la richesse totale serait doublée ou triplée, et le nombre des habitants étant devenu double ou triple, la part revenant à chaque membre de la société demeurerait la même. Dans la formule donnée plus haut $P = \frac{r}{c}$, formule dont on peut tirer : $c = \frac{r}{P}$, P et r, c'est-à-dire le numérateur et le dénominateur de la fraction se trouvant multipliés par le même nombre, la valeur de la fraction c ne changerait pas.

Mais suivant Ricardo les choses ne se passeraient pas ainsi dans les faits. A effort égal r, c'est-à-dire la richesse, croîtrait moins vite que la population P. Dès lors le dénominateur de la fraction augmentant dans une plus forte proportion que le numérateur, la valeur de celle-ci se trouverait abaissée, et l'on ne pourrait la ramener à sa valeur première qu'en surélevant le numérateur r (la richesse) par un effort supplémentaire. En d'autres termes, à mesure que le chiffre de la population s'élèverait, l'effort imposé à chacun pour un même degré de bien-être, pour un même minimum de consommation, s'élèverait aussi.

Nous ne développerons pas les arguments sur lesquels

s'est appuyé Ricardo pour justifier ses conclusions. On les trouvera résumés dans le traité d'économie politique de M. Courcelle-Seneuil (édition de 1867, pp. 138 et suivantes). Nous nous bornons à faire ressortir que les principes formulés ci-dessus, s'ils étaient reconnus exacts, viendraient encore rendre plus menaçantes les conséquences que nous avons déduites de la loi de Malthus.

Heureusement ils ne paraissent pas être fondés. La loi de la rente est loin d'être démontrée. Vraie peut-être à l'époque où écrivait Ricardo, c'est-à-dire avant l'établissement des machines, elle a perdu de son importance depuis que le machinisme en a conjuré les effets en multipliant à un si haut degré la puissance de l'effort. Elle en perdra de plus en plus à mesure que la vulgarisation des découvertes du génie que fut Georges Ville et l'emploi des engrais chimiques permettront de mieux utiliser la force gratuite que nous envoie le soleil, et d'accroître, sans travailler davantage, les produits du sol.

Mais quelque extension que puisse donner à la production soit l'emploi de machines chaque jour plus perfectionnées, soit l'emploi des engrais chimiques, il est à considérer que la terre présente une surface limitée. La production ne connût-elle pas de bornes en théorie, elle serait donc encore bornée dans la pratique. Les agglomérations humaines absorbent pour l'habitation des individus, pour les voies de communication, et pour l'emplacement des fabriques, un espace qui s'accroît avec le chiffre des habitants et qui est perdu pour la culture. Cela seul suffirait pour assigner une limite à la quantité des objets de consommation que la planète peut nous fournir.

Et si même cet obstacle matériel de l'espace restreint qui est devant nous disparaissait, il demeurerait encore certain que le progrès exige la prédominance de l'accroissement de la production sur l'accroissement de la population.

Le progrès, en effet, est inséparable de l'augmentation

du minimum de consommation. Si la population s'accroît plus vite que la production, ce minimum de consommation décroît ; il reste stationnaire si les deux termes suivent la même progression et il s'élève seulement dans le cas où la production prend le pas sur la population.

S'il en est ainsi, et il est impossible quelque effort d'imagination que l'on fasse, de combattre ces conclusions fondamentales, nous sommes bien obligés de nous préoccuper de la question de la population.

De nos jours les dangers d'une surpopulation excessive se trouvent conjurés par la volonté humaine agissant comme le plus puissant des leviers, et la volonté humaine résulte de la responsabilité de chacun de nous.

L'animal abandonne ses petits dès qu'ils sont adultes et ils le sont au bout de quelques mois : pas de responsabilité chez lui. Ici le struggle for life intervient avec toute sa puissance ; l'espèce jette autour d'elle sa semence sans compter ; germera ce qui germera. La mort se chargera d'établir l'équilibre entre le nombre des consommateurs et les subsistances.

L'homme, lui, ne se désintéresse pas du sort de sa progéniture même lorsque celle-ci a atteint l'âge adulte, et d'ailleurs la période d'enfance, d'incapacité productrice, occupe chez lui une fraction beaucoup plus importante de la vie totale que chez les animaux. La valeur de cette fraction croît même avec le progrès de la civilisation, l'éducation humaine exigeant d'autant plus de temps que la somme des connaissances s'élève.

Il résulte de là que l'homme, dès qu'il cesse d'être une brute, dès qu'il se rend compte des devoirs qui lui incombent, se trouve en face d'un problème redoutable toutes les fois qu'il se trouve en situation d'engendrer.

Aujourd'hui, avant d'augmenter sa famille, il se dit qu'il lui faudra la nourrir tant que les enfants seront en bas âge ; que plus tard il faudra leur procurer du travail, une position. Il considère que la difficulté est en rapport direct avec le nombre des enfants à élever. Il met en balance le plaisir naturel qu'il éprouverait à avoir une famille nombreuse avec les inconvénients inhérents à la charge qui en résulterait pour lui. De là une limitation volontaire proportionnée aux habitudes prises et au minimum de consommation au dessous duquel il ne veut pas consentir à descendre.

Ses ressources lui permettront-elles d'élever comme il le doit l'enfant qui va naître de lui? Sera-t-il à même de lui donner tous les soins physiques qu'exige une bonne hygiène pour développer ses muscles et sa santé? pourra-t-il lui fournir l'instruction suffisante? aura-t-il, en un mot, les moyens de l'armer pour la grande lutte de la vie?

S'il le peut, il engendrera, car alors il apportera à la société en engendrant une source nouvelle de forces et de richesses en même temps qu'il se procurera à lui-même de nouvelles jouissances, de nouvelles joies. Mais s'il ne le peut pas; s'il sent qu'un enfant de plus aura pour unique effet d'amoindrir les soins matériels et moraux qu'il prodigue aux autres; s'il se rend compte que le nouveau venu ne pouvant recevoir une éducation suffisante sera mal armé pour la concurrence vitale et par cela même malheureux; s'il a conscience qu'il va amoindrir, par défaut de développement, chacune des énergies déjà créées et diminuer ainsi, au lieu de l'augmenter, la somme de vie sur le globe, il n'engendrera pas. Et en s'abstenant d'engendrer non par esprit d'égoïsme et de débauche, mais par ce sentiment élevé du devoir, il accomplira un acte de la plus haute moralité.

Demain, pourquoi s'infligerait-il l'ennui de cette limitation? Le développement physique de ses enfants, la culture de leur esprit et de leur cœur n'auraient plus à le préoccuper: c'est le réservoir commun de richesse qui supporterait les frais de cette éducation. Quelle considération pourrait donc bien l'arrêter? Après six enfants pourquoi n'en aurait-il pas dix? après dix, pourquoi n'en aurait-il pas quinze? Pourquoi, en un mot, ne continuerait-il pas à se reproduire aussi longtemps que la vigueur physique lui en fournirait le moyen?

Serait-il arrêté par la considération de l'intérêt général?

Sur ce point je confesse mon scepticisme. Pour agir, l'homme le plus honnête a besoin que le résultat qu'il obtient soit proportionné à l'effort, et ce n'est pas ici le cas. L'action de chaque individu sur l'ensemble de la société est trop faible, trop peu appréciable, pour que la considération des conséquences de son acte puisse peser sur sa volonté.

Dans une famille individuelle, le *moral ou le physic restraint* trouve sa contre-partie dans le profit immédiat que la famille en retire au point de vue de l'aisance et du bien-être.

Mais quand l'individu devra comparer la privation qu'il s'impose non plus au bénéfice qu'il est appelé à en retirer lui-même mais à celui qui pourra en échoir au corps social; quand il pèsera la part infinitésimale qui lui reviendra personnellement dans ce bénéfice de la société, il ne trouvera plus que la proportion soit gardée; l'incitation ne sera plus assez puissante pour entraîner la détermination de sa volonté. Il s'en remettra sur son voisin, sans aucun remords.

L'intérêt social? Combien de gens qui ne prendraient pas un sou à leur semblable passent sans vergogne un article en contrebande, se soustraient s'ils en ont le moyen au paiement de leurs contributions, ou même croient commettre un acte non répréhensible en écoulant dans le public une fausse monnaie qu'on leur a passée.

Il faudra que l'humanité franchisse bien des échelons sur l'échelle morale avant que le sentiment du devoir soit assez puissant chez l'homme pour l'amener à accomplir les actes que ce devoir lui commande indépendamment des avantages individuels qu'il peut en espérer.

Si même ce progrès énorme était réalisé, on se demande sur quelles données au point de vue de la famille, la prévoyance pourrait bien s'exercer.

Actuellement chacun se base sur ses ressources. En collectivisme sur quoi se baserait-on? Quel criterium aurait l'homme pour décider s'il doit s'arrêter dans la génération ou s'il doit engendrer encore? A coup sûr on n'exigera pas de lui que dans les paroxismes de la passion amoureuse il s'arrête pour consulter les statistiques, et pour examiner s'il n'a pas atteint ou dépassé le chiffre des enfants que la société lui commande d'avoir et lui ordonne de ne pas excéder.

Il semble donc que l'on ne puisse pas sans danger affaiblir le sentiment de la responsabilité chez l'individu, à moins que la forme sociale n'apporte avec elle un principe automatique qui règle les naissances sans qu'il soit besoin de l'intervention de la volonté!

Cette question primordiale, cette antinomie fondamentale qui se dresse devant tous les fondateurs de systèmes sociaux, Karl Marx ne l'a nullement résolue par ses dissertations, explicables peut-être à l'époque où il a écrit mais aujourd'hui presque enfantines, sur l'armée de réserve du capital. Le collectivisme, s'il triomphe un jour, la rencontrera devant lui, et il lui faudra la résoudre ou périr.

Aura-t-il cet effet que le nombre des habitants du globe croisse plus vite que la production et que le minimum de consommation aille chaque jour en s'abaissant au lieu d'aller en s'élevant, contrairement à ce que ses partisans en espèrent? ou bien la société nouvelle trouvera-t-elle dans son sein les éléments voulus pour résoudre ce problème de la population que nul ne peut éluder?

C'est là le grand inconnu et pour ma part je ne conclus pas.

Je sais que l'avenir nous réserve bien des surprises et que très souvent ce qui à une heure donnée paraît inconciliable avec la raison finit par se concilier avec elle.

Mais je le dis, sans crainte de démenti : le problème de la population est le plus redoutable de tous ceux qui s'imposent à l'esprit des penseurs, des réformateurs, et de toutes les objections que l'on est en droit d'opposer au collectivisme, celle-là est la plus difficile à réfuter.

CHAPITRE VII

Nous venons d'exposer nettement nos craintes en ce qui concerne la socialisation des instruments de travail.

En supprimant le luxe pour les uns, et pour les autres cette émulation féconde qui naît de l'espérance des profits; en faisant disparaître la spéculation qui, ainsi que l'avait si bien vu Proudhon, est le génie de toute invention, l'âme de toute découverte; en substituant un fonctionnarisme lourd et improductif à l'initiative privée si active; en remplaçant le mouvement un peu anarchique peut-être mais en tout cas automatique et naturel de nos sociétés par les paperasseries et les statistiques, le collectivisme n'aurait-il pas pour effet nécessaire et immédiat d'arrêter tout progrès, d'enrayer le mouvement social au moment précis où le mécanisme de la société aurait été transformé : telle une pendule qui s'arrête sur l'heure actuelle dès qu'on casse le ressort qui lui servait de propulseur? Et, en arrêtant le progrès ne déterminerait-il pas le point de départ d'une évolution inverse, d'une rétrogradation de l'espèce humaine?

Ces considérations nous ont éloigné jusqu'ici du collectivisme. Elles deviennent aujourd'hui pour nous plus angoissantes que dans le passé. Le collectivisme nous apparaît à cette heure comme la fin peut-être nécessaire de nos organisations sociales ; et, s'il doit s'imposer un jour comme la conséquence naturelle de l'évolution de l'humanité, la question est poignante d'intérêt de savoir ce qu'il apportera à nos descendants. C'est le cas de dire avec le poète :

N'y voit-on déjà plus ? n'y voit-on pas encore ?
Est-ce la fin, Seigneur, ou le commencement ?

S'il devait enrayer le progrès il entraînerait sûrement une rétrogradation. Si nous ne pouvions assurer une répartition plus équitable qu'à la condition de sacrifier l'évolution progressive, nous nous heurterions fatalement à une évolution régressive. Le statu quo, l'immobilité n'existent nulle part dans la nature. Dès qu'on n'avance plus on recule. C'est là une loi inéluctable, et nous nous bercerions vainement de l'espoir d'échapper à ses effets.

En renonçant à toute émulation et, par voie de conséquence, à tout perfectionnement industriel, les hommes caresseraient peut-être la chimère de vivre désormais à perpétuité dans une médiocrité égalitaire. Mais heureusement, ou malheureusement, comme on voudra, ce ne serait là qu'un rêve irréalisable.

Il est peu probable que le collectivisme triomphât simultanément sur tous les points du monde, si, au lieu de se produire par le mouvement lent, naturel et universel des sociétés, il s'installait jamais par des catastrophes politiques. On peut donc concevoir un moment où il y aurait à la fois sur le globe des peuples individualistes et des peuples collectivistes.

En 1890, dans ma brochure « *Socialisme collectiviste et socialisme libéral,* » je me suis assez longuement étendu sur cette hypothèse, montrant que la concurrence entre nations donnerait dans ce cas une situation avantageuse aux peuples capitalistes et mènerait les autres à une irrémédiable défaite. Je ne reviendrai pas aujourd'hui sur cette argumentation parce que je ne crois guère aux transformations sociales extemporanées, surgissant tout à coup d'une révolution politique. En outre je tiens à négliger les arguments qui se fondent sur des phénomènes de transition, toujours difficiles à prévoir puisque nous ignorons comment la transition s'effectuera. Mais même en nous plaçant dans l'hypothèse d'une révolution sociale universelle, nous ne serions pas pour cela rassurés sur la façon dont s'opéreraient les échanges entre nations collectivistes.

On aurait encore besoin des produits étrangers, et comme dans tous les pays l'Etat serait le seul producteur, c'est à lui seul que pourraient s'adresser les autres Etats pour acheter. La concurrence disparaîtrait ou à peu près, car au lieu de se faire entre individus elle ne pourrait se produire qu'entre nations. Le peuple acheteur se trouverait en présence d'un très petit nombre de peuples vendeurs ou le peuple vendeur en présence d'un très petit nombre de peuples acheteurs. Selon que les uns ou les autres seraient plus ou moins étreints par le besoin de vendre ou d'acheter, ceux-ci ou ceux-là se syndiqueraient et les uns ou les autres seraient étranglés. L'étranglement serait surtout facile lorsqu'il s'agirait d'un article dont la production est limitée à de rares contrées. Ainsi, il est certain qu'il suffirait aux Etats-Unis et à la Russie de se coaliser pour obtenir en échange de leur pétrole ce qu'il leur plairait d'exiger.

Il est vrai que les peuples consommateurs auraient la ressource d'en revenir à l'huile de colza et que cela rétablirait un certain équilibre, mais au détriment du progrès. D'ailleurs ce moyen de défense ne serait pratique que lorsqu'il ne s'agirait pas de produits dont la consommation est indispensable.

Supposons que, par suite d'épizootie ou de mauvaise

récolte, un peuple subît une disette sur le bétail ou sur les céréales. Il ne pourrait se passer ni de viande ni de froment, et il se verrait obligé de subir les conditions des possesseurs de blé ou de bêtes à cornes. Aujourd'hui de tels accidents ne sont pas à craindre. La multiplicité des acheteurs et des vendeurs, et l'acuité de la concurrence qui en résulte donnent au commerce une élasticité qui les rend impossibles. Mais ils risqueraient fort de devenir la règle lorsque le moindre achat devrait se faire de gouvernement à gouvernement. On est même en droit de se demander si la guerre ne sortirait pas parfois de ces négociations économiques, comme elle sort aujourd'hui de négociations politiques. Celles-ci sont certainement moins passionnantes que celles dont dépendrait l'alimentation immédiate de tout un peuple.

Il est juste toutefois de répéter ici ce que nous disions à propos de la loi de la population. Le socialisme — c'est à mes yeux son plus haut titre de gloire — procède de sentiments éminemment internationaux. Vraisemblablement son triomphe ferait tomber — et lui seul peut le faire — lles barrières qui séparent les peuples civilisés. Dès lors, 'inconvénient que nous venons de signaler disparaîtrait de lui-même.

. Supposons donc l'humanité réunie en une seule agglomération ; ou du moins, si l'on ne croit pas possible de longtemps cette fusion universelle, supposons que, leur révolution accomplie, plusieurs peuples se fusionnent. Supposons-les répandus sur un territoire assez vaste pour que les hommes qui l'habiteraient possédant toutes les latitudes, tous les climats, toutes les espèces de terrains ; pourvus de même de tous les métaux et de tous les combustibles ; capables, par conséquent, de se procurer sans recourir à l'étranger tout ce dont ils auraient besoin, forment une petite humanité dans la grande, décidée à se suffire à elle-même et à ne jamais rien demander à quelque autre agglomération que ce soit! Dans cette hypothèse, qui n'est pas irréalisable, car de nos jours elle est presque réalisée aux Etats-Unis, le collectivisme — cela est certain — n'aurait plus à lutter contre l'élément éminemment dangereux des échanges internationaux. Mais nous ne serions pas pour cela à l'abri du danger de la décadence à laquelle il pourrait nous exposer par le simple jeu des forces naturelles.

Aujourd'hui — les socialistes les plus fougueux en conviennent — l'accumulation des capitaux, l'augmentation de productivité du travail, la création de machines qui abaissent constamment les prix des marchandises, ont ce résultat que si le salaire diminue quelquefois d'une manière relative lorsqu'on le compare à la totalité de la production, en chiffres absolus, il s'élève toujours. Si, au contraire, demain l'accumulation des richesses, les inventions, le perfectionnement du machinisme s'arrêtaient brusquement, et s'il en résultait que le salaire absolu cessât de s'élever, cette baisse pourrait fort bien n'être nullement compensée par l'élévation du salaire relatif.

Le salaire relatif consiste dans la part plus ou moins considérable touchée par l'ouvrier sur le produit de l'industrie à laquelle il apporte le concours de son travail. On peut l'exprimer en centièmes et dire qu'il est égal, à 30, 40, 50, 60... pour cent suivant que cette part est égale aux 30, 40, 50 ou 60 centièmes du produit total. Il augmente quand le prélèvement du capital diminue et il diminue quand ce prélèvement augmente.

Mais il n'a rien de commun avec la rétribution absolue que reçoit l'ouvrier. Celle-ci peut même s'abaisser en même temps que le salaire relatif s'élève. — Il suffit pour cela que la production s'abaisse selon une proportion plus rapide que n'augmente la part revenant au travailleur dans le produit total. Dans cette hypothèse, l'élévation du salaire relatif diminuerait la somme des jouissances de l'ouvrier au lieu de l'accroître. Il est certain en effet que si, la totalité du produit allant au travailleur, celui-ci cependant recevait moins que lorsqu'il ne lui en revenait que la moitié, le tiers ou le quart, son bonheur serait moindre. La réforme serait donc néfaste, en admettant que la diminution de la production lui fût imputable, puisque l'abaissement du salaire absolu en serait la conséquence.

Pour bien préciser notre pensée prenons des chiffres arbitraires. Supposons un ensemble de 100,000 travailleurs produisant 300,000 hectolitres de froment, dont la moitié, c'est-à-dire 150,000, soit prélevée par le capital, et dont l'autre moitié soit distribuée aux travailleurs à raison de 1 hectolitre et demi par tête. Le salaire relatif sera de 50 pour cent puisque le travail n'aura que les 50 centièmes du produit; quant au salaire absolu il sera représenté par 1 hectolitre et 1/2 de blé. Admettons maintenant que le capital disparaisse, qu'aucune retenue ne soit faite désormais sur la production, que chaque ouvrier reçoive sa part intégrale du froment, c'est-à-dire le quotient de la récolte totale par le nombre des travailleurs. Dans ce cas le salaire relatif sera de cent pour cent. Il aura doublé.

Mais supposons en même temps que, par les vices inhérents à la nouvelle organisation sociale, la production tombe de 300,000 à 100,000 hectolitres. Chaque ouvrier recevra 1 hectolitre au lieu d'un hectolitre et demi et son salaire absolu se trouvera diminué d'un tiers. Avec 1 hectolitre de froment il pourra moins bien satisfaire sa faim qu'avec un hectolitre et 1/2. Or, la richesse est représentée par la quantité de besoins que l'on peut satisfaire. L'ouvrier, avec son salaire absolu d'un hectolitre de blé correspondant à un salaire relatif de 100 0/0, sera donc moins riche et moins heureux qu'il ne l'était avec le salaire absolu de 1 hectolitre et demi qu'il recevait lorsque son salaire relatif n'était que de 50 pour 100.

Si le collectivisme entraînait un tel mouvement régressif

dans la production, il serait funeste. Il n'est d'ailleurs pas douteux, nous le répétons, qu'il n'eût pour conséquence ce mouvement régressif s'il enrayait le mouvement progressif.

Par quel mécanisme la rétrogradation se produirait-elle? Comment résulterait-elle de l'arrêt du progrès? Il n'est pas très difficile de s'en rendre compte.

La plus-value actuelle, cette fraction de la production qui s'emmagasine chez les capitalistes en vue d'une production future, perdrait en grande partie, nous l'avons déjà dit, son caractère de capital. Il serait à craindre qu'elle ne fût entièrement ou presque entièrement distribuée soit sous la forme de salaires (nous désignons par ce mot commode la valeur attribuée aux heures de travail), soit sous la forme de dépenses générales, soit sous celle de la diminution de la durée du travail. Si ce danger se réalisait on renoncerait bien vite à entreprendre des exploitations nouvelles et l'on consommerait à peu près tout ce que l'on produirait.

Mais aussitôt, le bien-être général augmentant, la population s'accroîtrait, car le problème de la population s'impose, nous croyons l'avoir démontré dans le précédent chapitre, et il ne suffit pas de le nier pour le faire disparaître.

Or, comme on n'aurait accumulé aucun capital pour utiliser les bras des nouveaux venus sur des champs d'exploitation également nouveaux, on ne pourrait leur procurer du travail à tous qu'en abaissant encore la limite de la journée et celle-ci ne tarderait pas à tomber au dessous du strict nécessaire.

Arrivé là, pourrait-on espérer que la loi de la population commençât à agir en sens inverse? le chiffre des habitants subirait-il un mouvement de recul qui permettrait de relever la durée de la journée de travail au nombre d'heures nécessaire? Oui, dans une certaine mesure, car la diminution de la consommation entraînerait une mortalité plus grande ; mais certainement ce résultat se manifesterait avec beaucoup moins de rapidité qu'aujourd'hui. Aujourd'hui, survienne un resserrement dans les subsistances, la population se resserrera aussi par l'effet de deux mécanismes différents. D'abord la mortalité s'élèvera. Puis, en même temps, par suite des responsabilités de la famille privée, la natalité décroîtra, et c'est sur cette décroissance de la natalité que l'on sera le plus en droit de compter pour amener le résultat voulu. Or, ainsi que nous l'avons vu, il ne sera plus guère possible de l'espérer d'une société communiste. Ici un seul élément interviendrait, l'élévation de la mortalité résultant des privations et des souffrances ; et, par suite, le mouvement démographique serait assez lent pour permettre à la société de prendre des habitudes de moindre consommation. Ceux qui seraient incapables de s'adapter aux habitudes nouvelles périraient.

C'est donc sur ces habitudes nouvelles que se réglerait le mouvement de la population. Mais dès que celle-ci aurait atteint la limite qui lui serait adéquate, le même effet se reproduirait entraînant les mêmes conséquences, et le minimum de consommation continuerait de s'abaisser.

La loi d'airain reprendrait ainsi sa forme primitive, organique. Dans notre société individualiste, le minimum de consommation individuelle suit une échelle progressive et tend toujours à s'élever. Dans une société collectiviste, ne manifesterait-il pas une tendance constante à décroître ? la révolution faite pour briser la loi d'airain n'aurait-elle pas au contraire pour résultat de rétablir cette loi dans sa puissance absolue et inéluctable des premiers âges ? telle est la question.

Il est donc évident que si le collectivisme arrêtait le progrès, il amènerait par cela même un mouvement rétrograde, mais est-il manifestement établi qu'il doive enrayer le progrès? Tout est là et ce problème est certainement de ceux qui, au moment psychologique où nous sommes, doivent le plus profondément préoccuper le penseur.

LIVRE IV

CONCLUSIONS

CHAPITRE Ier.

L'ERREUR DE KARL MARX SUR LA LOI DE LA VALEUR ET CELLE
DE LASSALLE SUR LA LOI DES SALAIRES ENTRAINENT-ELLES
NÉCESSAIREMENT LA CONDAMNATION DU COLLECTIVISME?

Je viens de reproduire l'ensemble des arguments invoqués par moi en 1890 contre le socialisme, ne passant sous silence que ceux qui, décidément sans valeur à mes yeux, ne m'ont plus paru mériter la discussion. Ces arguments je les résume.

1° La théorie de la valeur formulée par Karl Marx est de tous points erronée et la loi d'airain de Lassalle n'est vraie que dans des limites très étroites du temps et de l'espace. La base logique sur laquelle repose la conception collectiviste disparaissant, le collectivisme, par cela même, n'a plus de point d'appui.

2° Le collectivisme supprime l'émulation individuelle; il porte une atteinte sérieuse au progrès en entraînant la disparition des industries de luxe qui lui sont nécessaires; il menace les réserves sociales; il rend très difficile l'éclosion des vocations individuelles; enfin en remplaçant le capitalisme par le fonctionnarisme, il brise les ressorts de l'activité humaine.

3° Le mode suivant lequel s'effectuerait la répartition en collectivisme ne ressort pas nettement des explications fournies par l'école socialiste. Toutefois, il résulte de l'opinion des auteurs autorisés cités plus haut que la loi de l'offre et de la demande y présiderait encore par suite de la distinction des travaux en travaux simples et en travaux compliqués. S'il en était ainsi, l'égalité risquerait fort de se trouver tout aussi sacrifiée dans l'organisation nouvelle que dans l'organisation ancienne, et, dans ce cas, la société se priverait des avantages de l'initiative individuelle sans retirer de ce sacrifice aucune compensation.

4° La concentration de tous les instruments de production entre les mains de l'Etat ferait courir de grands dangers à la liberté humaine. Il n'y aurait pas jusqu'à la liberté de consommation matérielle qui ne fût menacée.

5° La loi de Malthus, qui se heurte aujourd'hui à l'obstacle de la responsabilité personnelle, deviendrait un péril imminent dans une société d'où cette responsabilité serait exclue.

6° Par suite de toutes ces circonstances réunies, le collectivisme déterminerait d'abord la stagnation du genre humain, et secondairement sa rétrogradation, l'immobilité étant impossible et le progrès ne pouvant s'arrêter sans qu'une régression soit la conséquence de cet arrêt.

En 1890 je tirais de ces prémisses des conclusions opposées au collectivisme. Voici dans quels termes je m'exprimais.

Ainsi le développement individualiste a pour effet d'accroître chaque jour le minimum de consommation individuelle en permettant à l'individu de satisfaire un chiffre croissant de besoins.

Le développement de la société collectiviste aurait pour effet d'abaisser ce minimum de la consommation et de ramener l'individu à la satisfaction d'un nombre de besoins moindre de jour en jour.

La société actuelle crée la richesse; la société collectiviste engendrerait la misère.

La société individualiste ne répartit pas toujours bien, mais elle produit beaucoup; la société collectiviste ne répartirait certainement pas mieux; mais, poussée par la chimère d'une répartition meilleure, elle porterait un coup fatal à la production et en arriverait à n'avoir plus rien à répartir.

La théorie collectiviste est donc une utopie pure. Elle est irréalisable parce qu'elle se heurte à l'un des sentiments qui sont les plus enracinés dans le cœur humain, celui de l'initiative individuelle; et si, par hypothèse, on parvenait à la réaliser dans les faits, ce serait le plus épouvantable malheur qui pût fondre sur l'humanité.

Pour que le collectivisme devînt possible et dénué de dangers, il faudrait que, comme l'avait supposé Charles Fourier, les travaux, même les plus répugnants, fussent aussi attrayants que le jeu, et qu'il se produisît, de par les goûts naturels de chacun, une division spontanée du travail, la société, en vertu d'une loi supérieure, renfermant de chaque aptitude la proportion exactement nécessaire.

Mais c'est malheureusement là une conception artificielle que les savants socialistes de notre époque repoussent non moins que nous, comme ne reposant sur rien de réel.

Le collectivisme, par conséquent, ne s'adapte pas à la nature humaine.

S'y adaptera-t-il un jour, si des modifications organiques considérables se produisent dans l'homme et si l'espèce humaine se transforme en une espèce différente?

De ceci personne ne peut répondre.

Il est probable que l'hypothèse darwinienne est vraie, que les espèces qui peuplent le globe dérivent d'anciennes espèces disparues, et il est parfaitement conforme à cette hypothèse que les espèces actuelles se convertissent à leur tour en espèces nouvelles destinées à les remplacer.

Mais ceci est le secret de l'avenir et d'un avenir excessivement lointain, assez lointain, en tous cas, pour qu'il ne soit d'aucun intérêt pour nous de l'envisager.

Tout ce qu'il nous est permis d'affirmer — et cela nous suffit, — c'est *qu'aussi longtemps que l'homme sera l'homme, aussi longtemps qu'une espèce* nouvelle n'aura pas supplanté celle à laquelle nous appartenons, l'idée collectiviste appartiendra à la catégorie de celles dont il importe le plus de se garder et de se défendre.

C'était une excommunication en règle.

Etait-elle justifiée ?

Pour répondre à cette question, je dois reprendre les divers points de ma critique, et d'abord celui qui vise la théorie de la valeur de Karl Marx et de la loi des salaires de Lassalle.

Aujourd'hui comme en 1890 cette critique m'a paru irréfutable. Quel qu'ait pu être mon désir d'en trouver la réfutation, il m'a été impossible d'y parvenir.

Non ! La valeur ne peut pas se mesurer au temps de travail qu'a coûté l'objet qu'il s'agit d'évaluer. Tout au plus pourrait-on soutenir qu'elle a pour mesure l'effort humain, l'usure humaine ; et, dans l'impossibilité absolue où nous nous trouvons de mesurer cette usure, cet effort, il ne nous reste plus pour la déterminer que la loi de l'offre et de la demande, ressuscitée d'ailleurs aussitôt que tuée par Karl Marx et par ses disciples.

Non ! Il n'est pas vrai que le salaire soit strictement limité au minimum de ce qui est nécessaire à l'homme pour vivre, et la loi d'airain, relativement vraie dans des limites restreintes de l'étendue ou de la durée, est absolument fausse dans sa généralisation.

Mais de ce que l'hypothèse de Marx et celle de Lassalle sont erronées, sommes-nous en droit de conclure que l'édifice collectiviste manquant de base s'écroule par cela même ? avons-nous le droit, ainsi que l'affirme M. Martineau dans son intéressante brochure, ainsi que j'étais bien près de l'affirmer moi-même en 1890, de le condamner irrévocablement sans pousser plus loin l'analyse ?

Cette conclusion me paraîtrait excessive aujourd'hui. Les théories sont souvent hypothétiques et il n'y a pas de liens nécessaires entre elles et les vérités à la découverte desquelles elles ont contribué.

Lorsque l'expérience a révélé un nombre plus ou moins considérable de faits, le savant s'efforce de les grouper, de les coordonner par une hypothèse. Celle-ci est-elle vraie objectivement? Est-ce un simple artifice de l'esprit? la question est d'une importance secondaire. Ce qu'il y a de certain c'est qu'elle est utile : elle remplace par une méthode logique, rationnelle, dans la recherche des phénomènes, un empirisme à la fois improductif et fastidieux. Se rapportant à un très grand nombre de faits connus d'après lesquels on l'a établie, il serait bien étonnant qu'elle ne se rapportât pas à d'autres encore qu'elle fera prévoir et qu'elle aidera à connaître. Si plus tard on en déduit des conséquences qui ne se réalisent pas; si l'on arrive à en démontrer l'inexactitude, les faits à la découverte desquels elle aura contribué n'en seront pas plus entachés d'erreur que ne le seraient ceux qui étaient connus avant elle et d'après lesquels on l'avait imaginée.

Dans les sciences exactes on représente souvent les lois de certains phénomènes par des courbes, que l'on prolonge au delà des points précis tracés d'après les résultats de l'expérience [1]. Ces courbes prolongées permettent de pré-

1. Pour fixer les idées sur la manière dont se construisent ces courbes, nous prendrons un exemple. Nous supposerons qu'il s'agisse d'établir la courbe de solubilité d'un corps dans un liquide aux diverses températures. Voici comment on procède.

On tire deux lignes perpendiculaires l'une sur l'autre. La ligne horizontale dite *ligne des abscisses* est divisée en un certain nombre de longueurs égales dont chacune représente un degré du thermomètre centigrade. La ligne verticale, *ligne des ordonnées*, est divisée de son côté en parties qui sont égales entre elles par leur longueur, mais qui ne sont pas nécessairement égales à celles de la ligne horizontale.

On détermine ensuite par l'expérience quelles sont les quantités du corps dissoutes dans cent parties du dissolvant, et cela à diverses températures.

Ces données obtenues, on prend sur la ligne horizontale des longueurs proportionnelles aux températures auxquelles on a opéré, et de l'extrémité de chacune de ces longueurs on élève des perpendiculaires.

On opère de même sur la ligne verticale en y prenant des longueurs proportionnelles aux quantités dissoutes du corps en ob-

juger des données phénoménales que l'expérience n'a pas mises en lumière. Mais les résultats ainsi calculés ne présentent qu'un caractère de probabilité ; ils ne sont vrais que sous bénéfice d'inventaire, parce que la courbe peut très bien s'infléchir au delà des points extrêmes expérimentalement déterminés. Il est nécessaire de les contrôler. Toutefois, dès qu'ils sont vérifiés ils sont aussi certains que ceux qui avaient servi à établir la courbe, et leur caractère de certitude persisterait quand bien même au delà d'eux celle-ci s'infléchirait.

Les hypothèses, les systèmes, sont analogues à ces courbes. Ils peuvent être objectivement faux et conduire cependant à des conclusions vraies. Pourvu que celles-ci aient

servation. Les perpendiculaires ainsi tracées rencontrent celles précédemment élevées sur la ligne des températures. A chaque intersection on marque un point. Enfin on réunit tous ces points par une courbe continue qui est la courbe de solubilité cherchée. Puis, après en avoir déterminé la loi géométrique, on la prolonge au delà des limites extrêmes marquées par l'expérience. Comme il est improbable que la ligne s'infléchisse juste aux points précis qui en marquent les limites expérimentales, elle nous donnera le moyen de présumer avec de grandes probabilités d'exactitude les solubilités correspondantes à des températures pour lesquelles la détermination expérimentale n'aura pas été faite. Il suffira pour cela d'élever une perpendiculaire sur la ligne des abscisses au point correspondant à la température donnée, et, à partir du point d'intersection de celle-ci avec la courbe, d'en abaisser une autre sur la ligne des ordonnées. La longueur de cette dernière ligne interceptée entre la perpendiculaire abaissée sur elle et la ligne des abscisses, représentera la quantité du corps susceptible de se dissoudre dans cent parties de dissolvant.

Les résultats, cependant, peuvent se trouver inexacts si on les soumet à la vérification de l'expérience. Ils ne sont vrais que sous bénéfice d'inventaire, parce qu'il est possible que la courbe subisse des inflexions, auquel cas les données qu'elle fournit cessent d'être conformes à la réalité. Mais quand ils ont été contrôlés ils demeurent acquis quoi qu'il puisse ultérieurement advenir des inflexions de la courbe.

subi le contrôle de l'expérience, elles demeurent inatta-
quables.

Les cas de faits vrais déduits d'une théorie erronée sont
en nombre infini, et il n'est pas nécessaire pour en avoir
des exemples de remonter aux alchimistes qui trouvaient
la litharge et le minium en cherchant la pierre philosophale ou l'élixir de vie.

Avant Lavoisier on croyait que les oxydes étaient des
corps simples et que les corps simples étaient des corps
composés. Ainsi, aux yeux de Stahl et de ses disciples, la
rouille était un corps simple et le fer était une combinaison de rouille et de phlogistique. On donnait le nom de
phlogistique à un corps hypothétique dont on croyait le
charbon presque exclusivement formé. Lorsqu'on chauffait
de la rouille et du charbon et que l'on obtenait du fer, au
lieu de dire : « le charbon s'est emparé de l'oxygène de la
rouille et a mis le fer en liberté », on disait : « la rouille
s'est combinée au phlogistique et a produit le fer qui n'est
que de la rouille phlogistiquée ».

Il a fallu Lavoisier, et sa balance, et la découverte de l'oxygène, pour avoir raison de l'hypothèse de Stahl. Mais si,
partant de cette hypothèse, on a chauffé d'autres oxydes
avec du charbon dans le but de les phlogistiquer ; si, conformément à ce qu'on augurait de cet essai, on a obtenu
un nouveau métal, cette découverte a sûrement survécu
à la théorie du phlogistique sur laquelle on s'était basé
pour entreprendre les expériences qui y ont conduit.

. Que de faits découverts ainsi en partant de théories
fausses! En veut-on un exemple récent présent à l'esprit
de quiconque n'est pas entièrement étranger aux derniers
progrès de l'art de guérir?

Quand les élèves de Pasteur découvrirent, il y a quelques années, leurs sérums curatifs, ils partirent d'une hypothèse erronée. L'accoutumance des organismes aux poisons était depuis longtemps connue. Comment l'expliquer?

On imagina la production spontanée d'un contre-poison, d'une antitoxine. On se dit que, par le fait de cette production, le sang d'un animal immunisé, contre la diphtérie je suppose, devait renfermer l'antidote de la toxine diphtérique. On en conclut que si un malade était atteint de diphtérie, c'est-à-dire s'il était intoxiqué par la toxine diphtérique, on le guérirait sûrement en lui inoculant le sérum préparé avec le sang d'un animal immunisé.

On expérimenta, on immunisa des chevaux, on en inocula le sérum à des malades et l'on obtint des résultats vraiment merveilleux qui ont révolutionné la médecine. Et cependant les sérums préparés par le docteur Roux et par les autres savants qui se sont occupés de ce nouveau mode de médication ne renferment aucune antitoxine contrairement à la supposition qui avait conduit les expérimentateurs à en étudier les effets. Une hypothèse fausse a donc conduit ici à une vérité nouvelle définitivement acquise, semble-t-il.

Pourquoi n'en irait-il pas de même en sociologie? pourquoi des vues antiscientifiques sur la loi des salaires et sur la loi de la valeur n'auraient-elles pas amené Karl Marx et Lassalle à formuler sur l'avenir des sociétés humaines des vues exactes?

M. Martineau démontre, comme je l'ai fait moi-même, que la valeur d'un objet dépend de son utilité, du service rendu par son détenteur primitif à son acheteur, et non du travail qu'il a coûté.

Ceci est rigoureusement exact; mais il n'en reste pas moins une question qui ruine la négation audacieuse de M. Martineau, mon ancienne négation à moi, et celle de tous les économistes.

La base de la valeur est dans le service rendu, cela est certain. Mais pourquoi y a-t-il des hommes qui sont en situation de rendre des services et d'autres hommes qui ne peuvent qu'en recevoir?

J'ai besoin d'argent soit pour vivre, soit pour installer une industrie, soit pour expérimenter une invention. Je rencontre un capitaliste; il me prête les capitaux nécessaires à mon entreprise et, suivant l'aléa de celle-ci, il exige une rémunération plus ou moins considérable du service qu'il me rend. Rien de plus juste! Son acte est inattaquable. Mais pourquoi détenait-il ce capital que je ne détenais pas? pourquoi a-t-il pu me rendre ce service qu'il s'est fait très légitimement payer, tandis que j'étais obligé de le lui demander?

Là est le problème.

Si l'économie politique nous en donne la solution; s'il est conforme à la justice, au droit, que le capitaliste ait possédé le moyen de m'obliger tandis que j'en étais réduit à me faire obliger par lui, il n'y a rien à dire, et, que Marx ait vu juste ou non dans ses considérations sur la loi de la valeur, son système social n'en est pas moins condamné.

Mais si le capitaliste ne justifie pas de la possession de son capital; si sa faculté de me rendre service ne se légitime pas plus pour lui que ne se légitime ma situation précaire en face de lui, alors les attaques de Karl Marx et de Lassalle contre la société capitaliste subsistent quoi que l'on puisse penser de leurs théories des salaires et de la valeur. Ils ont entrevu une vérité; ils ont forgé une hypothèse pour l'expliquer; ils ont erré dans cette voie; leur théorie est fausse; mais l'erreur ainsi commise ne ruine pas plus leur critique de la société actuelle, que l'erreur de Ptolémée dans l'explication des phénomènes célestes n'empêchait le jour et la nuit d'être des vérités, ainsi que les solstices, les équinoxes et les saisons.

Ce qu'il importe d'examiner par conséquent, ce sont les titres de propriété. Il ne s'agit plus de savoir si celui qui est légitime propriétaire d'un capital peut se faire rétribuer pour les services que ce capital lui permet de rendre.

Ce qu'il faut rechercher c'est si, en dehors de la déléga-gation sociale, de la gestion sociale des capitaux, il y a de véritables titres de propriété et, dans le cas de la négative, si la délégation sociale se légitime ou non par un intérêt social.

CHAPITRE II

Eh bien ! nous ne saurions hésiter à le confesser ici, dans l'immense majorité des cas, et en dehors de l'intérêt que peut avoir la société à déléguer à tel ou à tel la gestion des réserves sociales, la propriété ne peut pas sérieusement se justifier.

Autrefois on la fondait sur le droit du premier occupant. Ce prétendu droit supportait si peu la critique que les partisans les plus résolus de l'appropriation individuelle l'ont presque tous abandonné.

Proudhon s'exprimait ainsi sur l'occupation considérée comme fondement de la propriété [1] :

Non seulement l'occupation conduit à l'égalité ; elle empêche la propriété. Car, puisque tout homme a droit d'occuper par cela seul qu'il existe, et qu'il ne peut se passer pour vivre d'une matière d'exploitation et de travail ; et puisque d'autre part, le nombre des occupants varie continuellement par les naissances et les décès, il s'ensuit que la quotité de matière à laquelle chaque travailleur peut prétendre, est variable comme le nombre des occupants ; par conséquent, que l'occupation est toujours subordonnée à la popula-

---

1. *Qu'est-ce que la propriété ? ou recherches sur le principe du droit et du gouvernement ?* premier mémoire. — Paris, 1849, p. 66.

tion ; enfin, que la possession, en droit, ne pouvant jamais demeurer fixe, il est impossible, en fait, qu'elle devienne propriété.

Tout occupant est donc nécessairement possesseur ou usufruitier, qualité qui exclut celle de propriétaire. Or, tel est le droit de l'usufruitier : il est responsable de la chose qui lui est confiée ; il doit en user conformément à l'utilité générale, dans une vue de conservation et de développement de la chose ; il n'est point maître de la transformer, de l'amoindrir, de la dénaturer ; il ne peut diviser l'usufruit, de manière qu'un autre exploite la chose, pendant que lui-même en recueille le produit ; en un mot, l'usufruitier est placé sous la surveillance de la société, soumis à la condition du travail et à la loi de l'égalité.

On n'a rien répondu à cette argumentation puissante et j'aurais cru inutile de signaler même la théorie du droit du premier occupant, si tout récemment M. James Carmichael Spence ne l'avait revendiquée comme la vraie base de la propriété [1].

Mais puisqu'on y revient, il faut bien insister encore et en montrer l'inanité.

Ne pas tenir compte du temps et de l'espace ; considérer une institution comme juste à notre époque uniquement parce qu'elle a pu l'être dans d'autres temps ou dans d'autres lieux, et cela sans se donner la peine d'analyser les éléments qui différencient ces agglomérations primitives de notre civilisation moderne, c'est faire œuvre de sophiste.

C'est ce que font les partisans du droit du premier occupant, appliquant au temps présent ce qui a pu être légitime dans les premiers âges de l'humanité, ce qui l'est peut-être encore dans quelques pays sauvages.

Évidemment aussi longtemps que l'homme a été assez clairsemé sur la planète pour qu'il y ait eu plus de terre à cultiver que de bras propres à en opérer la culture, l'occupation a été un titre non de propriété, mais certainement de possession. Il n'était pas à craindre dans de telles conditions que personne n'accaparât plus de terre qu'il

1. James Carmichael Spence — *The conscience of the King.*

n'aurait pu en exploiter par ses propres forces ; car nul n'aurait consenti à cultiver le champ d'autrui et à partager avec lui le fruit de son travail, alors que tous pouvaient trouver des champs libres.

Mais dès que le nombre des habitants s'est accru au point que tout un pays ait été occupé, le fait de l'occupation d'hier ne pouvait plus conférer aucun droit pour demain. De ce que je suis né le premier, il ne s'ensuit nullement que je puisse justement interdire la possession du sol à mes semblables, qu'il me soit licite de les réduire en esclavage ou en servage parce qu'ils sont nés après moi. Ces vérités ne souffrent pas de contradiction et ce m'est un étonnement qu'un esprit aussi clair, aussi précis, aussi scientifique que M. J.-C. Spence ait pu les méconnaître.

A l'heure actuelle les économistes ne donnent plus pour base au droit de propriété que le travail ; et si tous les capitaux étaient le fruit du travail, avaient été créés par ceux qui les possèdent, nous n'aurions rien à leur objecter.

Certes ! il y a des cas où la propriété est légitime. Lorsqu'un Lamartine, un Victor Hugo, par leurs chants immortels, non seulement donnent aux hommes la plus noble des jouissances, mais encore contribuent à adoucir les mœurs en préparant, par l'exaltation de tous les grands sentiments, l'évolution humaine vers la justice et la fraternité, la fortune amassée par l'obole que chaque homme reconnaissant verse dans la caisse du poète et la possession du capital qui en résulte pour lui, sont conformes aux lois de la justice la plus élevée.

Lorsqu'un Ampère, un Pasteur, un Watt, un Edison, apportent à leurs semblables des découvertes qui amoindrissent les distances, préparent la fusion des peuples et aident, en augmentant la production, à mettre à la portée de tous des jouissances jusque-là réservées à quelques-uns, l'immense richesse matérielle et morale dont ils sont les créateurs leur doit une fraction minime de ce qu'ils ont produit. Ici encore il est impossible de reprocher à ses possesseurs la fortune si justement acquise, et il y a même un intérêt majeur à la leur assurer, puisque cette récompense méritée accordée aux inventeurs sert de stimulant et provoque des inventions nouvelles dont le genre humain profitera.

On objecte quelquefois, il est vrai, que l'inventeur, l'artiste, le poète n'ont été que l'aboutissant du lent développement scientifique, littéraire ou artistique qui les a précédés. On en infère que le fruit de leurs travaux doit revenir non à eux mais à la société qui les a rendus possibles.

Il serait absurde de nier cette coopération de la société présente et passée aux grandes productions du génie ; mais il serait tout aussi absurde de nier l'action du génie lui-même. Il a su tirer du sol les richesses accumulées par les siècles. Les autres hommes les y auraient peut-être laissé dormir pendant des siècles encore. On doit reconnaître à la société, c'est incontestable, sous peine de commettre un déni de droit, une part — la plus grande — du bénéfice des œuvres, sur la production desquelles elle a exercé une action prépondérante. Mais on est également obligé de reconnaître un droit sur ces bénéfices au génie sans lequel la moisson n'aurait pas germé.

D'ailleurs dans toute découverte, dans toute production intellectuelle, la part de la société est des millions de fois supérieure à celle de l'individu. Sans parler de la durée limitée de la propriété littéraire et de la propriété industrielle, sans rappeler la brièveté des brevets d'invention, peut-on vraiment mettre en balance les quelques millions qu'a retirés Victor Hugo de ses poésies, de ses romans, de ses drames, avec l'immense avantage moral qu'en a retiré l'humanité tout entière, et qui se perpétuera à travers les âges, comme s'est perpétué depuis deux ou trois mille ans le bienfait des travaux d'Eschyle, de Sophocle, d'Euripide.

Et dans les procédés industriels nouveaux, avant même que ceux-ci ne tombent dans le domaine public, l'inventeur peut-il éviter d'associer la société à ses profits?

Je prends un brevet dont le résultat doit être d'abaisser le prix de revient d'une marchandise utile. Si je veux tirer parti de mon invention, utiliser les quinze années que durera mon privilège, ne suis-je pas forcé, pour évincer mes concurrents, d'abaisser le prix de vente au-dessous du cours actuel? Sans doute la baisse s'accentuera encore dans quinze ans à l'expiration du brevet; mais même pendant les quinze années du brevet elle s'imposera à moi. Si je résiste, je ne vendrai rien, je ne gagnerai rien, et l'on n'aura pas à me reprocher des bénéfices que je n'aurai pas réalisés. Si au contraire je réalise des bénéfices, c'est que j'y aurai fait participer la société dans une proportion supérieure à celle dont j'aurai profité moi-même.

Il y a donc certainement des capitaux bien acquis, et s'il n'y en avait pas d'autres, la productivité du capital étant indiscutable, personne n'aurait le droit de s'élever contre le prélèvement opéré par le capitaliste sur la production nationale puisque le capitaliste serait le principal auteur de cette production.

Mais hélas! ces capitaux équitablement, légitimement, justement acquis, et par conséquent justement détenus par leurs propriétaires, forment une si minime part du capital total d'un pays qu'ils deviennent quantités aussi négligeables que les infiniment petits dont on ne tient pas compte dans le calcul différentiel.

Pour la part de beaucoup la plus grande, les capitaux sont au pouvoir non de ceux qui les ont créés, mais de ceux entre les mains desquels le hasard les a placés : ils proviennent le plus souvent non du travail personnel, mais de l'héritage, de la spéculation ou de ce que Georges appelait la conjoncture.

Que dire de l'héritage? il se présente à nous avec l'aspect d'une contradiction économique. Vu du côté du testateur il est juste : on ne peut refuser à l'auteur d'une fortune la faculté d'en disposer comme il l'entend. Il lui serait loisible de la dépenser; il ne saurait lui être interdit de la donner, et cette faculté lui est d'ailleurs un stimulant pour l'acquérir. Vu du côté de l'héritier, il revêt un aspect antisocial : un homme ne peut posséder justement que ce qu'il a produit, surtout dans une société où les capitaux sont eux-mêmes éléments de profits individuels.

Dès qu'un fait, une idée, présentent un rapport contradictoire et développent leurs conséquences en deux séries opposées, il y a dégagement à attendre d'un fait, d'une idée nouveaux et synthétiques. En un mot toute antinomie suppose une synthèse.

L'héritage nous présentant une antinomie, nous sommes donc logiquement amenés à en chercher la synthèse. Cette synthèse, la société capitaliste ne nous l'offre pas. Il y a lieu dès lors de la chercher en dehors d'elle. C'est là peut-être un des arguments les plus puissants, quoiqu'il n'ait jamais été donné, que l'on soit en droit d'invoquer contre la perpétuité du régime social actuel. C'est en même temps un argument très fort en faveur du collectivisme : le jour où le capital ne serait plus productif d'intérêts entre les mains des individus, où il ne représenterait plus que des bons de consommation, l'héritage perdrait toutes ses conséquences antisociales, et pourrait être conservé sans dangers, sans inconvénients.

Et la spéculation! Certes je ne suis point de ses contempteurs. Elle présente des abus comme toute chose en ce monde. Mais elle est le pivot de notre société capitaliste, et aussi longtemps que cette forme sociale subsistera, il sera fou de chercher à la supprimer ou même à la restreindre. Il faut citer ce qu'en dit Proudhon,

Au-dessus du travail, du capital, du commerce ou de l'échange et de leurs innombrables variétés, il y a encore la *spéculation*.

La spéculation n'est autre chose que la conception intellectuelle des divers procédés par lesquels le travail, le crédit, le transport, l'échange, peuvent intervenir dans la production. C'est elle qui recherche et découvre pour ainsi dire les gisements de la richesse, qui invente les moyens les plus économiques de se la procurer, qui la multiplie soit par des façons nouvelles, soit par des combinaisons de crédit, de transport, de circulation, d'échange; soit par la création de nouveaux besoins, soit même par la dissémination et le déplacement incessant des fortunes.

Par sa nature, la spéculation est donc essentiellement aléatoire, comme toutes les choses qui, n'ayant d'existence que dans l'entendement, attendent la sanction de l'expérience.

Un capitaliste trouve que ses fonds placés sur hypothèque ne lui rendent pas assez. Il passe avec un ou plusieurs armateurs, un contrat par lequel il leur prête, sur le corps du bâtiment et sur leurs cargaisons, une somme considérable en convenant que, si les objets périssent, le capital prêté sera perdu pour lui; si, au contraire, ils arrivent à bon port, il aura une part de 50 pour cent dans le bénéfice de la vente. — C'est ce que le code de commerce nomme *contrat à la grosse*, une vraie spéculation.

Une réunion de capitalistes se forme en société anonyme, avec approbation et sous la surveillance de l'Etat, dans le but d'assurer, moyennant une prime de 2 pour 1000, les propriétaires contre les risques d'incendie. Ils ont calculé, d'après la moyenne plus ou moins exacte des sinistres annuels, qu'à ce faible taux, insignifiant pour les assurés, les fonds de la compagnie, sans cesser de fonctionner dans d'autres entreprises comme capital, pouvaient, comme enjeu d'une opération aléatoire, rendre 50, 100 et 150 pour 100 de bénéfice net annuel. — Spéculation.

On connaît l'histoire de ce fabricant de chapeaux de paille d'Italie qui offrit 10,000 francs à une femme de chambre de l'impératrice Joséphine, si elle parvenait à faire porter par sa maîtresse un de ses chapeaux. La mode en effet ne tarda pas à s'en répandre parmi toutes les dames de la capitale, et fit la fortune de l'industriel. — Spéculation.

Un ingénieur se dit que, s'il trouvait le moyen de réduire de 4 kilogrammes à 1, par heure et force de cheval, la dépense du combustible dans les machines à vapeur, ce serait comme s'il avait découvert une mine de houille dont la richesse exploitable serait égale à la quantité de charbon qui se fût consommée en plus de 1 kilogramme par heure et par force de cheval, dans toutes les machines à vapeur. Il dépense un million en études et essais : réussira-t-il ? ne réussira-t-il pas ? Si oui, sa fortune peut être décuplée; si non, il perd tout. — Spéculation.

Dans tous ces exemples, la spéculation est éminemment productive, non seulement pour le spéculateur, mais pour le public qui participe aux résultats.

Le contrat à la grosse est productif, puisque, s'il ne se trouvait personne pour courir le risque de la mer, il n'y aurait pas de commerce maritime.

L'assurance est productive, puisqu'elle fait disparaître presque en entier les dangers de l'incendie en les distribuant sur un très grand nombre de propriétés.

Le pot-de-vin payé à une femme de la Cour a été productif (nous ne parlons pas en ce moment du côté moral de la spéculation, nous y reviendrons tout à l'heure), puisqu'il a causé un surcroît de production dans l'industrie des chapeaux.

L'ingénieur mécanicien serait producteur s'il parvenait à réaliser sa pensée; il produirait trois fois autant que l'industrie minière, puisqu'il réaliserait une économie de combustible égale, en ce qui concerne les machines, aux trois quarts de la consommation.

Et après avoir multiplié encore les exemples de spéculation productrice, Proudhon ajoute :

Ainsi donc, la spéculation est, à proprement parler, le génie de la découverte. C'est elle qui invente, qui innove, qui pourvoit, qui résout, qui, semblable à l'Esprit infini, *crée de rien* toutes choses. Elle est la faculté essentielle de l'économie. Toujours en éveil, inépuisable dans ses ressources, méfiante dans la prospérité, intrépide dans le revers, elle avise, conçoit, raisonne, définit, organise, commande, LÉGIFÈRE ; le TRAVAIL, le capital, le commerce *exécutent*. Elle est la tête, ils sont les membres. Elle marche en souveraine, ils suivent en esclaves.

Mais toute médaille a son revers et Proudhon poursuit :

La spéculation ne pouvait échapper à la loi commune : et comme les pires abus sont ceux qui s'attachent aux meilleures choses, *corruptio optimi pessima*, c'est sous le nom de spéculation que le parasitisme, l'intrigue, l'escroquerie, la concussion dévorent la richesse publique et entretiennent la misère chronique du genre humain.

La spéculation, avons-nous dit, est essentiellement aléatoire. Toute combinaison industrielle, financière ou commerciale, emporte avec elle un certain risque; par conséquent, à côté de la rémunération d'un service utile, il y a toujours, ou presque toujours, un bénéfice d'agio.

C'est cet agio qui sert de prétexte ou d'occasion à l'abus.

En tant qu'il sert de compensation au risque que toute spéculation productive emporte avec elle, l'agio est légitime. Recherché pour lui-même, indépendamment de la production spéculative, l'agio pour l'agio enfin, il rentre dans la catégorie du pari et du jeu, pour ne pas dire de l'escroquerie et du vol : il est illicite et immoral. La spécu-lation ainsi entendue n'est plus que l'art, toujours chanceux cepen-dant, de s'enrichir sans travail, sans capital, sans commerce et sans génie; le secret de s'approprier la fortune publique ou celle des particuliers sans donner aucun équivalent en échange : *c'est le chancre de la production, la peste des sociétés et des Etats.*

Et Proudhon termine ainsi son chapitre après avoir cité encore de nombreux exemples :

Nous ne nous étendrons pas davantage sur cette matière. On voit, par ces quelques exemples, qu'autant la condition aléatoire, inséparable de toute spéculation sérieuse, fournit de prétexte à la spéculation abusive ; autant les erreurs, dont la première est invo-lontairement et innocemment susceptible, fournissent d'excuses et de déclinatoires à la seconde. C'est une mer remplie d'écueils, de bas-fonds, de courants et d'entonnoirs, visitée par les trombes, les glaces, les brouillards, les ouragans, infestée par les flibustiers et les corsaires.

Voici donc une seconde antinomie qu'il est impossible, qu'il serait funeste, d'essayer de réduire dans notre société bourgeoise. A supposer qu'un gouvernement en eût la force — ce qui est d'ailleurs une hypothèse gratuite, la spéculation ayant une force supérieure à celle de tous les pouvoirs établis, elle l'a montré à toutes les époques, — on ne pourrait résoudre l'antinomie de la spéculation qu'en supprimant la spéculation elle-même; on ne pourrait sup-primer l'abus qu'en supprimant l'usage et la suppression de l'usage aurait pour conséquence la ruine du pays.

C'est pourquoi les exceptions de jeu, les impôts sur les transactions de la bourse et du commerce, les limitations des marchés à terme et des marchés à prime sont de nos jours des mesures non seulement sans utilité, mais des mesures à la fois vexatoires pour les particuliers, nuisibles aux intérêts généraux, ruineuses pour les pays qui y recourent et génératrices de richesse pour les pays qui, en cette matière comme en toutes les autres, respectent la liberté. Il n'en reste pas moins évident que puisque nous constatons encore ici une antinomie, puisque toute antinomie suppose une synthèse, et puisque notre société bourgeoise ne peut nous apporter cette synthèse, il y a présomption d'une société future qui nous l'apportera.

Ainsi, l'hérédité et la spéculation sont impuissantes à nous fournir une base solide capable, en établissant la légitimité de la possession des capitaux par leurs détenteurs, de légitimer du même coup le prélèvement opéré par ces derniers sur la production. La conjoncture, le hasard, la chance ne nous fournissent pas un fondement plus solide pour la propriété qui dérive d'eux.

J'achète aujourd'hui un terrain à 10 centimes le mètre carré, ou même bien au-dessous si c'est une terre inculte et impropre à la production agricole. Plus tard on bâtit dans mon voisinage et une ville s'ébauche à côté de moi. Puis un chemin de fer qui dessert cette ville naissante en accroît rapidement l'importance et le nombre des habitants ; les maisons se multiplient, le prix des terrains s'élève et je revends à 200 francs le mètre carré ce que j'ai payé 10 centimes. Avec 1000 francs j'ai acheté 10,000 mètres carrés. Je les revends deux millions ; j'ai échangé chaque franc contre 2,000 francs. Où est le travail qui m'a rendu possesseur de cette fortune ? Il n'y en a pas. Elle m'est venue pendant que je dormais sans que rien me l'ait fait prévoir et pressentir. — Et que si je l'ai prévue, si je l'ai pressentie, mon acquisition sans travail s'est doublée d'un vol. J'ai spolié en le lui achetant à 10 centimes, alors qu'il ignorait ce que je savais, l'ancien propriétaire du terrain.

Ainsi donc ni l'héritage, ni la spéculation, ni la conjoncture ne donnent une base juste à la propriété. Par voie de conséquence il faut conclure que toute fortune basée sur la productivité du capital est elle-même abusive. Si la productivité du capital, nous ne saurions en effet le trop répéter, justifie le prélèvement opéré par le capitaliste, elle ne saurait le faire qu'à une condition, c'est que le capitaliste tienne son capital d'une source juste. S'il ne le tient pas d'une source juste, ce capital ne s'incorpore pas à sa personne et ne lui confère aucun droit aux produits.

La spéculation la plus normale devient alors inique. Dans l'exemple du contrat à la grosse cité par Proudhon, les 5o o/o de bénéfice réclamés par le prêteur et justifiés par l'aléa supposent que la somme prêtée par lui était le fruit de son travail. Si elle ne se trouve entre ses mains que par l'effet d'un héritage, d'un jeu, d'une conjoncture, il peut la posséder en droit écrit ; en droit naturel elle ne lui appartient pas, et le bénéfice qu'il prélève sur le résultat de l'entreprise maritime ne lui appartient pas davantage.

Puisque les capitaux dont l'origine est à l'abri de toute attaque, ceux qui sont le fruit du travail, du talent, du génie, ceux que légitime le service rendu à la société tout entière, sont une exception à peine perceptible dans la masse des capitaux, Karl Marx et Lassalle ont raison dans leurs conclusions, malgré leur erreur théorique fondamentale.

Pour que la science fût en droit de condamner leurs conceptions, il faudrait que l'on pût se faire de la propriété une idée tout autre que ne s'en font les économistes. Il faudrait que la possession d'une fortune fût assimilée à une fonction et son possesseur à un fonctionnaire ; il faudrait envisager le capitaliste comme remplissant le rôle de préposé à la gestion de la richesse sociale à la manière des administrateurs d'une compagnie anonyme relativement à l'actif de cette compagnie ; il faudrait que le capital dont il dispose ne représentât pas le fruit d'un travail personnel et n'eût pas pour but une jouissance personnelle ; il faudrait considérer le rentier, le patron, comme investis de leurs fortunes par la société, en vertu d'un acte régalien analogue, quoique tacite, à celui par lequel le gouvernement nomme un préfet, un procureur général, un général de division. Dans ce cas l'hérédité, la conjoncture, la spéculation seraient les formes adoptées par la société pour effectuer cet investissement. La nature un peu primitive, un peu cahotique de ces formes n'enlèverait d'ailleurs rien au caractère fonctionnaire du capitaliste, pas plus que la vénalité des charges, en Angleterre il y a trente ans et chez nous avant la révolution, n'enlevait quoi que ce fût de ce caractère à leur acquéreur. Le détenteur d'une charge acquise à prix d'argent ne devenait pas un propriétaire au sens philosophique du mot. Dans l'hypothèse où nous nous plaçons, le capitaliste ne le deviendrait pas davantage ; la critique socialiste devrait dès lors se placer sur un terrain tout à fait nouveau où d'ailleurs elle pourrait rencontrer des assises tout aussi solides.

CHAPITRE III

I

L'hypothèse par laquelle nous venons de terminer le précédent chapitre est conforme à la réalité des faits. Aux yeux de tout économiste assez ouvert pour fonder ses théories sur l'observation et non point pour accommoder l'observation à ses théories, il est évident que la propriété représente une délégation sociale et n'est pas un droit naturel ainsi qu'on l'a indûment professé au siècle dernier.

Un jour au Conseil d'Etat, sous le Consulat — ou sous l'Empire ? — le conseil discutait une question de propriété. A qui, dans telles conditions, appartiendrait tel champ déterminé ? Au point de vue du droit, la solution paraissait épineuse et les légistes entassaient argument sur argument sans arriver à aucune conclusion.

Fatigué de la prolongation indéfinie de cette délibération stérile, Napoléon exprima son mécontentement. Je n'ai plus sous les yeux le texte des paroles qu'il prononça, mais le sens en était ceci :

« Finissons-en ! La société n'a nul intérêt à ce que la terre dont il s'agit appartienne à X, plutôt qu'à Y. La

seule chose que l'intérêt social exige, c'est que l'on sache
nettement, sans hésitation possible, à qui elle appartient.
Adoptez donc sans tant de détours une solution, l'une ou
l'autre ; et comme il n'importe que ce soit l'une plutôt
que l'autre, cessez de discuter et prononcez-vous ! »

Le Conseil d'Etat s'inclina devant la volonté du maître
et se prononça, pour ainsi dire au hasard, pour l'une des
deux solutions. C'est bien là la délégation sociale ou je ne
m'y connais pas. Si la propriété était un droit naturel,
intangible ; si c'était un prolongement de la personne humaine, Napoléon n'aurait pas pu sans abus exprimer la
pensée que nous venons de reproduire, et les conseillers
d'Etat n'auraient pas pu s'y rallier. Il aurait fallu, sous
peine de faire commettre à la société une spoliation et
un crime, rechercher à qui le champ appartenait réellement et l'accorder à celui-là seul. Dire qu'il importait peu
s'il appartenait à Y ou à X, c'était dire implicitement
qu'il n'appartenait à personne et que la société le concé-
dait à qui bon lui semblait : telle une fonction de préfet ou
de procureur général qu'elle confère à qui bon lui semble
sans que nul puisse se prévaloir d'un droit antérieur à
cette décision.

Y a-t-il intérêt pour le corps social à abandonner la
gestion des réserves sociales à des particuliers investis de
ce droit par les hasards de la naissance, les chances de la
conjoncture et les aléas de la spéculation ? Ou bien l'intérêt du plus grand nombre est-il de supprimer cette délégation et de charger de cette gestion des fonctionnaires
proprement dits ? tel est au fond le seul problème dans
lequel réside la question de l'individualisme et du collectivisme. Tout le reste n'est que subtilité métaphysique.

Si nous laissons momentanément de côté, sauf à y revenir plus tard parce qu'elles sont un élément important
de la solution, les objections que nous avons élevées contre le système collectiviste ; si nous examinons la question

en elle-même, nous verrons bien vite que celle-ci comporte une double étude. Suivant, en effet, que la propriété est considérablement divisée ou qu'elle se prouve répartie en peu de mains, ses effets sont différents et il faut nécessairement envisager les deux hypothèses.

La propriété est-elle répartie entre un très grand nombre de capitalistes, il nous paraît indiscutable que la fraction du produit total prélevé par le capital devient considérable ; est-elle au contraire concentrée en un petit nombre de mains, cette fraction devient plus faible. On se l'explique aisément. Quelque exagérées que soient ses dépenses, quelque nombreux que soit son personnel, et à moins de supposer le jeu ou des dons, qui représentent un déplacement de fortune et non une consommation, un milliardaire est limité dans sa dépense. Le possesseur d'un revenu de 20 millions en consommera une fraction beaucoup plus faible que ne le feraient 20,000 rentiers possédant chacun une rente de 1000 francs. Ces 20,000 rentiers dépenseraient sûrement la totalité de leur revenu sans rien réserver. Le milliardaire, au contraire, épargnera peut-être seize ou dix-huit millions sur les vingt millions annuellement perçus par lui.

Or, comme il est nécessaire que des réserves se fassent, il est à craindre dans le cas où le capital est divisé, que celles-ci ne soient prises sur le salaire du travailleur.

La gestion de la fortune sociale est par conséquent d'autant plus coûteuse que le capital est plus disséminé, et ceci serait déjà favorable au collectivisme où nous trouvons la concentration maxima.

Il est donc nécessaire de rechercher d'abord si le capital se dissémine ou se concentre. On ne peut pas se prononcer encore avec certitude sur cette question. D'une manière absolue il semble se diviser : les possesseurs d'un fragment du capital social paraissent être plus nombreux aujourd'hui qu'autrefois. Mais il se peut qu'au point de vue relatif il se concentre, autrement dit, que, sur 100 milliards de capital, par exemple, la proportion concentrée dans les mains de quelques ploutocrates, soit plus élevée que dans le passé. L'augmentation de la fortune publique permet à la concentration relative de s'accroître simultanément avec la dissémination absolue. Il suffit pour cela que le capital se dissémine moins qu'il ne se multiplie.

Ce qui rend le problème très difficile à résoudre, c'est la formation des sociétés par actions dont le développement devient de jour en jour plus considérable.

Que le machinisme ait entraîné la concentration de l'outil industriel, et que la concentration de l'outil industriel ait entraîné la concentration de l'outil commercial et de l'outil du crédit, des banques, il n'y a pas de doute possible sur ce point. Un petit possesseur de forges catalanes et même un possesseur moyen de hauts fourneaux ne pourraient de nos jours lutter contre les grandes usines métallurgiques modernes. Un magasin de nouveautés ordinaire ne luttera pas davantage contre le Bon Marché et le Louvre, et les quelques grands établissements de crédit, tels que le Crédit Lyonnais, le Comptoir d'Escompte et la Société générale en France, sont en voie de faire disparaître toutes les petites banques privées. Les gros mangent les petits, cela est indiscutable, et l'expropriation graduelle de la petite banque, du petit commerce, de la petite industrie est chose qu'aucun économiste ne peut nier.

Si les grands établissements qui se substituent graduellement aux petits appartenaient chacun à une personnalité unique, la concentration du capital en quelques mains serait la conséquence forcée de cette concentration de l'outil. Mais il n'en va pas ainsi. La plupart de ces grands établissements, indivisibles en tant qu'appareils de production sociale, sont divisibles en tant que valeur. Ils sont **représentés par des actions,** c'est-à-dire par des morceaux de papier donnant droit à une partie des bénéfices généraux.

Il se pourrait donc que l'expropriation de la petite banque, de la petite industrie, du petit commerce, n'eût pas pour corollaire la concentration du capital. Il suffirait pour cela que le nombre d'actions dans lesquelles le capital du Crédit Lyonnais, je suppose, est divisé se trouvât réparti en un nombre de mains égal ou supérieur à celui des anciens banquiers privés expropriés par cette institution. Si en outre ces actions rapportaient à leurs possesseurs autant ou plus que ne leur rapportaient leurs anciennes banques individuelles, l'expropriation ne serait qu'apparente. L'individu exproprié y gagnerait. Il continuerait à toucher le produit de son capital sans avoir à le faire valoir lui-même, et il y aurait pour lui une économie de force et de temps qu'il pourrait utiliser soit à accroître ses loisirs, soit à entreprendre un autre travail lucratif personnel.

Mais quelque solution que l'on apporte à ce problème, que l'on croie à la dissémination du capital représenté par les sociétés par actions, ou que l'on soutienne la thèse de sa concentration, il est un fait qui demeure incontestable : l'accumulation des capitaux personnels ou associés sur des points déterminés, et dans des entreprises colossales qui semblent défier tout morcellement de l'industrie, du commerce et du crédit.

Je dis : « semblent défier, » car rien n'est sûr, pas même cela. La société ne paraît pas être animée d'un mouvement rectiligne. Elle paraît progresser par une série d'oscillations, et rien ne prouve qu'à un moment donné elle ne soit pas appelée à changer de direction. La science a amené la concentration de l'usine résultat de la découverte de la puissance de la vapeur ; la science pourrait amener un mouvement inverse par la décentralisation de la force. L'énergie électrique susceptible de se diviser et de se subdiviser à l'infini pourrait permettre le retour à la petite industrie individualisée.

Mais en l'état cette décentralisation n'apparaît pas comme très probable, parce que l'industrie opère avec de gigantesques outils qui ne comporteraient pas la dispersion de l'usine. A supposer que l'électricité, les machines à gaz ou à pétrole, les automobiles vinssent corriger dans une certaine mesure ce que la concentration actuelle présente de violent et de brutal, l'accumulation nous semblerait encore devoir demeurer la règle générale, et celle-ci, qu'elle se borne à l'outil ou qu'elle s'étende à la valeur elle-même, présente des conséquences sociales considérables.

Nous avons signalé le renchérissement de la gestion sociale comme lié à la division du capital. Nous avons dit que plus ce dernier est disséminé, plus considérable est le prélèvement opéré par lui, et nous en avons conclu que sa concentration est plus avantageuse à la société que sa dissémination.

On objecte à cette conclusion que la division du capital rachète ce défaut par un essor plus grand donné à la production. Le petit capitaliste, dit-on, par l'âpreté qu'il met à défendre une industrie qui doit l'enrichir personnellement, par l'ardeur qu'il apporte à en accroître le plus qu'il peut l'énergie productive, est générateur d'éléments de richesse dont la grande industrie ne fournit pas l'équivalent. On ajoute, c'est l'argument dont je me servais moi-même dans le discours que je prononçai en 1892 contre les grands magasins, que dans l'industrie morcelée, l'impossibilité de l'entente entre les patrons compense l'impossibilité de l'union entre les ouvriers, que les lock-out y sont aussi difficiles que les grèves, et que la loi de l'offre et de la demande en arrive par suite à s'exercer plus pacifiquement et à régler les salaires avec moins de heurts et moins de secousses.

Tout cela serait juste si l'outil ne se concentrait pas, si l'industrie, le commerce, la banque demeuraient morcelés. Mais tel n'est pas le cas. A moins que, comme nous venons d'en faire l'hypothèse, le transport de la force électrique ne vienne un jour renverser ce qu'a fait la vapeur ; à moins qu'elle ne nous ramène à la petite industrie par un de ces retours du pendule que l'on observe dans les phénomènes économiques et politiques tout comme dans les phénomènes qu'étudie l'astronomie — chose théoriquement possible mais à laquelle dans l'espèce je crois peu — ; à moins d'un renversement de la loi de centralisation industrielle et commerciale à laquelle nous assistons depuis un siècle, l'industrie morcelée devient de plus en plus impossible. Si le capital se dissémine, cette dissémination se réalise sous la forme des sociétés par actions et sans que pour cela il y ait la moindre espérance de voir renaître le petit commerce ou la petite industrie. Quelque pression législative que l'on essaie d'exercer en ce sens sur la société, on échouera, la science seule étant capable d'arrêter, s'il devait être arrêté jamais, le courant que seule elle a déterminé.

Mais si la banque, le commerce, l'industrie se concentrent, que deviennent les considérations relatives à l'énergie productive du capitaliste privé? Toutes les grandes entreprises participent de la forme des services publics. Ce sont, comme dans les ministères, quelques individus qui gèrent le fortune de tous. Les actionnaires du Paris-Lyon-Méditerranée ou du Creusot n'ont certainement pas plus d'action sur la direction de ces compagnies que n'en ont les électeurs politiques sur la gestion des chemins de fer de l'Etat ou des arsenaux de la marine. Les unions d'ouvriers ou de patrons demeurent aussi faciles, quel que soit le nombre des actionnaires, que si l'industrie se trouvait être le lot d'un capitaliste unique. En un mot nous ne pouvons plus compter sur les avantages du morcellement industriel probablement mort à jamais. S'il en est ainsi, et s'il est démontré que le prélèvement capitaliste soit plus fort avec la dissémination qu'avec la concentration du capital, nous ne pouvons plus invoquer la productivité plus grande du capital morcelé comme compensation au coût plus élevé de sa gestion.

On prétend que cent banquiers produiraient plus que le Crédit lyonnais. Cela est loin d'être certain et je crois pour ma part le contraire à cause de la réduction que la concentration opère sur les frais généraux. C'est cependant à la rigueur possible et c'est une hypothèse que l'on peut soutenir. Seulement si même cette hypothèse était fondée, si ces cent banquiers produisaient plus que le Crédit lyonnais ils coûteraient aussi beaucoup plus et les deux résultats se compenseraient.

Mais lorsqu'on raisonne dans l'hypothèse de petites banques privées opposées au Crédit lyonnais, on raisonne dans une hypothèse irréalisable. Ce n'est donc point entre une banque unique et cent banques privées que le problème se pose, c'est entre cent actionnaires et un propriétaire unique de la banque centralisée. Ici la solution n'est plus douteuse : les actionnaires ne travaillant pas, n'augmentant pas la faculté productive de l'institution, ne compensant pas la plus grande cherté de leur gestion par une production plus intense, plus ils seront nombreux, moins grandes seront les réserves et plus grand sera le prélèvement capitaliste réel.

Si maintenant nous nous arrêtons à une hypothèse opposée à la précédente; si nous admettons l'expropriation graduelle non seulement des professions privées, mais des fortunes privées ; si nous supposons que les petites bourses se vident dans les gros coffres-forts et que la totalité ou la presque totalité du capital social tende à s'accumuler dans les seules mains de quelques milliardaires, nous n'avons plus à redouter le prélèvement de l'oisif sur le travailleur. Quelque grande que puisse être en chiffres absolus la consommation de ces ploutocrates, elle est à peu près nulle relativement à l'ensemble de la production, et la presque totalité des profits non distribués peuvent être considérés comme placés à la réserve.

Nous nous rapprochons de l'Etat collectiviste et nous n'avons plus à nous demander qu'une chose : si la gestion par la société opérant en régie est plus ou moins avantageuse à la masse que cette gestion confiée à quelques-uns.

Il serait facile d'épiloguer indéfiniment sur ce point et d'éterniser une telle controverse. Mais, pour ma part, il me semble que si l'on en devait arriver là, la gestion sociale serait de beaucoup préférable à cette forme de gestion individuelle monopolisée.

Le milliardaire est un simple gérant de la fortune sociale ; pour lui les pièces d'or sont des cailloux, la satisfaction de ses besoins n'étant point intéressée à leur accroissement ou à leur diminution ; cela est vrai, je le sais ; mais je sais aussi qu'il se fait illusion et qu'il finit par se croire possesseur réel, par droit naturel, de sa fortune. Il met, par suite de cette illusion, son amour-propre à s'enrichir indéfiniment et il apporte par cela même à la direction de ses affaires, une attention plus soutenue que ne le ferait un fonctionnaire public. Je sais tout cela. Je sais que sa surveillance toujours en éveil, son activité ininterrompue pourront rendre plus productives les entreprises qu'il dirigera et que, vue sous cet angle, cette forme de gestion sociale présenterait certains avantages sur la forme en régie que défend l'école collectiviste.

On ne peut pas toutefois ne considérer que le côté économique de la question. L'accumulation entre les mains de quelques-uns de toute la fortune sociale donnerait aux détenteurs de la redoutable fonction dont ils se trouveraient investis une puissance excessivement dangereuse. Nous avons émis des craintes pour la liberté dans l'hypothèse de l'Etat unique producteur, unique dispensateur des richesses : que serait-ce si cet Etat géré par des hommes élus et responsables était remplacé par dès individus en qui se concentreraient avec toutes les richesses, tous les pouvoirs. Une société ne peut pas s'exposer à un pareil péril.

D'autre part comme ces ploutocrates n'arriveraient probablement jamais à l'unité; comme ils constitueraient une aristocratie et non une monarchie, des rivalités terribles éclateraient entre eux au grand détriment de la fortune publique.

Enfin nous avons émis la crainte de voir une démocratie collectiviste distribuer une fraction trop considérable de la production annuelle et ne pas doter suffisamment les amortissements et les réserves. Avec la ploutocratie il y aurait lieu de concevoir une crainte opposée; il y aurait à redouter que chacun des princes de la finance, en vue d'accroître sa puissance et de supplanter ses rivaux, n'en vînt à mettre le plus possible à la réserve et à restreindre dans les plus étroites limites la distribution.

Or réserver trop ou ne pas réserver assez sont deux dangers à peu près égaux quoique de nature contraire. L'homme travaille en somme pour consommer, pour jouir, pour développer ses facultés et non pour entasser des richesses dans les caves des banques à la façon des avares. Une distribution trop considérable enraye le progrès en enlevant au corps social ses moyens d'action; une distribution insuffisante, en empêchant les besoins humains d'être satisfaits, atteint le moral des travailleurs, paralyse leur activité, et met en péril leur puissance productive.

Entre la ploutocratie et la démocratie collectiviste — quels que fussent les inconvénients possibles du collectivisme — mieux vaudrait mille fois la démocratie collectiviste. D'ailleurs la ploutocratie engendrerait fatalement le collectivisme, car il ne serait pas conforme aux sentiments humains qu'un peuple se laissât réduire en esclavage par quelques possesseurs de milliards.

Nous pouvons donc conclure de cette première étude que si la théorie de Karl Marx est insoutenable, sa critique de la société capitaliste n'en est pas moins sérieuse.

La propriété ne se justifie pas en droit naturel; c'est une délégation sociale, et cette délégation ne paraît être conforme à l'intérêt social ni dans l'hypothèse où le capital se concentre ni dans l'hypothèse où il se dissémine.

S'il se concentre, si le nombre des « délégués à la propriété » se restreint, on tombe dans la ploutocratie. Celle-ci risque d'exagérer les réserves et de porter ainsi atteinte à la production, en même temps qu'elle exerce sur la société la plus dangereuse et la plus démoralisante des tyrannies.

Si, au contraire, c'est la dissémination du capital qui se produit, la gestion devient excessivement coûteuse.

Il y aurait cependant ici une réserve à faire. Dans le cas où le capital s'universaliserait selon la doctrine du socialisme libéral à laquelle je m'étais arrêté en 1890, son prélèvement s'annulerait de lui-même. Il serait excessif, cela est vrai, mais chacun étant à la fois capitaliste et ouvrier, il serait indifférent. Tout homme aurait un double aspect. Sous son aspect travailleur il céderait au capital une lourde part du produit de son travail, mais sous son aspect capitaliste il reprendrait cette part. Il aurait ainsi la totalité du produit et cela suffirait, le capital et le travail étant des abstractions, l'homme seul étant une réalité.

Au contraire, si le capital s'étend sans s'universaliser, ce qui, dans l'hypothèse de son extension, paraît être le plus probable, le prélèvement qu'il exerce sur les non-propriétaires s'accroît et cela dans une proportion d'autant plus forte que l'extension est plus large. Les inconvénients de sa dispersion ne sont plus compensés par rien, car ils ne disparaissent qu'à la limite extrême de l'universalisation et celle-ci est presque impossible à espérer.

La nuisance de la gestion capitaliste, aussi bien dans l'hypothèse de la concentration que dans celle de la dissémination du capital, ne donne cependant pas encore gain de cause au collectivisme. La société capitaliste est mauvaise et aboutit à une double impasse, soit! Mais il se pourrait que, sans être préférable au point de vue économique, la société collectiviste fût pire au point de vue de la liberté.

En tout cas, pour insuffisante que soit cette nuisance de la gestion capitaliste à justifier la solution collectiviste elle n'en a pas moins une très grande portée. Elle prouve qu'il serait abusif de prétendre avec M. Martineau, et ainsi que je le prétendais moi-même en 1890, que l'erreur d'argumentation commise par Karl Marx dans la théorie de la valeur implique la condamnation de tout son système.

Oui, la théorie est fausse; oui! il est faux que la valeur d'un objet soit la représentation du travail qu'il a coûté à produire. Oui! il est exact que la valeur est l'appréciation par l'acheteur et par le vendeur du service rendu.

Mais ceci n'explique pas pourquoi l'un est obligé d'acheter un service que l'autre est à même de rendre; cela ne justifie pas la propriété en droit naturel. Il ressort d'une étude complète que la propriété n'est que la gestion par les capitalistes de la fortune publique, et il reste uniquement à peser les avantages matériels et moraux comparés de cette gestion privée et de la gestion sociale. Nous venons d'examiner les conséquences de la gestion privée. Nous avons à examiner maintenant l'autre côté de la question.

CHAPITRE IV

DANGER D'UNE AFFIRMATION PRÉSOMPTUEUSE

I

Lorsque, de notre point de vue actuel, nous considérons l'hypothèse d'un Etat socialisé, nous reculons d'abord devant les conséquences d'une telle transformation. Le fonctionnarisme nous effraye. Nous ne comprenons pas les formes que prendra la répartition de la richesse. Nous craignons pour la liberté politique, voire même pour la liberté de consommation individuelle. Nous redoutons un défaut d'émulation et un accroissement de population qui se combineraient pour condamner le genre humain à la misère. Enfin le progrès nous paraît menacé par la suppression probable des industries de luxe et par les difficultés dont la manifestation des vocations serait entourée.

Toutes ces craintes sont naturelles, et si elles étaient absolument fondées, elles condamneraient sans réplique le système collectiviste.

Lorsque je dis qu'elles le condamneraient, je ne veux pas dire par là qu'elles démontreraient l'impossibilité de son avénement.

Il y a dans les sociétés comme chez les individus des

phénomènes morbides, des phénomènes de vieillesse, des phénomènes de décrépitude. Il se pourrait fort bien qu'une solution désastreuse s'imposât un jour à l'humanité. Nous ne croyons plus à une providence tutélaire. Rien ne nous prouve que notre état social doive forcément aller toujours en s'améliorant, qu'il ne soit pas soumis à des évolutions pathologiques et à des rétrogradations transitoires ou définitives.

Le collectivisme pourrait donc être pis que l'état actuel, et être cependant appelé à se substituer à l'état actuel.

Dans cette hypothèse notre devoir serait toutefois de le combattre de toute notre énergie, de toute notre force. Nous risquerions d'avoir le dessous dans cette lutte. Mais de ce qu'un médecin est souvent vaincu par la maladie, il ne s'ensuit nullement qu'il fasse œuvre vaine en la combattant ni même qu'il ait le droit de se soustraire à ce combat. Notre situation par rapport au corps social serait celle du médecin en présence d'un malade. Nous serions tenus de mettre à l'avénement du collectivisme tous les obstacles, toutes les entraves que notre raison nous suggérerait, au risque de succomber dans la bataille.

Par contre si, apparaissant comme la conséquence naturelle du développement humain, le collectivisme nous semble en outre appelé à apporter aux hommes plus de bonheur que notre société bourgeoise ne peut leur en assurer, il faut aiguiller hardiment dans cette direction et aider autant qu'il est en nous à son triomphe.

Certes! nos efforts ne peuvent pas grand'chose; et ils me donnent envie de rire, les révolutionnaires qui s'imaginent transformer la société par un acte de violence, par une catastrophe, par un cataclysme humain.

Je ne crois plus depuis longtemps aux Gouvernements qui réalisent des réformes et qui aident au progrès. « Toujours représenté », comme me l'écrivait récemment mon vieil ami Elysée Reclus, « par des hommes privilégiés, l'Etat se place par cela même en dehors des intérêts de tous et poursuit ses intérêts propres; » « je constate historiquement », ajoutait-il, « que les élus du peuple abandonnent toujours le peuple, dès qu'ils ont cessé de vivre avec lui. »

Reclus est dans le vrai, et lorsque nous attribuons à un gouvernement des progrès considérables nous sommes les victimes d'une illusion. Ce n'est pas l'Etat qui a déterminé ces progrès; il n'a fait que les enregistrer. Ils étaient la résultante de toute une série de phénomènes antérieurs. Ils sont venus à leur heure et la loi écrite s'est bornée à les constater. Peut-être a-t-elle contribué à renverser quelques obstacles derniers qu'ils rencontraient encore en travers de leur route; c'est tout.

Je vais plus loin. Par exception on a vu des hommes politiques se trouver en avance sur la société et décréter des réformes que l'état social ne comportait pas. Nous en avons eu deux exemples dans notre histoire : celui des Etats généraux de 1355 à 1358 secondés par le mouvement populaire de Paris que dirigeait Etienne Marcel, et celui de 1792 et 1793. — Dans ces rares circonstances l'œuvre ne survit pas à l'ouvrier; la législation disparaît en même temps que le législateur, quelquefois même avant lui.

Le mouvement que dirigeait Etienne Marcel fut admirable. Les Etats généraux de 1355 à 1358 formulèrent des principes qui devaient triompher 431 ans plus tard. Mais ces principes n'étaient pas mûrs sous Jean le Bon; ils n'étaient point en harmonie avec la société de cette époque barbare; ils furent emportés avec les précurseurs qui les avaient formulés.

De même est-il advenu pour toute une série des conquêtes de la révolution française. Depuis 1793 nous avons été entraînés par une réaction dont nous nous dégageons à grand'peine, dont le retour offensif nous menace en ce moment, et il suffit de comparer au nôtre le projet de code de la Convention, pour reconnaître qu'après plus d'un siècle nous sommes encore loin d'avoir réalisé dans nos lois et dans nos mœurs l'ensemble des progrès dont il renfermait l'affirmation doctrinale.

Si donc le collectivisme s'installe jamais, ce n'est point un gouvernement révolutionnaire qui l'installera. Capables parfois de modifier l'ordre politique, les révolutions sont toujours impuissantes à modifier l'ordre social. Le collectivisme, s'il est dans la destinée humaine d'en voir le triomphe, arrivera de lui-même, à son heure, quand l'évolution capitaliste sera achevée, par le jeu normal des forces naturelles et à l'instant précis marqué par elles pour son avénement.

Il ne sera pas la victoire d'une classe sur l'autre, et c'est pourquoi je ne saurais approuver les luttes de classes, les partis de classes. Il arrivera au contraire comme le moyen de résoudre les antagonismes des classes.

Lorsque, poursuivant une réforme constitutionnelle, j'ai cherché à substituer l'unité à la dualité de la représentation nationale, je n'ai pas dit comme Madier de Montjau : sus au sénat! Je me suis borné à dire : vive l'unité législative! Je n'ai attaqué ni le sénat ni la chambre; j'ai seulement réclamé un ordre constitutionnel nouveau.

De même j'estime que les socialistes ne doivent pas crier : sus à la bourgeoisie! Ils doivent, sans attaquer qui que ce soit, se borner à réclamer un ordre de choses nouveau.

La bourgeoisie n'est pas plus coupable que le peuple de la société actuelle. Elle subit sa loi comme le prolétariat subit la sienne, sans que ni l'une ni l'autre puisse rien contre le cours des événements et fasse autre chose que le subir.

Mais quelle que soit notre impuissance à déterminer une transformation qui ne serait pas dans la logique des choses, quelque restreinte que soit l'action des gouvernements, il n'est pas indifférent d'avoir au sommet de l'Etat des hommes résolus à entraver le progrès ou des hommes désireux de favoriser l'évolution humaine. La digue n'empêche pas le fleuve de passer, mais elle rend ses eaux torrentueuses et substitue une inondation dévastatrice à une irrigation bienfaisante. Il est préférable d'avoir l'irrigation en évitant l'inondation.

C'est pourquoi il importe de prendre parti pour ou contre le collectivisme. Suivant la direction que nous donnerons à notre esprit et par suite au pays, nous pourrons, qu'on me permette ce mot, rendre l'accouchement laborieux ou facile! Là se borne notre pouvoir; mais ce pouvoir vaut encore qu'on s'y arrête : une société ne se désintéresse pas de la souffrance et de l'effort.

Seulement il faut éviter, autant qu'il est en nous, de nous tromper, car si nous aiguillons, quelle que soit notre sincérité, sur la mauvaise voie, nous amènerons les conflits, les guerres, les souffrances, que nous aurons eu pour but d'éviter.

D'où un véritable sentiment d'angoisse pour le penseur.

Le collectivisme doit-il accroître notre bien-être ou est-il appelé à le diminuer? doit-il assurer notre liberté? ou nous apportera-t-il l'esclavage sous la forme de la caserne et du couvent industriels?

Il m'est apparu d'abord qu'il nous apportait la misère et l'esclavage et j'en ai dit les motifs.

II

Mais une réflexion plus intense a entamé cette conviction première.

Les novateurs ne luttent pas à armes égales avec les hommes de routine. Les défenseurs du passé connaissent dans ses moindres détails les institutions dont ils prennent la défense; les prophètes de l'avenir, au contraire, ignorent tous les détails des temps futurs dont ils annoncent la venue. Ils ne peuvent en prédire que les grands linéaments, les principes fondamentaux, et cela les constitue en notable infériorité.

Personne, pas plus en science qu'en politique, n'apporterait une vérité nouvelle si l'on se laissait arrêter par les objections de détail, si l'on attendait pour se faire une conviction que toutes les difficultés eussent disparu.

Quand Newton formula la loi de la gravitation, quand il lança cette vérité dans le monde : « les corps s'attirent en raison directe de leurs masses et en raison inverse du carré de leurs distances, » l'aurait-il formulée si les faits en apparence contraires à son principe, si les perturbations, l'avaient fait reculer? certainement non!

L'orbite d'Uranus n'était pas conforme à la loi, et une loi naturelle ne souffre pas d'exception. Fallait-il donc abandonner le principe de la gravitation universelle?

Newton ne le pensa pas. Avec la foi du savant, foi qui ne ressemble en rien à celle des Théologiens, foi qui repose non sur une révélation mais sur une masse de phénomènes concordants formant un ensemble auquel il paraît peu conforme à l'ordre universel que quelques phénomènes isolés puissent faire brèche, le grand anglais passa outre. Laissant à l'avenir le soin de dissiper par des recherches nouvelles les contradictions apparentes qui se mettaient au travers de sa découverte, il affirma nettement celle-ci et il eut raison. Deux siècles plus tard, un astronome français, Leverrier, donnait l'explication de la perturbation observée. Il l'avait attribuée à l'action d'une planète jusqu'alors inconnue qui se mouvant dans un orbite plus éloigné du soleil que celui d'Uranus devait exercer sur Jupiter une attraction inverse de celle de l'astre central. Partant de cette hypothèse, il calcula sur quel point du ciel se trouverait la planète hypothétique à une heure déterminée. Sur ce point les astronomes braquèrent leurs télescopes et ils eurent bientôt la joie de constater la présence du corps céleste dont l'induction avait révélé l'existence. Neptune était découverte et les lacunes de la loi de la gravitation étaient comblées.

On pourrait citer des cas semblables par centaines. J'en citerai un encore : Avogadro formula un jour l'hypothèse que sous un même volume, les gaz ramenés aux conditions normales de température et de pression, renferment le même nombre de molécules [1].

Ce principe amenait à modifier profondément la notation chimique. Allait-on l'adopter et renoncer à la notation ancienne? ou se cantonnerait-on dans la notation ancienne et le repousserait-on ?

1. L'hypothèse d'Avogadro fournissait aux chimistes un moyen infaillible de connaître le poids de la molécule d'un corps quelconque pourvu qu'il fût volatil, relativement à un autre corps gazeux pris pour terme de comparaison, pour unité arbitraire, l'hydrogène par exemple. On constatait par l'expérience qu'un litre d'oxygène pèse 16 fois plus qu'un litre d'hydrogène et l'on en déduisait cette conséquence rigoureuse qu'une molécule d'oxygène pèse 16 fois autant qu'une molécule d'hydrogène. D'autre part des faits d'ordre chimique ont porté les savants à admettre dans la molécule de l'hydrogène la présence de deux atomes identiques. Voulant adopter comme terme de comparaison pour les atomes et les molécules le poids le plus faible afin d'éviter les nombres fractionnaires, c'est naturellement l'atome d'hydrogène qu'ils ont choisi. Celui-ci pesant la moitié moins que la molécule du même corps, l'unité est devenue la moitié plus petite et les chiffres obtenus en comparant les gaz volume à volume ou, ce qui revient au même dans l'hypothèse d'Avogadro, molécule à molécule, se sont trouvés doublés. Ainsi un litre d'oxygène pesant 16 fois plus qu'un litre d'hydrogène, on a été amené à considérer la molécule d'oxygène comme pesant 16 fois plus que celle de l'hydrogène, soit 32 fois plus que l'atome

Deux chimistes de génie, Laurent et Gerhardt, tenaient pour la notation nouvelle. Presque tous les autres résistaient. Le principe d'Avogadro, auquel s'était rallié le grand Ampère, ne pouvait, disaient-ils, être exact parce que des corps dont le poids moléculaire déduit d'autres considérations était incontestable faisaient exception à la règle qui s'en déduirait. Les molécules de l'acide sulfurique et du chlorhydrate d'ammoniaque, par exemple, pèsent respectivement 98 et 53, 5, et ces nombres se trouvaient en désaccord avec la théorie. Ils étaient le double de ceux auxquels elle conduisait : la densité de la vapeur de l'acide sulfurique et celle du chlorhydrate d'ammoniaque étaient de moitié plus faibles qu'elles n'auraient dû être pour conduire respectivement aux poids moléculaires 98 et 53, 5. Ces exceptions n'étaient pas les seules ; il en existait beaucoup d'autres et cela paraissait suffisant aux adversaires d'Avogadro et d'Ampère pour déclarer leur hypothèse controuvée.

Laurent et Gerhardt cependant, malgré ces phénomènes particuliers, malgré ces détails, tenaient pour la loi. Ils pensaient que les exceptions observées s'expliqueraient un jour et ils refusaient de s'y arrêter. En effet, quelques années plus tard, plusieurs chimistes, en tête desquels il convient de placer mon maître Adolphe Wurtz, levaient la difficulté. L'acide sulfurique et le chlorhydrate

de ce même gaz, et l'on a exprimé le poids de la molécule — ou poids moléculaire — de l'oxygène par le chiffre 32.

Comme d'ailleurs on obtient le même chiffre 32 en comparant le poids d'un litre d'hydrogène non plus à celui d'un litre mais à celui de 2 litres d'oxygène, on a formulé ainsi le principe sur lequel s'appuie la détermination des poids moléculaires : le poids de deux litres d'un gaz ou d'une vapeur quelconque représente le poids de la molécule, le poids moléculaire, de ce gaz ou de cette vapeur. C'est ce que, dans le charabias chimique, on exprime en ces termes : « les poids moléculaires correspondent à deux volumes de vapeur. »

d'ammoniaque ne sont pas volatils. Quand on croit les vaporiser, on les dédouble en leurs éléments : l'acide sulfurique, en anhydride sulfurique et en eau, le chlorhydrate d'ammoniaque, en acide chlorhydrique et en ammoniaque. On obtient ainsi non plus une vapeur unique, homogène, mais un mélange de deux vapeurs distinctes, et, dans ces conditions, les densités ne sont que des densités apparentes. Leur valeur déterminée par l'expérience devient absolument conforme à la théorie. La perturbation disparaît. Le fait observé rentre dans la loi. Ce cas est même un de ceux où il est permis de dire que l'exception confirme la règle. Gerhardt et Laurent, en hommes à large vue, avaient dans un élan de génie, compris qu'il fallait s'attacher à la loi générale ; ils avaient compris qu'il convenait de négliger des détails que l'avenir se chargerait de ramener à la norme. L'avenir a confirmé leurs prévisions.

Et que de fois, dans le domaine industriel, le même phénomène ne s'est-il pas rencontré ?

Fulton propose à Napoléon Ier les bateaux à vapeur. Mais il n'est probablement pas suffisamment entré dans l'analyse de sa découverte. L'Institut aperçoit des difficultés — des difficultés apparentes ! — il ne se dit pas que ce sont là problèmes secondaires que l'expérimentation résoudra ; il repousse Fulton.

Lebon apporte à la France le gaz de l'éclairage. Les savants français examinent son invention. Que de causes d'insuccès ils y aperçoivent ? Que coûtera la canalisation ? Combien de temps durera-t-elle ? Comment empêchera-t-on les fuites ? Comment y remédiera-t-on, si elles se produisent, sans un remaniement total ? Et si l'on n'a pas le moyen de reconnaître sur quel point la fuite se produit, que de pertes à redouter, que d'explosions à craindre ! La science française éconduisit Lebon.

Nous avons raconté plus haut comment, lorsqu'on posa

le premier câble transatlantique, le savant Gavarret prophétisait l'insuccès de la tentative en affirmant qu'on n'arriverait pas à vaincre l'action perturbatrice des courants d'induction.

Et les chemins de fer? Et les télégraphes électriques? Se rappelle-t-on M. Thiers déclarant avec dédain que les premiers pourraient tout au plus servir de joujoux pour aller de Paris à Versailles, et que les seconds seraient de simples amusettes bonnes pour correspondre de la cave au grenier?

Si tout le monde avait écouté les savants qui repoussaient Fulton et Lebon; si tout le monde avait partagé les craintes de Gavarret; s'il ne s'était pas trouvé des esprits audacieux prêts, au risque de passer pour chimériques, à hausser les épaules devant les objections de M. Thiers, le monde en serait encore à attendre l'éclairage au gaz, les bateaux à vapeur, la télégraphie électrique, les chemins de fer et les câbles intercontinentaux. Heureusement des esprits hardis ont passé outre aux détails et ont abordé ces problèmes. C'est à eux que nous devons tous les progrès scientifiques de l'humanité.

III

En sociologie cette nécessité de négliger les détails s'impose bien plus encore que dans les sciences exactes.

Nous ne connaissons qu'une seule humanité. Encore la connaissons-nous bien imparfaitement, puisque nous ne savons rien de son avenir et que de son passé nous savons bien peu de chose.

Lorsque nous observons un végétal, un animal ou un homme, nous pouvons prédire sûrement qu'il grandira, qu'il mûrira, qu'il vieillira et qu'il mourra. Nous avons vu les végétaux, les animaux et les hommes qui les ont précédés. Tous ont grandi, ont mûri, ont vieilli et sont morts. Il nous a été facile d'en déduire une loi universelle très sûre que nous appliquons à tous les individus sans courir le moindre risque d'erreur.

De même si, parcourant les mondes qui sillonnent l'espace, il nous avait été donné d'observer des milliers d'humanités, d'en suivre le développement, de voir comment chacune d'elles évolue, par quelles phases elle passe, de quelle manière elle s'éteint, il nous serait possible de préciser très exactement quelle est la phase à laquelle est parvenue l'humanité terrienne et quelles autres phases sont appelées à lui succéder.

Mais ce qui se passe dans les autres mondes nous est inaccessible. Sur notre planète même nous ne pouvons rien inférer des espèces disparues antérieurement à l'espèce humaine ou postérieurement à sa venue : d'abord parce que nous ne connaissons pas l'histoire de ces espèces ; ensuite parce que privées d'intelligence, de moralité, d'industrie, elles ne peuvent sous aucun rapport être comparées à la nôtre.

Nous sommes donc en présence du genre humain, et ne possédant aucune observation extérieure, nous nous trouvons sans critère pour distinguer une évolution physiologique d'une évolution pathologique, un phénomène progressif d'un phénomène régressif. Lorsque les sociétés humaines nous semblent suivre une marche déterminée vers un point donné, rien ne nous indique si cette marche se continuera en ligne droite, ou si, cette ligne s'infléchissant, l'homme se dirigera vers un but différent de celui vers lequel il paraît se diriger à l'heure où nous sommes, ou même vers un but opposé.

De là l'impossibilité pour nous de prévoir dans leurs linéaments, dans leurs détails, les sociétés de l'avenir. Nous pouvons bien — au risque de nous tromper du tout au tout en n'ayant pas prévu un infléchissement de la courbe — prédire que l'homme marche vers une forme sociale dont le principe générateur est susceptible d'être déterminé. Nous pouvons bien être amenés, par les faits que nous observons, à affirmer que l'humanité s'achemine vers le collectivisme ou vers l'individualisme. Mais exiger plus des novateurs ; vouloir qu'ils nous décrivent avec précision tous les organes de la société future, ce serait folie et chimère.

Il s'est créé bien des sectes ; bien des penseurs ont cherché à soulever le voile du destin. Mais, on peut le dire hautement sans crainte d'erreur, si quelques-uns de ces penseurs ont entrevu le principe général qui régira nos descendants, aucun de ceux qui ont cru pouvoir prédire les détails des organisations futures n'a possédé la vérité. S'il leur était donné de revivre dans quelques siècles, ils seraient probablement fort étonnés du cours qu'auront alors pris les choses et que, selon toute vraisemblance, ils n'auraient pas prévu.

Ni Proudhon, ni Auguste Comte, ni Herbert Spencer, ni Elysée Reclus, ni Lassalle, ni Karl Marx, malgré leurs profondes recherches, ne sont encore parvenus à résoudre avec quelque précision le problème de l'avenir. La science sociale n'est point assez précise pour que l'induction, et moins encore la déduction, puisse y être appliquée lorsqu'on entre dans les détails.

Les grands penseurs qui vivaient dans l'antiquité, et parmi eux le puissant cerveau que fut Aristote, considéraient comme tout à fait chimérique l'abolition de l'esclavage. Ils ne comprenaient pas le travail libre ; ils n'avaient conçu ni le mécanisme de l'industrie morcelée des corporations de l'ancien régime, ni celui de notre grande industrie moderne.

Et sans remonter à l'antiquité ; en nous arrêtant à l'époque de la révolution française, n'est-il pas certain qu'aucun des grands réformateurs qui appliquaient les principes formulés par les économistes, qui proclamaient

comme sacro-sainte la doctrine du laissez-faire et du laissez-passer, qu'aucun de ces grands citoyens ne pouvait
prévoir ce que devait devenir, au bout d'un siècle à peine,
la société dont ils jetaient les fondements ?

> O ! demain c'est la grande chose.
> De quoi demain serait-il fait ?
> L'homme aujourd'hui sème la cause.
> Demain Dieu fait mûrir l'effet.

Et cependant cette ignorance où nous sommes de ce
que sera demain ne saurait nous dispenser de prendre
parti aujourd'hui. Pour ignoré qu'il soit de nous, demain
est fils d'aujourd'hui, et aujourd'hui ce sont nos actions,
c'est notre œuvre.

« Marche, marche ! » nous dit la loi universelle. Et devant cette injonction impérative il nous faut aller, il nous
faut choisir, il nous faut marcher. Si grand que soit en
nous le scepticisme et le doute, nous ne pouvons nous y
attarder : il est contraire à la vie et la vie est notre loi
aussi longtemps que pour nous la tombe n'est pas ouverte.

A l'heure actuelle, nous nous trouvons comme Hercule
placés au croisement de deux routes ! Par l'une d'elles
vient à nous l'individualisme actuel, qui nous invite à le
suivre et à nous reposer en lui, en faisant état de la religion et de l'armée pour protéger notre lit de repos. Par
l'autre arrive le collectivisme qui nous engage à entrer
avec lui dans la lutte contre toutes les forces du passé.
Pas plus qu'Hercule il ne nous est permis de nous immo-
biliser au croisement des deux chemins. Le Dieu ne s'y
immobilisa pas : entre la volupté et la vertu qui lui tendaient les mains, « il choisit la vertu qui lui semblait plus
belle. »

Nous aussi nous devons faire notre choix, et pour le
faire il nous faut envisager les choses de haut et éviter de
nous enliser dans les détails dont nous ne sortirions pas.

Pourtant il est bien difficile à l'homme actuel d'aller devant lui presque sans savoir où il va. C'est pourquoi malgré nous les détails nous tourmentent; c'est pourquoi j'ai demandé moi-même aux collectivistes ce que deviendraient la production, la répartition, les réserves, la population, le progrès, la liberté, sous le régime qu'ils poursuivent de leurs efforts et de leurs vœux.

Ils ne le savent pas eux-mêmes et ils seraient bien incapables de me répondre; à l'essayer ils s'exposeraient à donner barre contre eux à leurs adversaires comme on s'y expose toujours lorsqu'on s'efforce de scruter trop profondément l'inconnu.

Les objections que j'ai présentées sont-elles d'ailleurs si puissantes qu'elles doivent nécessairement fixer notre choix et le fixer dans un sens opposé au collectivisme?

Je l'ai cru. Je ne le crois plus. La marche humaine paraît en ce moment se faire dans le sens communiste, et comme à coup sûr l'humanité n'entend ni périr ni devenir esclave, elle trouvera bien les moyens de s'adapter au régime nouveau qui s'annonce.

Il est constant que toutes les fois qu'un organisme est appelé par sa loi évolutive à des transformations essentielles dans ses conditions d'existence, ses organes subissent les modifications sans lesquelles la vie lui serait impossible dans ces nouvelles conditions.

Ces modifications expliquent, après coup, les transformations observées. Mais avant qu'elles se soient produites, si on ne les connaissait pas déjà par les observations faites sur d'autres individus de la même espèce, on ne pourrait certainement ni les deviner, ni, par conséquent, prédire l'évolution qui va s'accomplir.

Prenons un têtard. Il vit dans l'eau; il respire par des branchies. Supposons pour une minute que nous n'ayons jamais vu qu'un seul têtard, que nous n'ayons pas eu encore l'occasion d'en observer les métamorphoses; et supposons aussi qu'un naturaliste de génie vienne émettre l'idée qu'il est appelé à se transporter du milieu aquatique dans le milieu aérien. Aurions-nous assez de sarcasmes pour ce fou capable d'attribuer à un poisson la faculté de vivre hors de l'eau ?

Et cependant ce fou aurait raison, car le têtard se transformera en grenouille. Seulement, à mesure qu'il change de milieu il change d'organe ; il perd ses branchies ; il acquiert des poumons, et c'est pourquoi notre critique juste au fond se trouverait en défaut. Nous aurions raisonné juste, mais notre raisonnement aurait été faussé par l'ignorance de faits qui, connus de nous, l'auraient modifié du tout au tout.

Il en va probablement de même en ce qui concerne le collectivisme.

Pour le combattre nous nous plaçons sur le terrain de la société actuelle, parce que c'est le seul que nous connaissions. Nous raisonnons comme si l'humanité en devenant collectiviste devait conserver toutes les qualités positives et négatives qui la caractérisent aujourd'hui.

Mais cette permanence des organes vitaux d'aujourd'hui dans la société de demain est chose bien improbable, et c'est sur cette permanence supposée que nous faisons porter nos critiques.

Nos ancêtres auraient pu tout aussi bien, avec la même méthode logique, nier la société actuelle si un penseur s'était avisé de la prophétiser jadis. Comment, par exemple, auraient-ils pu prévoir la concentration de l'industrie lorsqu'ils ne connaissaient ni la puissance de la vapeur ni le machinisme ?

Nos critiques manquent donc et de base et de portée. Et cependant nous apaiserions considérablement les angoisses des hommes si, même sur le terrain des détails, nous arrivions à diminuer leurs incertitudes, si nous pouvions entrevoir par quel côté nos craintes pèchent et prennent un caractère erroné. Essayons-le.

IV

Nous avons rappelé aux collectivistes la loi de l'offre et de la demande affirmée par eux comme élément de fixation de la valeur du travail ; nous leur avons signalé comme faisant obstacle à leur système le maintien probable de l'inégalité parmi les hommes ; nous nous sommes efforcé de prouver qu'ils ne parviendraient pas à établir dans toute sa rigueur le régime dont ils poursuivent l'application, et nous avons cru trouver dans ces constatations une réfutation de leurs doctrines.

N'aurait-il pas été plus logique de notre part de voir là la solution des difficultés qui se sont présentées à notre esprit et qui nous ont effrayé?

Supposer une application absolument rigoureuse d'un système; partir de là pour le combattre; puis reconnaître en dernière analyse que cette application rigoureuse est impossible et que sur un grand nombre de points le filet sera rompu, n'est-ce pas par la dernière objection ruiner toutes les autres?

Jamais le fait ne s'est présenté au cours de l'histoire qu'une tranformation sociale, pour bienfaisante qu'elle ait pu être, ait réalisé toutes les espérances de ses auteurs.

Les socialistes espèrent réaliser l'égalité des conditions parmi les hommes. Ils se trompent. Même si le collectivisme est la conséquence naturelle du développement humain, ils ne la réaliseront pas. L'égalité suppose l'identité et il ne rendra pas plus les hommes identiques que ne l'ont fait les formes de société qui se sont succédé jusqu'à ce jour. Les différences de santé, de talent, de bon sens, de passion, entraîneront demain comme aujourd'hui des différences de situation ; et c'est justement parce qu'elle laissera subsister ces différences de situation que l'organisation collectiviste pourra se concilier avec l'émulation, avec la réflexion, avec la responsabilité personnelle, avec la prudence enfin qu'engendre cette responsabilité.

Il semble qu'il y ait chez l'homme des principes qui résistent à tout, qui subsistent en dépit de tout. Très probablement l'inégalité en est un.

Mais de ce que l'inégalité n'a pas disparu des sociétés humaines, de ce que peut-être la distance qui sépare aujourd'hui le plus humble du plus élevé est la même qui séparait également le plus fort du plus faible à l'âge de pierre, il ne s'en suit nullement que le sort de tous ne se soit pas amélioré.

Un train est en marche. La distance qui sépare la locomotive du fourgon à bagages est invariable. Mais cela n'empêche pas le train de franchir l'espace et d'amener locomotive et fourgon dans des conditions fort différentes de celles qu'ils occupaient au départ.

Qui sait si l'humanité ne peut pas être considérée aussi comme un bloc qui se déplace, qui, au point de vue de l'intelligence, des mœurs, de la solidarité, du bien-être, franchit également l'espace, en laissant cependant, comme la locomotive et le fourgon, subsister entre ses points extrêmes la distance qui les séparait au début.

De ce que la société sera devenue propriétaire des capitaux productifs, de ce que la richesse privée sera réduite à des moyens de consommation, il ne s'en suivra nullement que la prudence, l'économie, la valeur intellectuelle des uns, l'insouciance, la prodigalité, l'imbécillité des autres, doivent cesser de déterminer des variations fort grandes entre les fortunes des différents individus.

Le progrès réalisé n'en sera pas moins considérable, car la nouvelle forme sociale entraînera sans doute une élévation du minimum de salaire et assurera probablement l'égalité des hommes en dignité. Mais cette égalité qui, déniée aujourd'hui aux classes laborieuses, devient pour elles, à leur insu peut-être, l'aspiration la plus puissante et par cela même la plus pénible, n'est pas inconciliable avec l'inégalité des conditions.

A l'heure actuelle, dans la bourgeoisie, l'inégalité est grande. De deux bourgeois, l'un possède une fortune considérable, l'autre est plutôt gêné; l'un est puissant par l'intelligence, l'autre est borné. Mais l'un et l'autre sont égaux en dignité. Un bourgeois pauvre dont l'éducation est complète n'est pas déplacé dans le salon d'un milliardaire, et un professeur de collège peut sans honte fréquenter un Dumas, un Wurtz, un Pasteur.

Il n'en est pas de même de l'ouvrier. Quelque démocrates que nous nous ingénions à être, nous considérerions notre cordonnier comme déplacé à notre table et nous n'admettrions pas que, son travail terminé, notre domestique fût invité à la même soirée que nous. De là des froissements; de là deux classes dans une nation. En généralisant l'instruction et l'éducation supérieures; en garantissant la moralité de chacun par la garantie même de l'existence de tous; en élevant ainsi les intelligences et les cœurs, le socialisme fera peut-être tomber cette barrière aujourd'hui presque infranchissable qui sépare les hommes; et pas n'est besoin de l'égalité absolue pour qu'il en résulte un grand bien.

Au contraire, l'inégalité des conditions en persistant conservera ce qu'a de bon la société actuelle. Elle permettra le repos à qui voudra se reposer. Elle rendra l'éclosion des vocations aussi facile que de nos jours. Elle empêchera enfin la suppression des industries de luxe qui serait la suppression de tout progrès industriel, de toute amélioration future dans le sort de nos semblables.

En un mot, pour démontrer l'absurdité de la société collectiviste, nous commençons par nous faire de cette société une image de fantaisie et nous en déduisons des conséquences. Mais cette image risque fort d'être très éloignée de la réalité de demain ; et si elle s'en éloigne, les faits auxquels elle donnera carrière s'éloigneront au même degré de ceux que nous nous serons crus en droit de prophétiser.

Ainsi, nous avons manifesté la crainte de voir les réserves sociales compromises par la nouvelle forme de société. Nous avons rappelé la tendance qu'ont dans les compagnies anonymes les actionnaires à exiger chaque année la distribution intégrale des bénéfices, tendance telle que la loi a dû intervenir pour en paralyser les effets. Comparant la totalité des travailleurs de demain aux actionnaires d'aujourd'hui, nous nous sommes posé cette question : n'exigeront-ils pas la distribution intégrale du produit réalisé ?

Eh bien ! il est évident que là encore nous sommes parti de l'idée d'un collectivisme rigoureux.

Sans doute ! si dans la société collectiviste tous les salaires étaient égaux, toutes les conditions égales, ce danger de distribution intégrale serait réel.

Mais la société nouvelle ne comportera ni l'égalité des salaires ni l'égalité des conditions, et cela suffit pour conjurer le danger.

De nos jours dans les compagnies, les actionnaires n'ont pas tous un droit de vote égal. Pour chacun d'eux ce droit est proportionnel au nombre d'actions dont ils sont porteurs. Il en résulte qu'un petit nombre de gros actionnaires prime un grand nombre de petits porteurs d'actions.

Ces petits porteurs ont besoin de leurs revenus et inclinent toujours à la distribution complète des bénéfices.

Il en est autrement des gros porteurs qui administrent ces sociétés. Ceux-ci sont riches : peu leur importe d'encaisser plus ou moins à la fin de l'année. Ils visent la solidité de l'entreprise et l'augmentation du capital bien plus que le revenu immédiat. Comme ils jouissent d'ailleurs d'une influence morale considérable, laquelle vient se joindre à l'importance numérique des votes qui leur sont attribués, ils imposent les réserves malgré le menu fretin des actionnaires.

Dans la société collectiviste il en sera de même. Les ingénieurs, les directeurs, les fonctionnaires de tous ordres auxquels écherra la gestion du capital social, seront largement rétribués. Leur heure de travail sera beaucoup plus élevée que celle du travailleur manuel et, dès lors, ils seront moins âpres à la distribution. N'étant pas talonnés par le besoin, ils viseront surtout la solidité de l'industrie; ils songeront à leur responsabilité et, grâce à leur influence morale, ils imposeront les réserves aux masses comme nos gros capitalistes les imposent aux petits capitalistes de nos jours.

Cette objection n'a donc pas lieu de nous tourmenter outre mesure.

Nous en avions présenté une autre relative à la liberté de consommation et à la liberté politique. Est-elle plus fondée? Il est certainement plus difficile d'apercevoir par où elle pèche, et l'on ne peut guère se rendre compte de la manière dont ces libertés se concilieront avec la mise entre les mains de l'Etat de tous les moyens de production. Nous devons cependant supposer que cette conciliation s'opérera, si, en dehors de la production devenue commune, la société nouvelle laisse à l'individualisme une place assez large pour qu'elle équivaille à celle qui lui est faite aujourd'hui.

Comment s'opérera-t-elle? je l'ignore parce que je ne connais pas la société future dans ses détails, parce que ce serait folie de ma part de vouloir la préjuger et la décrire. Je crois qu'elle s'opérera tout comme Newton en 1683 et Laurent et Gerhardt en 1850 étaient convaincus que leurs systèmes sortiraient victorieux des perturbations qu'on leur opposait; tout comme Fulton et Lebon, tout comme les promoteurs de la télégraphie électrique, des chemins de fer, des câbles sous-marins, étaient certains d'avoir raison des savants officiels du commencement de ce siècle, des sarcasmes de M. Thiers et des doutes de M. Gavarret.

Sur un point toutefois mes craintes anciennes sont plus tenaces : sur la question de la population : parce qu'ici c'est un point de vue général et non une question d'organisation et de détail qui les détermine.

Et cependant, quelque profondément convaincu que je sois de la parfaite exactitude des principes posés par Malthus, je n'ose plus les présenter comme opposant au collectivisme un obstacle infranchissable. L'homme échappe aujourd'hui à leur fatalité par la prudence voulue que la responsabilité lui impose. Sommes-nous donc en droit d'affirmer que, en vertu de ses progrès même, l'être humain ne se trouverait pas en état de leur échapper par une autre voie ?

V

Et d'abord la responsabilité personnelle dans la famille sera-t-elle supprimée par le collectivisme ? C'est un point sur lequel il est bien difficile de se prononcer. Le collectivisme sera une forme de société transitoire comme toutes celles qui l'ont précédé, rien n'étant éternel, n'étant définitif, qui s'applique à des êtres périssables, tel le genre humain.

A chaque phase humaine la société a touché par certains côtés aux formes qui l'ont précédée et par certains autres côtés aux formes qui la devaient suivre. Le servage touchait à l'esclavage par bien des points et au salariat par bien d'autres.

Le jour où l'Etat sera devenu maître des instruments de travail, un élément considérable de transformation se sera introduit parmi les hommes; mais tout n'aura pas été transformé d'un seul coup, et la société qui, par certains côtés, se rapprochera du communisme absolu, par beaucoup d'autres demeurera voisine de l'individualisme. Ces derniers points de contact seront d'autant plus nombreux et les autres le seront d'autant moins que la révolution économique sera plus récente.

Au point de vue familial deux solutions sont possibles. Ou bien l'ouvrier de demain, travaillant avec l'outil qui lui appartiendra indirectement en appartenant à la société, demeurera chargé, avec le produit de son travail, de l'entretien et de l'éducation de sa famille; ou bien cet entretien, cette éducation, seront entièrement dévolus au corps social. Il est probable que c'est la première solution qui l'emportera dans les débuts, aussi longtemps que, l'humanité bégayant encore la langue nouvelle, le collectivisme n'aura pas développé toutes ses conséquences. Il est possible que la seconde solution l'emporte plus tard, lorsque l'homme mieux préparé, mieux débarrassé des contingences individuelles, cherchera à s'affranchir en rejetant sur la collectivité certaines des charges qui lui incombent aujourd'hui.

Mais si, dans les débuts, la famille demeure individuelle au sein de l'humanité socialisée; si l'entretien et l'éducation des jeunes restent à la charge des parents, le problème de la population n'a plus rien qui doive nous effrayer. La suppression de l'orgueil bourgeois, et le bien-être plus grand du peuple auront au contraire pour effet d'empêcher à la fois et la stérilité voulue excessive que nous observons dans certaines classes, et la prolificité non moins excessive qui se manifeste dans d'autres.

Que si plus tard — comme il y a lieu de le désirer, car là seulement l'amour, le plus noble et le plus beau des sentiments humains, prendra tout son essor, — les charges de la famille passent de l'individu à l'Etat, les craintes que nous avons manifestées plus haut pourront être de raison. Mais ceci est lointain, et nous avons assez à faire de nous occuper de la phase sociale qui doit succéder immédiatement à la nôtre, sans vouloir percer le mystère qui enveloppe la vie future de l'humanité. A chaque jour suffit sa tâche.

Du reste, même en nous plaçant au point de vue de cet avenir éloigné, rien ne nous prouve que le problème ne puisse être naturellement résolu.

La femme, dans les sociétés de l'avenir, se développera — elle se développe déjà — concurremment avec l'homme, et de son développement actuel bien observé on peut tirer certaines déductions sur son développement ultérieur.

Dans les sociétés inférieures, tout comme dans les classes inférieures de nos jours, la femme n'est pas un être libre ; c'est une esclave de l'homme, un simple instrument de plaisir.

Dans ces conditions, elle s'abandonne automatiquement, machinalement, aux volontés de l'homme ; et si l'homme que ne retient pas le sentiment de sa responsabilité veut engendrer sans réflexion, sans mesure, la femme se prête passivement à ses caprices. Elle en arrive ainsi à avoir un enfant chaque année quand la nature ne va pas jusqu'à lui imposer des grossesses gémellaires.

Mais à mesure qu'elle s'élève, que son intelligence s'aiguise, que sa moralité s'affine, qu'elle comprend avec leur portée la plus haute les devoirs de la maternité, elle devient un être libre, une volonté. Elle continue à s'associer à l'homme, mais sous la forme d'associée libre et non plus sous la forme d'esclave. Elle acquiert une personnalité autonome. Et comme on ne peut pas vivre humainement, c'est-à-dire intellectuellement, en partageant toutes les heures de la vie entre la grossesse, l'accouchement et l'allaitement, les éléments de la limitation qu'on ne trouvera plus dans la responsabilité de l'homme, on les trouvera dans les aspirations de la femme à la vie. Marie Leczinska se plaignait amèrement de son sort disant qu'il était triste de passer son existence entière « à coucher et à accoucher. » Les femmes de l'avenir moins passives, moins débonnaires que Marie Leczinska, ne s'astreindront pas à ce rôle. C'est à leur volonté ferme et réfléchie que les sociétés humaines devront sans doute alors la limitation de la population.

Certes! les femmes seront mères. On ne verra même plus une stupide vie de convention, comme dans nos classes supérieures modernes, tuer en elles le sentiment de la maternité. Ce sentiment s'épurera et fera, par suite de son élévation plus grande, disparaître l'égoïste stérilité d'en haut en même temps que la funeste fécondité d'en bas. Ce sera un double bien.

Si même il en allait autrement; si le désir de vivre ne donnait pas à la femme la force de résister à la bestialité du mâle en refusant de se transformer en une femelle dénuée de volonté, on peut se demander si l'extension donnée au bien-être, au luxe intime, n'aurait pas pour effet de restreindre automatiquement le chiffre des naissances.

Lorsqu'une femme sait joindre aux pratiques amoureuses les soins de propreté sans lesquels les relations sexuelles revêtent l'aspect d'une bestialité dégoûtante, il est certain que sans le vouloir, sans le chercher, elles détruisent bien des germes. L'eau plus ou moins parfumée est un puissant adjuvant du *physic restraint* des disciples de Malthus.

Aujourd'hui la propreté est le privilège de la richesse; l'amour et ses raffinements ne sont connus que des classes privilégiées, — et encore! — dans le peuple les relations sexuelles s'élèvent rarement au dessus de la satisfaction d'un besoin matériel.

Dans la société de l'avenir, si elle progresse assez pour que le collectivisme aiguille vers le communisme, on peut supposer que ce qui est aujourd'hui le privilège de quelques-uns se sera étendu à tous; que l'amour se sera affiné partout ; qu'à la sexualité bestiale se sera partout substitué un sentiment plus pur, plus noble, plus haut; que la propreté, les soins du corps chez la femme en seront la conséquence universalisée, et que là encore le problème de la population trouvera sa solution naturelle.

Et puis le communisme doit avoir pour effet la généralisation du développement cérébral. Qui nous dit qu'il n'y ait pas antagonisme entre la matrice et le cerveau et que la nature ne doive pas trouver dans cet antagonisme l'élément de l'équilibre nécessaire.

Ne semble-t-il pas d'ailleurs que le progrès consiste à faire de l'homme chaque jour de plus en plus un être aimant et pensant, au lieu de la bête de somme courbée sous les nécessités de la vie qu'il est aujourd'hui, même dans les couches dites privilégiées.

Hier la loi de sélection naturelle s'exerçait par la dissémination des germes, par la lutte de la vie qui en était la conséquence, par la mortalité énorme qui en résultait.

Aujourd'hui un effort de la pensée uni aux progrès de l'éducation et de l'hygiène suffit à remplir l'office dévolu jadis à cette procréation illimitée, à cette sélection brutale.

Demain peut-être cet effort de pensée et de volonté deviendra-t-il inutile. Demain peut-être l'amour atteindra-t-il ses franches envolées et trouvera-t-il dans le perfectionnement même de l'être humain sa liberté complète, son affranchissement des contingences physiques, sans que l'humanité ait à en souffrir dans son évolution matérielle et morale, dans son bien-être, dans son perfectionnement intellectuel et sentimental.

Lors donc que nous soumettons à une analyse plus sérieuse, plus profonde, les objections que le problème du collectivisme a fait naître dans notre esprit, nous en arrivons à nous dire qu'aucune d'elles n'a un caractère dirimant; nous nous reposons, sans trop de crainte, sur l'avenir du soin de résoudre les difficultés dont la solution aujourd'hui ne nous est pas encore possible.

CHAPITRE V

I

Les transformations sociales ne sont jamais l'œuvre d'un gouvernement légal ou insurrectionnel imposant révolutionnairement à un peuple un système préconçu. Elles sont le résultat exclusif de l'évolution économique, et rien ne présente, par suite, un caractère plus puéril que les déclamations violentes contre un ordre social donné. C'est à peu près comme si l'on fulminait contre l'enfance ou contre la vieillesse.

Karl Marx l'avait admirablement compris. Il n'avait jamais cessé de considérer l'accaparement bourgeois comme une phase sociale naturelle destinée à servir de transition entre la propriété féodale du passé et la propriété collective de l'avenir. Cette phase étant à ses yeux nécessaire, il proclamait bien haut qu'on ne pouvait imputer à crime à quiconque d'y jouer son rôle. Il se livrait à la critique des institutions, mais il refusait de se livrer à la critique des individus. Les continuateurs de sa pensée ont tous professé la même doctrine.

Comment donc se fait-il que les mêmes hommes, dès qu'ils sortent de l'enseignement dogmatique pour entrer dans la polémique quotidienne de la presse ou de la tribune, ne cessent de pourfendre le capital et d'en dénoncer la tyrannie? Oublient-ils que cette organisation capitaliste est fatale et que, de leur propre aveu, l'avénement du collectivisme serait impossible sans elle?

Je lisais récemment l'*Amour libre*, de Charles Albert. C'est un très beau livre, d'une grande finesse d'analyse, d'une grande puissance de raisonnement. Une chose cependant le dépare. L'auteur applique à la société moderne le terme de brigandage. Il semble croire que la production actuelle suffirait à faire vivre dès aujourd'hui tout le monde dans l'aisance si une bourgeoisie rapace ne prélevait pas, et ne dilapidait pas pour la satisfaction de ses goûts de luxe, la plus grande partie du travail national. C'est une erreur que je déplore. M. Charles Albert abandonne là les qualités de penseur dont il fait preuve lorsqu'il se cantonne dans le sujet si bien étudié par lui. Ce n'est plus le logicien qui parle, c'est le révolutionnaire passionné adoptant les sophismes des masses inconscientes. Cela diminue la valeur de son livre. Il est très remarquable quand même, mais il le serait davantage encore sans cette imperfection.

Certes! je suis loin d'approuver les dilapidateurs imbéciles qui gaspillent des richesses péniblement amassées par d'autres et qui stérilisent dans ces gaspillages leur intelligence et leur cœur. Mais ce sont là des phénomènes secondaires. Pour répugnants soient-ils, ils pèsent pour bien peu de chose dans le développement général de la civilisation. Ces anéantissements de richesses, points perdus sur l'océan économique, ne font pas que le prélèvement capitaliste dans son ensemble atteigne la proportion que M. Charles Albert croit pouvoir lui attribuer. Nous pensons l'avoir péremptoirement démontré : si l'on en déduit les sommes affectées aux amortissements et aux réserves sociales, ce prélèvement ne représente plus qu'une partie infime de la production. Il est, par suite, fâcheux de voir des auteurs animés d'un amour aussi grand de la vérité et de la justice se complaire dans des exagérations pareilles. Celles-ci ne peuvent avoir d'autre effet que d'éloigner du socialisme nombre de personnes de bonne foi qui, jugeant le tout d'après un point de détail, en arrivent à condamner, à cause de l'erreur qu'ils y rencontrent, une doctrine digne certainement d'un meilleur accueil de leur part.

Et j'ajoute que cette façon d'envisager les choses pousse les réformateurs à une foule de mesures contre les syndicats, contre l'accaparement, contre la spéculation, dont l'effet le plus certain serait de retarder indéfiniment l'avénement du socialisme, si les actes législatifs ou judiciaires pouvaient mettre obstacle à l'évolution naturelle du genre humain.

Pousser des cris d'orfraie parce qu'une maison accapare le commerce du pétrole, une autre le commerce du sucre, une troisième le commerce des métaux, c'est apparemment procéder de cette idée que l'on peut, au moyen d'une législation appropriée, empêcher les accumulations de capitaux et l'expropriation qui en résulte des petits capitalistes par les grands. Or, un socialiste doit considérer cette expropriation comme extrêmement utile puisque sans elle — ses chefs les plus éminents l'ont professé — le collectivisme ne pourrait jamais s'établir. Plus tôt elle sera terminée, plus vite nous atteindrons le but. Vouloir la retarder, c'est faire ou œuvre vaine, si l'on est impuissant à enrayer le mouvement, ou œuvre contraire au but que l'on poursuit si l'on croit en avoir la puissance. De la part de ceux qui se réclament d'un socialisme libéral comme celui que je poursuivais en 1890, de telles mesures sont logiques ; de la part de quiconque considère le collectivisme comme le port de salut, elles seraient absolument inadmissibles si les phénomènes contingents de la politique n'imposaient pas bien souvent aux hommes d'action des actes que ne saurait justifier le penseur théoricien.

Quoi qu'on fasse, si le collectivisme n'est pas dans la loi du développement humain, toute les diatribes que l'on pourra accumuler contre le capitalisme n'en détermineront pas le triomphe. Elles pourront amener des violences, des émeutes, des expropriations révolutionnaires, des massacres; mais que le capital change ou non de mains au milieu de ces cyclones politiques, le principe fondamental du capitalisme subsistera.

Chaque jour on entend les antisémites demander la revision des grandes fortunes juives, et les socialistes acquiescer à cette revision à la seule condition qu'on ne la borne pas aux fortunes juives, et qu'on l'étende à toutes les fortunes. — Dans quel but?

De la part des antisémites ce but est très clair, très précis. Les antisémites ne sont pas des réformateurs, ce sont des réacteurs.

L'antisémitisme répond à ce double besoin de briser la libre pensée, et d'assurer la prépondérance de la propriété féodale sur la propriété capitaliste; il représente la rétrogradation sous toutes ses faces et il est logique avec son projet de revision des fortunes.

De la part des socialistes pareille pensée n'est plus concevable. D'abord doctrinalement, il y aurait là un illogisme. Reviser les fortunes, ce serait déclarer celle-ci bien acquise, celle-là extorquée par des manœuvres dolosives; ce serait reconnaître implicitement à la propriété, sous sa forme actuelle de capital productif, le caractère d'un droit naturel, à la seule condition qu'elle soit le fruit du travail; ce serait condamner l'enseignement des maîtres qui lui dénient ce caractère dans tous les cas, et qui la considèrent exclusivement comme une fonction dont sont investis certains titulaires préposés à la gestion de l'avoir social.

En outre, les résultats auxquels pourrait aboutir l'expro-

priation des riches actuels seraient très favorables à la
réaction cléricale; ils ne sauraient être du goût des socialistes éclairés.

Ou bien — ce serait la solution la moins néfaste — les
fortunes considérées comme mal acquises passeraient entre
les mains d'autres possesseurs qui ne les auraient pas
mieux gagnées. Dans ce cas on aurait bouleversé l'humanité pour rien.

Ou bien elles seraient distribuées dans les masses.
Dans cette seconde hypothèse la liquidation sociale serait
retardée puisqu'une telle distribution ferait reculer l'accumulation capitaliste, seule capable d'engendrer le collectivisme.

Ou bien enfin elles iraient renforcer la puissance des
congrégations et infuser une nouvelle vie à la propriété
féodale, et ce serait le coup le plus funeste qui pût être
porté à la révolution.

Mais les populations sont sensibles aux maux dont elles
souffrent; elles ont une tendance naturelle — tels les créateurs des mythes païens — à personnifier ces maux; elles
sont incapables de comprendre les formules générales
aussi bien dans l'ordre économique que dans l'ordre philosophique et religieux, et il y a dans les masses presque
aussi peu de socialistes comprenant le système dont ils se
réclament, qu'il y a peu de catholiques sachant exactement en quoi consiste le dogme chrétien.

Il en résulte que les foules ne distinguent pas entre une
doctrine progressive et une doctrine régressive. L'antisémitisme les pousse au pillage, au partage, au massacre
dont, par atavisme, elles ont conservé le goût; il a pour
elles plus d'attrait qu'un socialisme dogmatique qui s'en
remet sur l'évolution capitaliste du soin de faire naître
l'harmonie sociale qu'il leur promet.

De là pour les penseurs l'obligation de mettre souvent
leurs actes en contradiction avec leurs principes. S'ils veu-

lent assurer le recrutement de leur armée, ils sont forcés de suivre la plèbe sur le terrain d'illogisme où les entraîne son ignorance des lois de l'histoire. C'est ce qui explique pourquoi les collectivistes consentent à se placer sur le terrain de la revision des fortunes, terrain sur lequel les antisémites les poussent. Cela détermine des troubles inutiles, des régressions que l'on pourrait éviter et quelquefois même des réactions violentes. Les individus ne s'insurgent jamais contre un courant naturel dans lequel chacun d'eux joue un simple rôle d'élément inconscient. Mais ils s'insurgent contre les attaques qui les visent personnellement, contre les dépossessions, contre les spoliations de toute nature ; et ces insurrections, mieux justifiées au fond que les spoliations qui les occasionnent, sont la cause des oscillations sans nombre qui retardent indéfiniment le progrès.

Si l'on veut vraiment élucider le problème qui se pose partout à l'heure actuelle entre le capitalisme et le collectivisme, il faut donc laisser de côté les injures et les violences ; il faut cesser de parler de brigandage social ; il faut renoncer à se payer de mots en s'imaginant soi-même ou en faisant accroire aux autres que, sans l'accaparement bourgeois, la production serait dès à présent suffisante pour transformer les continents en autant d'Eldorados ; il faut se borner à une analyse froide des phénomènes économiques, essayer de déterminer la trajectoire du genre humain, et s'efforcer d'en déduire le point d'arrivée, sinon final du moins prochain, des sociétés humaines.

Eh bien ! je le dis sans ambages, l'étude de cette trajectoire semble nous donner le droit de conclure au collectivisme.

Une telle conclusion certes ! ne saurait s'offrir à nous avec le degré de certitude d'une loi astronomique, la loi humaine n'ayant pu être déterminée que jusqu'au jour actuel et la courbe géométrique qui la représente pouvant changer de direction.

Mais elle comporte une présomption de vérité suffisante pour que nous nous y arrêtions.

Les lois naturelles fondées sur l'observation et généralisées par l'induction au delà des phénomènes observés portent toujours en elles-mêmes des conditions d'incertitude. Elles ne sont certaines que dans les limites des faits constatés. Vraies aujourd'hui, elles peuvent cesser de l'être demain. Leur degré de probabilité est proportionnel au nombre des éléments vérifiés sur lesquels elles s'appuient; elles n'approchent de la certitude absolue que lorsque ces éléments sont en nombre indéfini. Tel est le cas de celles qui régissent les astres; tel n'est pas le cas de celles qui régissent les sociétés.

Nous sommes cependant obligés dans chaque science de nous contenter du degré de certitude qui est compatible avec les données que nous possédons; sous cette réserve notre conclusion nous paraît facile à justifier.

II

Lorsque le machinisme a commencé à s'introduire dans l'industrie, la perturbation a été profonde. Karl Marx, qui a assisté à cette période de transformation en Angleterre, en a fait une description saisissante. Il a montré, par exemple, les tisserands d'Ecosse expropriés de leurs métiers, et de patrons devenus ouvriers de la grande usine. Il a décrit les chômages, les crises qui, sous ce nouvel ordre de choses, se sont succédé. Mais il n'apparaît pas cependant que cette révolution économique ait été aussi effrayante que le supposait le socialiste allemand. Le chômage n'a pas eu l'étendue que faisait prévoir le triomphe du machinisme; les salaires se sont plutôt relevés qu'il ne sont tombés, et les heures de travail ont manifesté une tendance à diminuer plutôt qu'à s'accroître.

Les économistes bourgeois en ont triomphé bruyamment. Marx, s'il fallait les en croire, aurait été l'objet d'une hallucination funèbre. Le machinisme ne serait pas incompatible avec le progrès matériel de l'ouvrier. L'augmentation indéfinie de la production serait une compensation suffisante à la puissance des machines : elle permettrait, malgré cette puissance, d'employer toujours au moins le même nombre de bras.

Il nous semble, au contraire, à nous que Karl Marx avait vu juste, que ce sont les économistes bourgeois qui subissent les effets d'une illusion décevante, et que si le développement énorme de l'industrie a paru donner tort au socialiste, ce n'est qu'en lui préparant une éclatante revanche.

Le chômage n'a pas atteint les proportions que l'on pouvait craindre. Les salaires ont plutôt haussé qu'ils ne se sont avilis. Les heures de travail ont manifesté une tendance à diminuer plutôt qu'à s'accroître, pourquoi? Est-ce uniquement parce que le bon marché relatif des marchandises a permis à la consommation de s'élever et d'absorber ainsi dans chaque pays une production de plus en plus grande? nous ne le pensons pas. Ce phénomène, incontestable il faut le reconnaître, aurait été insuffisant pour déterminer le résultat observé. C'est aux colonies, aux débouchés extérieurs, que les capitalistes ont dû demander, comme nous en avons déjà fait la remarque, le moyen d'écouler leurs produits. C'est grâce à ces débouchés que, dans les grands centres industriels, anglais, français, belges, allemands, américains, les fabricants ont pu donner à leurs affaires l'énorme extension qui a fait illusion aux économistes.

Ce mouvement pourrait se continuer longtemps et l'erreur commise pourrait être durable si la planète était plus grande et si elle renfermait encore de nombreux points inexplorés. Mais la planète est très petite; les rapides moyens de communication l'ont encore rapetissée si l'on nous permet cette expression, et les régions inexplorées ont à peu près disparu de la mappemonde.

Or, à mesure qu'une contrée se peuple et se civilise, sa population s'approprie les connaissances scientifiques et les procédés industriels de ses aînées. Bientôt, de débouché qu'elle était pour celles-ci, elle se transforme en concurrente, et en concurrente d'autant plus terrible qu'elle est plus jeune, plus active, et que, n'ayant pas d'ancien outillage, elle peut se mettre d'emblée au niveau des progrès les plus récents.

Les hommes de ma génération ont vu l'Amérique, l'Inde, la Russie, le Japon, l'Allemagne elle-même, absorber le trop plein de la production chaque année accrue de la France et de l'Angleterre.

Mais voici que l'Amérique, d'importatrice devenue exportatrice, menace, sinon le capital anglais largement intéressé dans les entreprises américaines, du moins l'industrie anglaise proprement dite. On voit actuellement les Anglais commander des machines en Amérique et le charbon des Etats-Unis vient, jusque sur les côtes de la Grande Bretagne, défier ceux de Newcastle et de Cardiff.

En Russie ce ne sont qu'ouvertures de voies ferrées, mises en exploitation de mines de houille, fondations d'usines métallurgiques.

L'Inde, qui depuis si longtemps enrichissait la Grande Bretagne, a vu surgir les industries sur son sol. Grâce à la valeur peu élevée de la main d'œuvre, elle s'élève même à la hauteur d'une rivale redoutable des usines anglaises en même temps qu'elle submerge l'Europe sous le flot de ses denrées agricoles.

L'Allemagne a eu, depuis la guerre de 1870, un développement industriel peut-être sans précédent dans l'histoire ; et le Japon lui-même, où des Européens sont allés établir des usines, déverse sur nous ses produits.

Ce mouvement est universel et il est naturel. A mesure que les peuples se développent ils tendent à se libérer du tribut payé jusque-là par eux aux nations plus anciennes ; ils s'efforcent de se suffire et, lorsqu'ils y sont parvenus, lorsqu'ils ont cessé d'être tributaires des autres peuples, poussant plus loin leur audace, ils cherchent à imposer un tribut à ceux auxquels autrefois ils en payaient un.

Il existe, il est vrai, encore quelques contrées ouvertes à la production des nations industrielles. L'Amérique du Sud, grâce à l'épuisement vital de la race espagnole, demeure un débouché que se disputent l'Europe et l'Amérique du Nord. L'Afrique est à peupler.

Mais d'une part les débouchés qui restent sont beaucoup moins rémunérateurs que ne l'étaient les anciens. Plus grand étant le nombre des puissances industrielles qui se les partagent, plus faible devient la part de chacune d'elles.

D'autre part, du pas dont vont les choses dans notre siècle de vapeur et d'électricité, ces contrées ouvertes encore à nos importations ne tarderont pas à se fermer. Déjà les Etats-Unis ont industriellement envahi le Mexique auquel ils ont insufflé une activité intense, et ils tendent à se déverser chaque jour de plus en plus sur les républiques sud-américaines. Celles-ci, du reste, malgré l'atonie de la race, et grâce aux immigrations, s'organisent par elles-mêmes pour la lutte notamment dans l'Argentine, au Brésil et au Chili.

Il n'y a pas jusqu'à l'Afrique qui n'ait cessé d'être neuve : l'Egypte est une colonie anglaise ; l'Algérie et la Tunisie sont devenues des prolongements de la France, et il ne faudra certainement pas un siècle pour que le continent

17.

noir, qui figurait sur les cartes aux jours de ma jeunesse par d'immenses espaces vides où rien n'était inscrit, devienne un grand centre de vie.

Et alors? quand le monde entier sera peuplé — et il ne faut pas un siècle pour cela —; quand la planète sera partout en pleine activité industrielle, où seront les débouchés? Comme on n'ira certainement pas transporter les produits de l'industrie terrienne sur Mars ou sur Vénus, il faudra bien que chacun vive sur son sol, et que la production de chaque pays ait sa contre-partie dans sa propre consommation. Vivre chacun chez soi, chacun pour soi, ce rêve de M. Méline se trouvera réalisé.

Mais ce jour venu, les dangers prédits par Karl Marx apparaîtront dans toute leur puissance et les illusions des économistes prendront fin.

La population d'un pays ne pouvant plus consommer la totalité des marchandises que ce pays sera apte à produire, la production sera forcée de se ralentir.

De ce chef déjà une diminution s'imposera dans le nombre des bras employés au travail agricole ou industriel.

En outre, le machinisme poursuivant ses vertigineux progrès, les machines devenant chaque jour plus automatiques, chaque jour aussi le nombre des ouvriers nécessaires à la fabrication d'une quantité donnée de produits ira en diminuant.

Il faudra dès lors ou diminuer le nombre des heures de travail sans diminuer le salaire ou, maintenant constante la durée du travail, congédier, à mesure que la consommation s'abaissera et que les machines se substitueront plus complètement à l'action productrice de l'homme, les ouvriers dont le travail sera devenu superflu.

Il est difficile de prédire à cette heure laquelle de ces solutions prévaudra.

Il est possible que, sous la poussée des revendications

ouvrières, les patrons consentent à des réductions graduelles de la durée des heures de travail; et, chose étrange! ce résultat que les socialistes ne cessent de poursuivre de leurs efforts serait peut-être le seul fait qui pût amener le recul du socialisme, lequel cesserait alors de s'imposer comme indispensable.

Mais il est également possible que les patrons se mettent en travers du mouvement d'affranchissement ouvrier, qu'ils refusent d'abaisser progressivement la durée des heures de travail. Voyant leurs bénéfices diminuer de jour en jour par suite de la décroissance de la consommation, ils seront peut-être assez mal inspirés pour se déterminer sur les contingences du moment et pour se refuser aux seules mesures capables de les sauver. Ils ne se diront peut-être pas qu'il leur faut conserver du travail au plus grand nombre pour que le plus grand nombre puisse consommer. Il se peut qu'ils persistent à éliminer les ouvriers dont le progrès des machines rendrait l'emploi en apparence inutile.

S'ils agissent de la sorte, en aveugles, le résultat ne se fera pas longtemps attendre. Le chômage deviendra universel. Ne gagnant plus rien, vivant de charité et de secours dans la dernière misère, ou se réfugiant dans une stérilité ethnique qui supprimera la plus grande partie de la population, les ouvriers feront défaut à la consommation. Le nombre des consommateurs intérieurs étant ainsi prodigieusement réduit et les débouchés extérieurs étant supprimés, les producteurs bourgeois ne trouveront plus d'acheteurs pour leurs produits : la classe ouvrière sera ruinée faute d'ouvrage et la classe bourgeoise sera ruinée faute de consommateurs. Ce jour-là il ne sera plus besoin de lutte de classes; il ne sera plus nécessaire de s'emparer des pouvoirs publics pour décréter l'expropriation de la bourgeoisie. L'expropriation se sera faite par elle-même, et le collectivisme s'imposera comme la condition inéluc-

table à laquelle, fraternellement, faute de mieux, ouvriers
et bourgeois seront obligés de se rallier.

De ces deux éventualités, laquelle se réalisera? Est-ce
la diminution progressive des heures de travail par le capitalisme bourgeois, qui reculerait ainsi l'avénement du
collectivisme? sera-ce au contraire la résistance patronale
qui hâterait l'évolution socialiste?

Il faudrait pour résoudre ce problème savoir si la concentration des industries dans de grands trusts monopoli-
sateurs est la loi normale de l'industrie; si toutes les
branches de la production mondiale sont destinées à prendre tôt ou tard la forme du monopole ; ou si les trusts sont
au contraire des phénomènes exceptionnels, dus à des
circonstances particulières, telles que protection douanière, rareté de la matière première trouvée exclusivement
dans un petit nombre de régions peu étendues, difficultés des transports, etc., etc.

M. de Rousiers dans son remarquable ouvrage sur les
trusts [1] se prononce pour la seconde hypothèse. La consciencieuse enquête à laquelle il s'est livré sur le développement industriel aux Etats-Unis, l'a amené à croire que
si la concentration de l'industrie est une loi inéluctable,
le monopole n'est qu'un accident. D'après lui le machinisme entraînerait la disparition des petites usines; mais
en dehors des conditions spéciales et relativement rares
qu'il juge indispensables à la constitution des trusts, elles
seraient remplacées par de grandes usines rivales, et
celles-ci auraient les reins assez solides pour ne pouvoir
être évincées les unes par les autres. En un mot l'industrie tendrait à se concentrer entre quelques grands producteurs. Mais entre ces quelques grands producteurs la
concurrence subsisterait.

[1]. Paul de Rousiers : les industries monopolisées (Trusts) aux
Etats-Unis.

Au fond, la solution de cette question, pour intéressante qu'elle soit, ne présente peut-être pas, au point de vue du problème spécial que nous envisageons en ce moment, toute l'importance que l'on pourrait supposer.

« Si, vraiment, » dit M. de Rousiers « l'évolution industrielle conduit aux monopoles, il est clair qu'elle conduit aussi à l'établissement du socialisme intégral. Lorsque toutes les industries auront subi la transformation annoncée comme nécessaire, lorsqu'elles n'auront plus qu'une tête, lorsque la concurrence aura partout disparu, il sera logique et fatal qu'elles soient nationalisées.

» Les socialistes américains ont bien aperçu cette conséquence et la proclament. Dernièrement M. Daniel Léon, éditeur du *Peuple,* organe du parti socialiste ouvrier, résumait ainsi son opinion à ce sujet [1] :

« L'échelle le long de laquelle l'humanité a monté vers
» la civilisation est le progrès des méthodes de travail,
» l'instrument de production de plus en plus puissant (*the*
» *ever more powerful tool of production*). Le *Trust* oc-
» cupe le sommet de l'échelle. C'est autour de lui que la
» tempête sociale moderne fait rage. La classe capitaliste
» cherche à le conserver pour son usage exclusif. La classe
» moyenne cherche à le briser, faisant ainsi reculer la
» marche de la civilisation. Le prolétariat cherche à le
» conserver, à l'améliorer, et à l'ouvrir à tous. »

Ceci est parfaitement exact, et il est clair que le jour où le monopole de fait deviendrait la loi générale de l'industrie le collectivisme s'en déduirait comme une conséquence fatale.

Mais peut-on dire que cette conclusion cesse de s'imposer si l'industrie concentrée dans quelques grandes usines laisse cependant celles-ci indépendantes et concurrentes

1. The independant, New-York, March 4 1897. The socialist view of the Trust, By Daniel Léon.

les unes des autres? Si au lieu d'aboutir à une monarchie industrielle le capitalisme n'aboutit qu'à une oligarchie?

Nous ne le pensons pas.

Dans le cas où la concurrence industrielle persisterait au sein de nos sociétés; où elle ne verserait pas partout dans le monopole absolu; où une même marchandise continuerait à être fabriquée, à être vendue par des industriels et par des commerçants rivaux, ce serait certainement la résistance patronale qui prévaudrait.

L'industrie morcelée est, en effet, incapable des grandes réformes comme celle relative à une diminution considérable, progressive et constante des heures de travail. Tous les producteurs moins un voulussent-ils adopter une mesure humanitaire de cet ordre, il suffirait du seul patron rétif pour réduire la volonté des autres à néant. Le patron qui ne réaliserait pas la réforme produirait à des prix plus avantageux, et comme sur le marché universel celui qui peut offrir sa marchandise au prix le plus bas est assuré d'évincer tous les autres, ce producteur unique évincerait tous ses rivaux. Or, les concurrents ne voulant pas se laisser évincer renonceraient à la réforme et celle-ci ne se réaliserait pas. L'industriel isolé subit la loi économique qui annihile ses penchants réformistes. C'est même une des raisons pour lesquelles nous devons excuser une résistance dont il n'a pas la responsabilité.

Il est juste de reconnaître cependant que contre le patron rétif les ouvriers, d'accord avec les autres patrons, pourraient user de l'arme que leur offre la grève, la mise en interdit.

Mais dans ce cas, on retomberait, du fait de la pression ouvrière, dans l'entente entre les diverses industries, dans le Trust.

Nous nous trouvons donc toujours ramenés à ce dilemme: ou oligarchie ou monarchie dans l'industrie; ou un monopole ou une concurrence entre de grandes usines rivales également puissantes. Les deux cornes du dilemme nous conduisent également à la solution collectiviste.

Si c'est l'oligarchie, la concurrence, qui prévaut, la question des heures de travail, c'est-à-dire l'antinomie des machines ne sera pas résolue et, par la voie que nous venons d'indiquer de la ruine simultanée du producteur et du consommateur, le collectivisme s'imposera. Cette solution sera d'ailleurs facilitée par le fait que l'oligarchie capitaliste aura poussé assez loin l'expropriation, aura déterminé une concentration assez grande, pour permettre la socialisation de l'industrie.

Si c'est au contraire, le Trust, le monopole, la monarchie industrielle qui l'emporte, les résultats ne seront pas différents.

Sans doute alors ce qui était impossible avec l'anarchie de la production devient possible. Le travail peut s'équilibrer avec la consommation d'une part et avec la puissance des machines de l'autre. Mais ces grands Trusts, ces industries concentrées, monopolisées, c'est déjà le collectivisme. Le jour où toutes les forces productives d'un pays auront été réunies dans leurs mains, il ne restera plus qu'à substituer la gestion de l'Etat à celle de quelques particuliers politiquement trop puissants. A cette substitution un coup d'épaule suffira. La féodalité industrielle et financière aura sa nuit du 4 août; l'ère du capitalisme aura vécu ; l'ère du collectivisme commencera.

Il semble résulter des considérations précédentes que cette ère doive arriver quoi qu'il advienne. Nul ne songe à entraver le perfectionnement des machines ; nul ne peut empêcher l'humanité d'atteindre en tout lieu l'âge adulte de la production ; et puisque, par des voies différentes, les sociétés humaines semblent devoir aboutir au collectivisme aussi bien si le morcellement industriel se maintient que si c'est l'accumulation, la concentration du capital qui prévaut, on ne voit guère comment cinquante ans plus tôt, cinquante ans plus tard, l'avénement de cette forme sociale pourrait être évité.

III

Sera-ce un bien? sera-ce un mal? Le bien-être général en sera-t-il accru ou diminué? On pourrait presque considérer cette discussion comme oiseuse. Si la solution est fatale, si elle découle du développement normal du genre humain, si aucun effort ne peut empêcher sa réalisation, à quoi bon en discuter les conséquences?

Pour oiseux qu'il soit cependant, le problème ne saurait nous être indifférent. Nous sommes hommes, et quelque impuissants que nous soyons à empêcher que demain ne soit ce que l'auront fait les lois immuables de l'humanité, nous ne pouvons pas nous désintéresser de ce qu'il sera. Nous aspirons au mieux. Nous serions réduits au désespoir et atteints par ce désespoir même dans notre activité vivante, s'il nous était démontré que c'est vers le pire que nous nous acheminons.

Mais depuis le commencement du monde, à travers la décrépitude et la ruine des Empires, c'est toujours vers le mieux que l'humanité a marché. Les époques de rétrogradation apparente ont, elles-mêmes, marqué des progrès par certains côtés. Il n'y a pas jusqu'au moyen-âge avec son christianisme persécuteur de toute science et de toute vérité, avec son despotisme féodal, avec son insécurité universelle, qui n'ait été, sur un point au moins supérieur à l'antiquité. L'esclavage avait disparu pour faire place à l'institution moins inhumaine du servage.

A moins donc d'un renversement de tout ce que nous offre l'étude de l'homme depuis l'âge de pierre jusqu'à nos jours, il faut admettre que, succédant à la société capitaliste, la société collectiviste nous fera franchir par cela même une nouvelle étape dans la direction de ce but idéal, vers lequel suivant le poète :

« On avance toujours ; on n'arrive jamais. »

La solution collectiviste nous effraie comme nous effraie toute solution nouvelle par suite de l'ignorance où nous sommes des détails d'organisation. Mais nous devons dépouiller ces craintes et nous soustraire à ce sentiment. Loin de redouter l'avenir, ayons confiance dans la loi d'évolution seule raison d'être de nos espérances, de nos enthousiasmes, de notre énergie à combattre pour le juste et le vrai. Notre espèce est encore très loin d'avoir atteint l'âge adulte. A fortiori pour elle l'heure de la vieillesse et du déclin n'a-t-elle point encore sonné. Puisque le collectivisme nous apparaît comme le point d'arrivée prochain et nécessaire de nos sociétés, c'est que le collectivisme est compatible avec le progrès.

CHAPITRE VI

UTOPIE

I

Dans les sciences, pour éviter l'empirisme, pour classer les faits connus, pour guider les recherches à travers le dédale des faits à découvrir, on est obligé de créer des hypothèses vérifiables ou non, mais en tous cas véritables fils d'Ariane, qui rendent moins aride l'étude de la nature, en augmentent l'attrait et diminuent l'effort du chercheur.

En sociologie les hypothèses sont également nécessaires. Elles y prennent le nom d'utopie. C'est Auguste Comte, l'esprit le plus positif de ce siècle, le plus hostile aux spéculations métaphysiques, qui en a proclamé l'importance.

Nous n'enlèverons donc rien au caractère scientifique de ce travail en faisant suivre de considérations utopiques l'étude consciencieuse des faits sociaux à laquelle nous venons de nous livrer.

Il est résulté pour nous de cette étude que le collecti- visme semble devoir être l'aboutissant immédiat de l'évolution économique à laquelle nous assistons. Mais ce collectivisme compris comme le comprennent les disciples de Marx, ce collectivisme qui associe le communisme dans la production à l'individualisme dans la consommation, ne saurait être considéré comme le terme du développement social.

Nous ne voudrions pas affirmer le progrès indéfini de l'espèce humaine. D'autres espèces animales ont progressé avant l'homme, puis ont fini par se figer dans l'instinct. Certes! il faut tenir compte de la distance immense qui sépare de l'homme l'animal le plus élevé. Mais même en faisant état de cette différence, on peut admettre que dans des siècles, l'humanité, arrivée au maximum de progrès compatible avec sa nature, ralentisse sa marche. On peut la supposer arrêtée et attendant dans le repos et dans la joie du bonheur réalisé, soit la transformation de l'espèce en une espèce supérieure, soit peut-être la mort de la planète, le refroidissement final. Cette conception est d'autant plus acceptable que des sociétés humaines nous apparaissent comme s'étant définitivement arrêtées, après avoir atteint un état de civilisation qu'elles ont été incapables de franchir; telle la Chine.

Mais que l'humanité soit ou non appelée à ralentir un jour sa marche, puis à s'arrêter tout à fait, un point nous paraît certain, c'est que le collectivisme de demain ne marquera pas son point d'arrêt.

Cette phase bâtarde ne sera plus l'individualisme : les moyens de production seront mis en commun. Elle ne sera pas non plus le communisme : la consommation y demeurera individuelle et libre. La propriété privée y sera tolérée à l'unique condition de ne se transformer jamais en capital productif au profit des particuliers. La loi de l'offre et de la demande y fixera la valeur du travail, c'est-à-dire indirectement celle des objets fabriqués. Les professions libérales y seront régies par l'individualisme pur. Enfin il subsistera une monnaie, les bons de travail. Celle-ci, il est vrai, recevra un nom différent de la nôtre; mais ce n'en sera pas moins une monnaie réelle, puisqu'elle possédera une puissance d'achat, puisqu'on ne pourra s'en passer pour acquérir les valeurs d'usage, puisqu'on sera libre de la donner ou de la recevoir.

Malgré ces similitudes entre le capitalisme actuel et la société collectiviste, celle-ci pourra présenter sur celui-là les avantages les plus sérieux.

Aujourd'hui les découvertes scientifiques engendrent une antinomie. La machine seule peut affranchir l'homme de l'esclavage de la matière et elle ne sert qu'à l'opprimer. La machine devrait, à chaque perfectionnement, diminuer le travail de l'ouvrier sans amoindrir son salaire, permettre au travailleur d'accroître ses loisirs, favoriser son développement intellectuel ; et, au contraire, elle n'aboutit qu'à le précipiter plus profondément dans la géhenne, qu'à le rendre plus étroitement esclave du capital, qu'à l'appauvrir, en attendant la ruine du capitaliste lui-même. Le collectivisme n'aurait-il d'autre effet que de résoudre cette antinomie, que de rendre à la machine le rôle libérateur que la nature lui a assigné, cela suffirait à le faire bénir des hommes comme réalisant le plus grand progrès qui ait été réalisé jusqu'ici.

Mais quelle que soit l'étendue de cette conquête, la société collectiviste ne vivra pas d'une vie nettement distincte de celle qui l'aura précédée et de celle qui sera appelée à la suivre. Il est par conséquent impossible de la considérer comme le point terminus de l'humanité. Ce sera une espèce de mélange de la société capitaliste et de l'utopie communiste, mélange dont fatalement devra se dégager un jour quelque chose de plus net, de plus précis, de plus autonome dans son principe.

Que sera ce quelque chose ? La question dépasse certainement nos facultés d'investigation, et notre imagination ne peut aujourd'hui que broder sur ce sujet des solutions chimériques. Mais pour éloignées de la vérité scientifique qu'elles soient, pour utopique qu'en soit le caractère, elles sont certes loin de se trouver dénuées d'intérêt.

Si l'on veut aborder de tels problèmes il n'y a que l'analogie qui puisse servir de guide, et c'est aux phénomènes physiologiques seuls que l'on peut utilement comparer les phénomènes sociaux.

Prenons donc un phénomène physiologique qui puisse nous servir de terme de comparaison, et, puisque nous en sommes arrivés à considérer le collectivisme comme une forme bâtarde, examinons ce que la nature nous offre dans l'hybridation des espèces.

Lorsqu'on unit certaines espèces animales voisines telles que le lapin et le lièvre, si les produits sont féconds, ce qui est le cas pour les léporides, on observe dans la reproduction des métis un phénomène fort singulier. Les caractères de l'être hybridé ne se fixent pas, ne constituent pas une espèce. Ils se séparent de nouveau à chaque génération, et à un moment donné on est tout étonné en voyant que le léporide a disparu et que l'on se retrouve en face de lièvres ou de lapins. Le plus puissant des deux éléments a étouffé l'autre, et l'on retombe sur des produits identiques à ceux que l'on aurait obtenus si le croisement primitif n'avait pas eu lieu. Le même phénomène s'observe chez l'homme dans le croisement des mulâtres.

Les naturalistes qui se sont occupés du transformisme ont attaché une importance considérable à des formes intermédiaires, dépourvues de stabilité comme celle des léporides, et dont l'action rapide et transitoire s'est bornée à faciliter le passage d'une forme fixe, c'est-à-dire d'une espèce, à une autre forme fixe, c'est-à-dire à une autre espèce. Ils ont même trouvé dans le caractère éphémère, précaire, de ces formes transitoires trop fugaces pour que la planète en ait conservé les restes, une explication des nombreuses lacunes qui nous empêchent de suivre, échelon par échelon, le développement des êtres.

II

Ce qui est vrai des espèces paraît applicable aux formes sociales, et tout semble indiquer que le collectivisme plus ou moins étendu qui se prépare sera une époque transitoire analogue aux espèces de même ordre dont se sont occupés les naturalistes. Charles Fourier, dans son admirable roman social, a prévu une époque intermédiaire à laquelle il donne le nom de *garantisme*, et qui doit, pense-t-il, servir de pont entre la civilisation contemporaine et l'harmonie universelle qu'il nous prédit. Le collectivisme marxiste me semble tenir beaucoup plus, pour rester dans les termes de la langue phalanstérienne, du garantisme que de l'harmonie. Mais cette forme de transition, encore à implanter parmi les hommes, se trouve assez éloignée de nous pour que ses rouages secondaires ne puissent pas même nous être connus par approximation. Il nous est dès lors tout à fait impossible, à moins d'entrer dans le domaine de la fantasmagorie, d'en prédire l'évolution. En face d'un couple de mulâtres, nous ne pourrions pas prévoir si, après cinq ou six générations, on aurait en face de soi des blancs ou des nègres. — Nous ne pouvons pas prévoir davantage en quoi se résoudra le collectivisme prochain.

S'orientera-t-il vers un retour à l'individualisme? ou aiguillera-t-il vers un communisme complet? Les deux sont possibles et nous n'avons aucun élément d'investigation qui nous permette de résoudre ce problème.

L'individualisme pourrait n'être pas incompatible, une fois certaine étape franchie, avec le respect de principes nécessaires, et il pourrait cependant être impuissant à se réformer de lui-même. Il en serait de lui, dans ce cas, comme de la république actuelle incapable de reviser sa constitution, mais admirablement capable de vivre après une revision opérée dans une période d'intérim révolutionnaire.

Il semble difficile que la société bourgeoise franchisse le pas de la suppression des débouchés extérieurs et des machines automatiques; mais rien n'indique que ce pas franchi, les heures de travail ramenées au niveau que fixeraient les conditions économiques du monde, la société ne puisse revenir, avec des modifications sans doute, mais d'ordre secondaire, au principe de la propriété individualisée.

Il est possible aussi que le collectivisme de l'école allemande une fois triomphant s'écarte chaque jour davantage de la société capitaliste et individuelle pour se rapprocher sans cesse d'un communisme complet. Nous ne pouvons rien prévoir de cela scientifiquement, mais il ne nous est pas interdit de nous lancer dans le domaine de l'hypothèse, de l'utopie réconfortante.

III

C'est le plus ou moins d'abondance de la production et de la population qui décidera de la solution.

Nous l'avons déjà dit, ceux-là commettent une erreur grave qui attribuent au prélèvement du Capital la gêne imposée aux classes laborieuses, qui croient à la possibilité d'obtenir la richesse commune par une meilleure répartition.

La mauvaise répartition n'est pour rien, ou entre pour très peu de chose, dans le sort misérable de la plus grande portion du genre humain.

Cette misère était bien plus grande lorsque l'homme sauvage vivait de pêche ou de chasse, et jusque dans les temps encore rapprochés de nous où l'absence des moyens de transport et l'imperfection de l'outillage s'opposaient à l'essor de la production. A mesure que l'homme a vaincu la nature : qu'il a rapproché les distances, facilité les transports, inventé des machines ; qu'il a ainsi décuplé le résultat de l'effort, les moyens de consommation se sont accrus pour lui. Mais ils ne se sont pas accrus encore assez pour assurer à chaque individu l'entière satisfaction de ses besoins. Le problème qui se pose n'est donc point un problème de répartition — très secondaire celui-là. — C'est un problème de production.

Seulement, l'inégalité de distribution a créé une illusion d'optique qui domine les critiques révolutionnaires. Quelques rares individus se sont élevés à un niveau qui leur a permis, contrairement à ce qui est resté le lot des masses, de satisfaire tous leurs besoins et au delà. Cette opposition entre les riches et les pauvres a eu pour effet d'égarer les esprits. Beaucoup de penseurs ont commis l'erreur de ceux qui combattent les gros traitements ou prennent la défense des impôts somptuaires. Ils ont cru que si l'on ramenait les riches à la consommation moyenne, la richesse de tous s'en trouverait accrue. Ils n'ont pas vu que ce serait là une goutte d'eau dans la mer, goutte impuissante à relever d'une manière appréciable le niveau de l'océan.

Supprimez les traitements des généraux et des officiers de tous grades et distribuez entre tous les soldats l'économie ainsi réalisée, vous aurez satisfait la passion égalitaire peut-être, mais vous n'aurez pas amélioré dans une proportion sensible l'ordinaire du soldat.

Supprimez le traitement du ministre du commerce, du sous-secrétaire d'Etat aux postes, des directeurs départementaux, et distribuez les sommes économisées aux facteurs, aux employés de bureau, vous aurez fait disparaître l'envie qu'excitent les traitements élevés, mais les traitements inférieurs ne s'en trouveront pas sensiblement exhaussés. — La raison en est simple : les hommes voués à la consommation minima sont légion ; ceux au contraire à qui est échue la consommation somptuaire ne représentent que quelques points perdus dans l'espace. Ils sont beaucoup trop clairsemés pour pouvoir influer en rien sur les phénomènes économiques réalisés dans le milieu qui les entoure.

La question n'est donc pas, nous le répétons, une question de répartition. Le prélèvement capitaliste, en en déduisant bien entendu les réserves et les amortissements toujours indispensables, est relativement trop faible pour influencer sérieusement les salaires. Si la société bourgeoise doit céder le pas à une société collectiviste, ce n'est pas parce que la consommation bourgeoise est excessive. C'est parce que la société capitaliste paraît être incapable de résoudre l'antinomie des machines signalée par nous au précédent chapitre.

C'est encore parce que cette société, attaquée par la révolution, est forcée pour sa défense, pour sa conservation, et aussi pour s'assurer les débouchés nouveaux indispensables à son existence, d'entretenir des armées, de consacrer des sommes énormes à des dépenses militaires, sommes improductives et nuisibles même, qui viennent, bien plus que la consommation bourgeoise, gaspiller les ressources produites par le travail.

Ce n'est pas la mauvaise répartition qui engendre la gêne matérielle du plus grand nombre. C'est la faiblesse de la production. La mauvaise répartition est un effet. Là où les aliments sont insuffisants, c'est une loi naturelle que les êtres se disputent leur possession. Un vieux proverbe ne dit-il pas que lorsque le foin manque à l'écurie, les chevaux se battent ?

Il en va tout autrement lorsque les objets de consommation suffisent à la satisfaction de tous les besoins.

Dès qu'on se trouve en présence d'un élément assez abondant pour que chacun puisse s'en attribuer, sans en priver les autres, toute la quantité qu'il en désire, aucune compétition, aucune contestation ne se produit plus. Chacun boit la quantité d'eau qu'il veut sur le bord de la rivière, et nul de nous ne s'avise de rechercher si la capacité thoracique de son voisin est plus forte ou plus faible que la sienne; nous ne nous mesurons pas l'air que nous respirons.

Supposons une minute que la science accomplisse encore un de ses prodiges, qu'elle jette à foison parmi nous tous les produits que nous consommons. Supposons aussi dans le machinisme un développement tel que le travail, réduit à une simple surveillance facile et de courte durée, devienne comme le voulait Charles Fourier chose attrayante de chose pénible qu'il est aujourd'hui. Faisons, en un mot, l'hypothèse d'objets de consommation ainsi produits sans peine et aussi abondants que l'eau à la rivière et que l'air en tous lieux. L'admirable rêve anarchique se trouverait réalisé,... surtout si la population atteignait par le fait des lois naturelles un étiage à peu près fixe, si elle cessait en s'accroissant à jets continus de détruire continuellement l'équilibre.

Certes! on me dira que je fais ici du roman. Je n'en disconviens pas. Mais le roman est permis pourvu qu'on ne le donne pas comme une vérité démontrée et scientifiquement acquise. Ce roman-là vaut bien d'ailleurs les chimères paradisiaques décevantes dont on nourrit le cerveau de nos jeunes générations. Elles les abêtissent et les transforment en une proie facile pour le despotisme. Notre roman à nous pénètre les cœurs de l'amour de la justice et de la liberté.

Je sais bien que nous sommes loin de la réalisation de ces beaux rêves, et récemment je faisais part à Elysée Reclus de mes doutes sur la possibilité d'établir le communisme autrement que comme machine gouvernementale puissamment organisée. Le grand géographe m'a répondu :

« Et maintenant peut-on « concevoir le communisme autrement que comme une machine gouvernementale puissamment organisée? » Toute la question est là. « Sinon non! A aucun prix nous ne pouvons consentir à renoncer notre propre personne. Le collectivisme des incas, tel que voudraient l'imiter quelques pontifes de ma connaissance, est de toutes les solutions la plus mauvaise. Mieux vaut l'anarchie dans son sens bourgeois le plus exécrable.

» Je vise donc le communisme libertaire, consenti de la part de tous les intéressés. Ou bien cet idéal est impossible à réaliser, comme vous le craignez, et dans ce cas il ne me reste qu'à vivre cette chimère pour moi seul, à créer en moi un vouloir permanent de justice et de bonté : ceci est déjà une solution, bien supérieure à celle des gens qui se laissent vivre sans pensée ou qui pensent à mal pour l'ambition, l'avarice ou la haine.

» Ou bien cet idéal n'est pas impossible à réaliser et nous pouvons agir en conséquence, travailler à son accomplissement. Et c'est ici qu'interviennent les éléments indispensables à toute connaissance, l'observation, l'expérimentation. Oui, j'ai constamment observé autour de moi et je vois se développer en des proportions de plus en plus considérables un mouvement d'association libre et spontanée pour toutes les œuvres collectives de la vie. Je suis rattaché sans aucun lien de vassalité ou de maîtrise, à nombre de sociétés pareilles qui se substituent graduellement, par la pulsation naturelle de leur activité, à tout ce mécanisme faux et compliqué des lois, à tous ces agissements illogiques des politiciens incohérents. Tout ce qui se fait de grand s'accomplit ainsi en toute liberté, soit par des chercheurs, isolés en apparence, mais réellement en communion avec tous ceux qui pensent, morts ou vivants, soit par des associés libres mettant leur savoir et leur vouloir en commun.

» Sans doute, si je vois très clairament la transformation graduelle de la société dans le sens anarchiste, à la fois communautaire et libertaire, je n'ai pas encore vu de groupe distinct ayant complètement réalisé notre idéal entier. J'ai vu des réussites partielles qui m'ont grandement étonné et réjoui. Mais je n'ai pas vu de succès triomphants. Et comment en serait-il autrement avec toutes les survivances d'éducation, de routine, de vices invétérés qui sont attachées à nous comme des tuniques goudronnées ? Notre éducation fut mauvaise. Elle plaçait la morale en dehors de nous, en Dieu, dans les catéchismes, dans les lois, dans la volonté des prêtres ou le caprice des fonctionnaires. A nous de donner aux générations qui viennent une éducation meilleure, en plaçant en chacun des hommes la loi intérieure, le mobile des actions ».

IV

Oui ! mon ancien compagnon de lutte, oui, mon vieux Reclus ! travaillons à une éducation meilleure et travaillons surtout au développement de la science. C'est elle qui rendra le collectivisme nécessaire demain, et c'est encore elle qui dans des siècles rendra peut-être l'anarchie possible. Que faut-il pour cela ? que la production s'élève, que la population se limite, et qu'ainsi le rêve du travail attrayant et de la prise au tas passe du champ des chimères au champ de la réalité.

Est-ce qu'une telle solution peut être théoriquement entrevue ?

Je pourrais, puisque je me trouve dans le domaine de l'utopie moralisatrice et féconde, ne pas m'en préoccuper outre mesure. Je m'en préoccupe cependant, car une utopie perdrait tous ses avantages qui ne reposerait sur rien, qui ne s'appuierait sur aucune donnée positive.

Mais l'équilibre de la population peut se produire par

le simple jeu des lois naturelles opérant au sein d'une société saine et heureuse, et la science m'a révélé en un siècle assez de merveilles pour que je n'aie pas le droit de mettre des bornes à sa puissance.

Ceux qui ont assisté aux leçons inspirées de ce maître que fut Georges Ville, de cette énergie scientifique et de cette passion qui se manifestait jusque sur le lit de mort du savant, sont demeurés émerveillés du champ que ce grand homme ouvrait à l'activité humaine et à la production agricole illimitée. Il faut l'avoir entendu parler de l'utilisation chaque jour plus grande, grâce aux irrigations et à l'emploi des engrais chimiques, de la force gratuite que nous verse le soleil et dont actuellement nous ne savons pas encore profiter! L'œil, l'oreille, demeurent fascinés par les richesses formidables qu'il prophétisait dans son champ d'expériences de Vincennes; et ces prophéties n'avaient rien de métaphysique, rien de religieux. Elles procédaient de la doctrine scientifique la plus pure, la plus scrupuleuse.

Et comme pendant aux espérances prodigieuses que faisait miroiter ce génie de l'agriculture devant les yeux éblouis de ses élèves ne peut-on placer l'hypothèse de Berthelot? Prévoyant l'extension illimitée de la synthèse organique à laquelle il a si puissamment contribué, Berthelot n'en est-il pas arrivé jusqu'à dénier le caractère de l'impossibilité à la production artificielle du sucre, des graisses, des matières amylacées, de l'albumine, des substances alimentaires en un mot?

Si des Georges Ville et des Berthelot se lancent dans de telles évaluations et dans de telles utopies, comment pourrait-on nous accuser de nous nourrir de chimères quand nous parlons de production illimitée? La production illimitée n'appartient évidemment pas à l'ordre des impossibilités logiques comme le mouvement perpétuel. Il nous est permis de la prévoir tout comme il nous est permis de prévoir une limitation normale, un équilibre naturel de la population. Le communisme complet qui réaliserait enfin la paix et la liberté parmi les hommes passe au nombre des rêves qu'il est loisible à des savants de faire, et nous sommes dès aujourd'hui en droit, tout en travaillant à cette phase intérimaire peut-être prochaine des sociétés qui s'appelle le collectivisme, d'adopter pour phare lointain, pour étoile polaire, pour religion scientifique moderne : « l'anarchie. »

V

L'anarchie ! Le mot est lâché. Pourquoi pas? Certes! cette grande et pure doctrine a eu des adeptes misérables qui l'ont dépréciée aux yeux du monde par des actions criminelles. Mais si le millénium anarchique doit jamais devenir une réalité, ce n'est pas la propagande par le fait, ce ne sont pas les bombes bêtement et odieusement lancées dans des lieux publics qui en empêcheront la réalisation. Il ne pourra être que le résultat d'une double évolution économique et scientifique, et sur une évolution de cet ordre rien ne peut influer : les fautes et les crimes sont aussi impuissants à la retarder, que le sont les meilleures volontés à en devancer l'heure.

Ces crimes ont eu cependant un effet funeste. Ils ont tamisé cette pure lumière à travers une couche de sang qui la voile et qui la rend odieuse aux yeux de l'humanité.

Moi-même j'ai subi cette influence. Indigné par les actes abominables, et plus encore peut-être par l'imbécillité, de sectaires qui sapent leur idéal en croyant travailler à son expansion, je me suis associé aux mesures de répression prises contre eux. Après l'attentat du restaurant Véry j'ai voté l'extension de la peine de mort aux crimes anarchistes perpétrés dans le but de supprimer des vies humaines, même dans le cas où ils auraient manqué leur effet. J'ai plus tard refusé de joindre ma signature à celle des députés qui ont imploré du président de la république la grâce de Vaillant. Je suis ennemi de la peine de mort. Mais aussi longtemps qu'on la laissait subsister dans nos codes, aucun crime ne me paraissait la mieux mériter que ces meurtres collectifs frappant au hasard, sans même opérer de distinction entre riches et pauvres, amis et adversaires.

Après ce que j'ai vu depuis cette époque, j'ai profondément regretté de m'être associé à de tels actes de répression.

Ce n'est pas qu'aujourd'hui plus qu'alors j'approuve la propagande par le fait; mais je fais la part de l'intention dans le crime.

L'anarchiste qui jette une bombe au parlement ou au café Terminus, celui qui frappe l'impératrice d'Autriche ou le président de la République Carnot est un fou dangereux; ce n'est pas un criminel vulgaire frappant son semblable sous l'impulsion d'un mobile de lucre bas et vil. Vaillant, Caserio, Henri, Lucheni, Etievant n'ont rien d'un Troppmann ou d'un Pranzini. Ce sont des hallucinés; leurs actes n'ont d'autre résultat que de river plus solidement les chaînes sociales... Libertaires, ils frappent la liberté. Mais ils ne s'en doutent pas et ils croient travailler à l'affranchissement de leurs semblables.

Les premiers chrétiens qui démolissaient les temples, qui brisaient les statues des dieux, qui jetaient dans les flammes, après les avoir baptisés, des enfants arrachés à leurs parents, pour les empêcher de retomber dans le paganisme ou, plus tard, dans l'hérésie, commettaient des monstruosités criminelles analogues. Les siècles les ont absous à cause des intentions qui guidaient leurs bras. Ces iconoclastes sont devenus des saints, et une telle considération doit suffire à nous rendre indulgents pour les propagandistes du fait.

Et puis, ne faut-il pas songer aussi à l'égalité dans la répression des crimes? C'était un sentiment égalitaire qui m'avait dirigé lorsque je refusais de demander la grâce de Vaillant ou que je m'associais à l'aggravation du code pénal. Puisqu'on en guillotine d'autres qui n'ont pas fait pire, me disais-je, pourquoi donc épargnerait-on ceux-là?

J'avais tort et j'en demande humblement pardon à mes concitoyens. Qu'ont fait ou tenté de faire Henri, Vaillant, Caserio, Etievant, Lucheni? Ils ont tué ou essayé de tuer. Certes! c'est un crime effroyable, car le respect de la vie est la condition primordiale de tout progrès.

Mais après tout, lorsqu'on tranche une existence humaine, on ne fait que devancer une heure fatale. Tous ici-bas nous sommes des condamnés à mort avec sursis. Dix ans, quinze ans, vingt ans après le crime, il sera bien indifférent pour nous d'avoir perdu la vie dans un attentat ou d'y avoir échappé : l'attentat n'eût-il pas eu lieu, nous serions morts quand même.

Mais si nous sommes tous des condamnés à mort avec sursis, nous ne sommes pas tous des condamnés au bagne.

Tous, nous sommes appelés à perdre un jour la vie ; mais tous heureusement, nous ne sommes pas appelés à perdre l'honneur et la liberté. On peut donc, à la rigueur, se montrer indulgent à l'assassin qui supprime un de ses semblables d'un coup de poignard ou de pistolet; mais on doit se montrer impitoyable pour les scélérats qui, sans aucun mobile élevé, sous l'empire, au contraire, de sentiments vils, lâches et bas, et par des moyens infâmes tels que mensonges, faux témoignages et faux écrits, essaient de déshonorer un homme, le privent de sa liberté, s'efforcent de le faire mourir dans les lentes tortures, dans la lente agonie du bagne, et vouent sa famille entière à la honte et à l'infamie.

C'est pour ceux-là, c'est pour ces criminels, pour ces misérables sans excuse, et non pour de malheureux anarchistes qui croient préparer le paradis terrestre par le meurtre, qu'il faudrait réserver l'échafaud, et plus que l'échafaud même si la civilisation ne s'y opposait pas.

Or, depuis deux ans nous assistons au spectacle de magistrats, de généraux, adulés, rentés, choyés, employant leur intelligence et leur activité, non à la défense de la patrie et des garanties sociales dont ils ont la garde, mais à la violation des principes sur lesquels la société repose, au sacrifice d'un innocent, à l'exaltation d'un coupable. Nous avons vu des ministres assassiner un honnête homme au coin d'un conseil de guerre, des généraux, des colonels, des commandants, des officiers de tous grades, mettre en œuvre les procédés les plus odieux, les plus bas, les plus ignobles, pour sauver un criminel afin de perpétuer le supplice d'un innocent. Nous avons vu des hommes politiques comme Méline, comme Millevoye, comme Arthur Meyer, comme Drumond, comme Rochefort, et des prêtres comme le père Didon, maintenir de gaieté de cœur cet innocent dans les supplices pour amener le triomphe d'un parti. Nous avons vu enfin l'opinion publique égarée par ces panaches, par ces soutanes, par ces simarres, acclamer le crime et vociférer des cris de mort contre les défenseurs de la justice et de la vérité.

En comparaison de ceux qui ont commis cette monstruosité morale; en comparaison de ceux qui, non contents de l'avoir commise, se sont efforcés de corrompre l'esprit public, et ont travaillé à la suppression de tous les nobles instincts, de toutes les grandes traditions qui étaient l'orgueil de la France, et qui sont le patrimoine de l'humanité; en comparaison de tels hommes, de tels actes, que pèse donc, je le demande, le crime d'une bombe jetée dans un café ou dans un parlement?

Mis en parallèle avec les misérables qui ont commis tous ces crimes que sont Etievant, Caserio, Henri l'anarchiste, Vaillant, Lucheni, Ravachol lui-même? presque des saints.

Et puisqu'on ne poursuit pas les faussaires et les traîtres, qui ont commis sciemment l'acte de scélératesse le plus grand, le forfait le plus monstrueux que puisse imaginer l'intelligence humaine; puisque, si même la justice suivait son cours, l'échafaud, de par la loi, ne leur serait pas applicable, je ne puis me consoler d'avoir consenti à ce qu'on l'appliquât aux anarchistes. C'étaient des fous qu'il fallait mettre dans l'impossibilité de nuire; mais au moins, leurs intentions étaient pures; et matériellement même, leur crime était cent fois moindre que ceux qui s'étalent impunément et impudemment sous nos yeux.

La propagande par le fait, d'ailleurs, semble avoir dit son dernier mot. Les anarchistes paraissent avoir enfin compris que ce n'est pas par le meurtre, mais bien plutôt par la défense du juste et du vrai, qu'on propage, qu'on fonde une doctrine. On peut, par conséquent aujourd'hui, je pense, sans heurter la conscience publique, adopter l'anarchie pour utopie rectrice.

Travaillons donc sans relâche à amener plus de justice parmi les hommes, et espérons que, la science aidant, la production s'élargissant, un jour viendra où la fraternité. universelle pourra s'établir dans le bonheur universel.

Si ce rêve est chimérique, si la planète et l'humanité doivent périr avant sa réalisation, du moins nous aura-t-il donné la douce illusion de l'espérance et nous aura-t-il permis de répéter avec le poète :

Messieurs, lorsqu'en vain notre sphère
Du bonheur cherche le chemin,
Honneur au fou qui fera faire
Un rêve heureux au genre humain!

CHAPITRE VII

I

Jusqu'ici nous avons analysé les faits sociaux et nous sommes arrivés à cette conclusion que le collectivisme a de grandes chances de s'imposer à un moment donné, à moins qu'il ne soit arrêté dans son développement par les réformes mêmes auxquelles travaillent ses défenseurs. Encore cette solution nous a-t-elle paru improbable, l'avénement du socialisme semblant devoir résulter aussi bien de la dissémination que de la concentration des capitaux.

Nous avons été également amenés à considérer cette forme sociale comme transitoire, l'idéal étant placé dans un communisme anarchique encore utopique, mais non fatalement irréalisable, et dans lequel nous avons scientifiquement le droit de mettre notre espérance de finale rédemption.

Enfin ce point d'aboutissement, vers lequel nous nous acheminons, dont, peut-être sans l'atteindre jamais d'une manière absolue, nous devons nous rapprocher tous les jours si le progrès n'est pas un vain mot, nous semble pouvoir résulter indifféremment d'une phase collectiviste intérimaire ou de perfectionnements graduels et féconds intervenus dans la société individualiste. Il dépend, en effet, exclusivement de la puissance productrice de l'humanité.

N'admettant plus, il est vrai, de providence, nous n'avons plus le droit d'affirmer le progrès comme une vérité scientifique, et les pessimistes ne commettent pas d'illogisme absolu en supposant l'éternité des vices sociaux qui, dans cette manière de voir, seraient inhérents aux sociétés humaines, quelles qu'en fussent les formes. Nous devons nous écarter néanmoins autant qu'il est en nous de cette hypothèse désespérante. Si l'on s'y arrêtait, elle paralyserait l'effort, elle abaisserait le moral de l'homme, et non seulement elle nous conduirait ainsi à ne rien tenter pour atténuer le mal et la souffrance, mais encore, par l'apathie qu'elle déterminerait, elle tendrait à les accroître.

Quelle que soit donc la vérité absolue, vérité qui ne nous est pas accessible, notre devoir est d'adopter le postulatum du progrès. L'humanité a besoin pour vivre de conserver au moins le puissant levier de l'espérance. Si même cette espérance était vaine, elle serait encore utile, car elle nous aiderait à supporter les tristesses de l'inexorable réalité.

D'ailleurs, l'hypothèse du progrès si elle est de beaucoup la plus séduisante, est de beaucoup aussi la plus probable. Quoi qu'en disent les mécontents par essence, le genre humain est aujourd'hui plus éclairé, plus doux de mœurs, plus fraternel, plus heureux qu'aux époques reculées de l'histoire et de la préhistoire. Il n'existe donc aucune raison de supposer que ce travail d'amélioration, qui, malgré des éclipses momentanées, ne s'est jamais démenti à travers les siècles, doive s'arrêter tout à coup.

Il est possible, il est vrai, comme nous l'avons dit, que l'idéal complet ne soit qu'un continuel devenir; que comme il arrive pour les asymptotes il soit placé à l'infini;

et que nous marchions sans cesse dans sa direction, augmentant chaque jour nos connaissances, épurant chaque
jour notre moralité, accroissant chaque jour notre bien-
être, voyant décroître continuellement les sentiments de
convoitise, d'envie, de haine si douloureux à contempler,
sans arriver cependant jamais au point de repos, à ce
point mort, où l'humanité n'ayant plus rien à espérer, plus
rien à désirer, il ne lui resterait plus comme aux bienheu-
reux du Bouddhisme qu'à s'anéantir dans le Nirvana.

Mais s'il en est ainsi, et cela est probable, cet idéal
placé hors de notre portée, à l'infini, doit demeurer le point
lumineux qui nous guide, qui dirige notre marche incertaine
dans l'obscurité. C'est à ce titre que nous conservons
comme la plus haute et la plus consolante conception de
la religiosité humaine, dans l'acception positive du mot,
l'utopie bienfaisante du communisme anarchique complet..

Maintenant, comment se rapprochera-t-on de sa réalisation ? quelles seront les phases successives de l'humanité ?
quelle sera surtout la phase prochaine, immédiate ? C'est
presque une question secondaire et indifférente pour nous.

Que la lutte dans laquelle nous sommes engagés abou-
tisse à des modifications sociales qui résolvent le problème
de la production, de la répartition et des réserves, sans
sortir de l'individualisme capitaliste ? c'est à la rigueur
possible.

Qu'au contraire, cette solution nous amène au collectivisme marxiste socialisant la production sans socialiser
la consommation, c'est probable. Mais l'opinion que philosophiquement nos concitoyens peuvent se faire sur ce
point ne saurait modifier en rien leur attitude de combattants.

Jean Jaurès, dans le journal « *la Petite République socialiste* [1] » a résumé le programme d'action socialiste immé-

1. *La Petite République socialiste* du 3 août 1899, 24ᵉ année,
n°. 8511.

diate, c'est-à-dire le programme de transition. Avec Guesde, avec Vaillant, avec tous les membres du parti, du plus révolutionnaire au plus modéré, il demande « la protection légale des syndicats, la constitution d'un ministère du travail, les retraites pour tous les travailleurs, l'inspection ouvrière des manufactures, la journée de huit heures... etc... etc. »

Que la mise en pratique de ces réformes détermine ensuite l'éclosion de la phase intérimaire dénommée collectivisme, ou qu'elle nous en éloigne,... qu'importe si elle réalise un progrès réel et si elle nous rapproche par une voie ou par une autre de ce communisme anarchique absolu, véritable millénium auquel nous tendons?

Il suffit que nous soyons d'accord sur ce minimum d'action pour qu'il nous soit impérativement enjoint par notre conscience d'y coopérer.

Les collectivistes, qui préparent ou croient préparer l'expropriation de la bourgeoisie, préparent peut-être à leur insu autre chose. Ce ne serait ni la première ni la dernière fois qu'on aurait vu des chercheurs aboutir à des solutions grandioses, quoique différentes de celles vers lesquelles ils avaient cru s'acheminer. Mais, je le répète, qu'importe pourvu que le but atteint soit vraiment grand, utile et fécond? et sur ce point je n'ai pas de doute : il le sera.

L'idée républicaine aussi semblait grosse de conséquences qui ne se sont pas réalisées. Elle n'en a pas moins déterminé un progrès immense en s'implantant parmi les hommes. Mais elle laisse au socialisme la tâche de compléter, tout en faisant son œuvre propre, l'œuvre qui avait paru lui incomber à elle et que des circonstances malheureuses l'ont empêchée d'accomplir jusqu'au bout.

En 1792, en 1848, on pouvait croire que la République supprimerait les frontières, qu'elle unifierait l'humanité. On chantait alors : « les peuples sont pour nous des frères, » et l'on récitait la *Marseillaise de la paix.*

Ces idées s'étaient même profondément implantées dans les masses républicaines. Je citerai un fait touchant auquel j'ai assisté et qui en est une preuve frappante.

J'étais en 1869 à Madrid. Le mouvement espagnol de cette époque ressemblait par bien des côtés à notre mouvement de 1848. Il en avait la générosité, la grandeur d'âme, la sentimentalité fraternelle.

Je ne puis pas, sans émotion, revivre par là pensée ces journées passées en Espagne d'avril à octobre 1869. Un des faits auxquels j'ai assisté — et que je veux consigner ici — a exercé sur moi une impression si profonde que mon être vibre encore lorsque je m'y reporte par le souvenir.

Nous étions arrivés au 1er mai. Le 2 mai est l'anniversaire de la lutte héroïque que soutint en 1808 Madrid insurgée contre les troupes de Napoléon Ier, et de la répression sanglante qui suivit cette insurrection. Deux lieutenants avaient trouvé la mort au cours de cette journée glorieuse. Un monument leur fut élevé plus tard près du Prado après l'indépendance reconquise; et chaque année, à cette date, avait lieu depuis lors une manifestation populaire en faveur de ces martyrs : une procession laïque, un cortège, ou comme disent les Espagnols, une « comitiva », « la comitiva del dos de mayo. »

Jusqu'à 1869, lorsque venait cette cérémonie commémorative, la population madrilène, entraînée par un esprit de patriotisme étroit, se montrait fort excitée contre les Français. De leur côté, ceux de nos compatriotes en résidence dans la capitale espagnole se cachaient, se soustrayaient aux regards de la foule, comme le faisaient les Juifs d'autrefois pendant la semaine de la passion. Ils n'avaient nullement tort d'en agir ainsi.

Qu'allions-nous faire ?

Mon ami Combal mort peu de temps après, mon ami de Coutouly, devenu depuis ministre de France dans diverses capitales étrangères, et quelques autres Français, nous nous réunîmes le premier mai au soir pour en délibérer. Puis, sur une proposition de moi qui fut acceptée, une proclamation fut rédigée et portée au journal « La Igualdad » où elle parut.

Dans cette proclamation rédigée en langue espagnole, et dont je regrette de n'avoir pas conservé le texte, nous exprimions une pensée éminemment internationaliste. Lorsqu'un crime international comme celui de 1808 est commis, y disions-nous, la nation qui se doit de le regretter à jamais est bien plutôt celle qui en a été l'auteur que celle qui en a été la victime. Comme conclusion nous terminions en annonçant que nous assisterions le lendemain au cortège.

Le lendemain, en effet, la petite colonie républicaine française prit place dans la *comitiva* et la suivit jusqu'au monument du *dos de mayo*. Tout le long de la route nous affections de parler français afin d'être reconnus, et tout le long de la route des hommes du peuple, des républicains espagnols, se détachaient, venaient nous étreindre les mains et nous disaient dans leur belle langue sonore :

« No hay mas ni Franceses ni Españoles; no hay que republicanos universales. Viva la republica federal universal! »

(Il n'y a plus désormais ni Français ni Espagnols, il n'y a plus que des républicains universels. Vive la République fédérale universelle !)

Faudra-t-il mourir sans entendre à nouveau l'expression de ces exaltations fraternelles? Faudra-t-il renoncer à ce bel idéal de frontières supprimées, à ces accolades populaires de Paris en 1848, de Madrid en 1869? Aux enthousiasmes humanitaires d'un Michelet ou d'un Lamartine faudra-t-il se résigner à voir se substituer à perpétuité : chez nous, les violences haineuses d'un Drumond, d'un Millevoye, d'un Déroulède ; en Allemagne, les apothéoses de Bismark?

Non ! non mille fois !

Il est possible que je ne revoie pas l'heure de la fraternité humaine. Hélas ! cela est même probable. La guerre néfaste de 1870-1871 a substitué le culte de la force brutale à ce culte de l'amour. Les peuples ont rétrogradé de deux siècles, et nul ne peut prédire avec certitude à quel moment se renouera le fil de la grande pensée révolutionnaire, ni dans quelle nation ce fil se renouera. Mais sûrement il se renouera.

L'Espagne, la belle Espagne enthousiaste de 1869, courbée sous le joug des soudards et des moines, expie à cette heure les fautes de ses gouvernants par la mort de ses enfants, la ruine de ses finances et la perte de ses colonies. L'Italie qui, elle aussi il y a cinquante ans, eut son âge héroïque avec les Garibaldi, les Mazzini, les Manin, se meurt sous les talons de bottes des fuyards d'Adoua vautrés dans le sang du peuple milanais. La France, la France de 1789, de 1792, de 1830, de 1848, se débat sous l'étreinte des antisémites, des dominicains, des jésuites et des généraux faussaires et prévaricateurs. La libre Angleterre écoute, sans le renverser avec indignation, le triste protagoniste de l'idée jingoïste et impérialiste qui a nom Chamberlain et emploie ses forces à l'écrasement d'un petit peuple inoffensif. Enfin la grande république américaine emportée par un mouvement capitaliste sans frein et sans conscience, ment à son principe, à ses promesses, et écrase dans le sang aux Philippines l'héroïque résistance des Tagals. Ne serait-ce pas le cas de répéter avec Pierre Dupont ces vers mélancoliques :

« Où donc est la terre promise ?
Dieu d'amour et de liberté ! »

Il ne paraît plus qu'elle soit dans la République seule.

La République est, sans doute, un gouvernement plus libéral, plus ouvert au progrès, plus apte que les autres à être conquis par les réformateurs sociaux. Mais ce n'est là qu'une question de degré et elle ne porte pas en elle un élément de supériorité indiscutable et absolu. Clémenceau, dans son admirable livre « le Grand Pan, » a montré d'une façon magistrale que la soi-disant souveraineté du peuple n'est guère, comme le prétendu droit divin des rois, qu'une de ces affirmations dogmatiques par lesquelles les oligarchies gouvernantes cherchent à justifier leur domination.

« Ce qu'on appelle le peuple, pour la commodité des discours [1], » dit-il, « c'est apparemment la mobile masse des intérêts changeants qui flotte au vent des préjugés, des rêves ataviques, des passions, des espérances. Qui oserait prétendre que ce peuple gouverne, ait jamais gouverné? qui ne sait que depuis les temps connus jusqu'à nos jours, il est, je ne dis pas conduit, mais poussé au hasard des caprices, des sophismes, des sentiments bons ou mauvais, d'une bruyante minorité d'action? Soldats, prêtres et *parleurs* l'ont, de gré ou de force, bousculé aux batailles; et il y est allé, voilà toute son histoire. Empires, royautés, Républiques, c'est le décor... »

La république est supérieure à la monarchie lorsque sous ce vocable ce sont les hommes de progrès qui obtiennent le pouvoir; elle est pire, lorsque le pouvoir y échoit aux hommes de réaction. Entre la monarchique Angleterre et l'Etat républicain, mais clérical, de l'*équateur*, je n'hésite pas : j'opte pour la royauté anglaise.

Ce qui, en France, avait fait la grandeur de l'idée républicaine, c'est qu'elle avait été le moyen d'action du parti révolutionnaire. La République se confondait avec la révolution. La France républicaine n'était en réalité que la France révolutionnaire, vers laquelle tous les peuples gravitaient parce qu'ils voyaient en elle se lever l'astre de la rédemption.

1. P. 316.

Aujourd'hui elle est devenue chez nous un gouvernement comme les autres et elle a cessé par cela même d'être le centre rayonnant qu'elle avait été jusque-là. Les conditions désastreuses dans lesquelles elle a pris naissance en ont fait un gouvernement militaire et bourgeois de tous points semblable aux monarchies qui l'entourent.

La France vaincue, menacée par l'étranger non seulement dans ses libertés mais dans la possession de son sol, s'est crue obligée de se retrancher derrière une armée puissante, et celle-ci est, à cette heure, devenue un péril pour les libertés qu'elle avait charge de protéger. Sous le coup de la défaite, l'idée patriotique a reparu avec tout son cortège d'exclusivisme et de régression.

La République bourgeoise ne peut rien contre cet état de choses et l'on voit par ce qui se passe dans l'Afrique australe que ce ne sont pas les pantalonnades de La Haye qui y porteront un remède efficace.

Le patriotisme est une idée rétrograde comme la religion, une idée condamnée par la loi du progrès. Dans le cours des siècles elle a reculé sans cesse par son propre agrandissement. Confinée d'abord à la bourgade, elle a progressé jusqu'à la province; puis elle s'est étendue jusqu'à la nation; demain elle s'étendra aux continents et après-demain au monde entier. Ce sera sa disparition finale.

Mais ce développement ne peut se produire que si la révolution est assez générale pour amener la chute de tous les despotismes à la fois. On pouvait l'attendre de la République en 1793 ou en 1848, à ces époques sublimes

« Où les trônes roulant comme des feuilles mortes
Se dispersaient au vent. »

On ne le peut plus à l'heure actuelle où l'enthousiasme républicain est arrêté, sans force contre les despotes voisins, et où, en raison même de notre esprit fraternitaire universel, il nous faut songer à notre défense.

Mais ce que la république n'a pu faire, enrayée dans son œuvre par l'influence néfaste des événements, le socialisme le réalisera, parce que l'explosion socialiste de demain sera universelle, comme le furent les explosions républicaines dans le passé.

Et déjà par cela seul, il exercera une action bienfaisante. Il débarrassera les peuples du cauchemar du militarisme, du fardeau budgétaire qui en est le résultat fatal et qui s'étend de jour en jour comme un chancre envahisseur. Les finances allégées permettront d'aborder les problèmes économiques aujourd'hui impossibles à résoudre faute de ressources. Le pays plus libre, plus heureux, affranchi des dépenses qui nous énervent, pourra, avec le fléau militaire, écraser à jamais cet autre fléau, le cléricalisme, forcément puissant tant qu'il trouvera un appui intéressé dans les classes privilégiées gouvernantes. Qu'il marche alors vers le collectivisme ou qu'il incline vers un individualisme épuré et bienfaisant, ce sont choses auxquelles il n'y a même pas lieu de s'arrêter. L'humanité obéira à sa loi naturelle, et par les voies encore inconnues de nous que ces lois lui tracent, elle s'acheminera vers une plus grande somme de vérité, de justice et de bonheur.

Laissons donc de côté ces dissertations sur la forme que doit prendre la société de demain et plaçons-nous résolument en face du problème d'aujourd'hui.

Il est simple.

La bourgeoisie libérale monarchiste de 1830 est morte;

La bourgeoisie républicaine radicale ou modérée de 1848 et de 1871 se débat sans forces dans les spasmes d'une lamentable agonie.

Il ne reste plus que deux partis en présence :

D'un côté, à droite, le parti du passé, appuyé sur le soldat et le prêtre, et préparant un retour au moyen âge par l'abêtissement des simples et l'écrasement des consciences libres.

D'un autre côté, à gauche, le socialisme qui combat ces deux éternels ennemis de l'affranchissement humain, l'armée prétorienne et le clergé.

Victor Hugo a écrit.

« Quand le chemin est droit jamais il n'est mauvais. »

Le chemin que nous ouvre le socialisme est droit, il ne saurait être mauvais.

Le socialisme est l'ennemi vers lequel convergent toutes les forces du passé. Donc il doit être l'ami vers lequel convergent toutes les forces de l'avenir.

Delescluze n'était pas socialiste. Sous la Commune, lorsqu'il a vu le socialisme dominer il a dit : « Cette révolution n'est pas *ma révolution*. Mais c'est la révolution du peuple et je demeure avec le peuple. »

Moi aussi, j'avais imaginé la révolution sous une autre forme, et celle qu'elle a prise m'a pour un instant dérouté. Mais j'ai toujours été avec le peuple. Et comme nul ne peut avoir la prétention d'accommoder le cours des événements aux dispositions de son propre cerveau; comme il faut prendre les choses telles qu'elles sont; comme la nécessité s'impose au penseur, au philosophe, à l'homme d'action, d'accepter la révolution telle qu'elle est et de prendre parti pour elle ou contre elle, c'est pour elle que je prends parti.

Se déclarer contre elle, c'est se déclarer pour le passé avec tout son cortège d'ignorance et de crimes; se déclarer pour elle, c'est aller vers une solution dont les détails nous sont inconnus, mais c'est aller sûrement vers plus de fraternité.

Pour quiconque sent battre dans sa poitrine un cœur

d'homme, pour quiconque se sent frère de tout ce qui souffre, l'hésitation ne saurait être de longue durée.

Je n'hésite pas.

L'armée socialiste est aujourd'hui ce que fut autrefois l'armée de la république. C'est, sous sa forme actuelle, l'armée de l'éternelle révolution.

Révolutionnaire depuis mon enfance, j'ai appartenu jusqu'ici à l'armée républicaine, et puisque c'est l'armée socialiste qui la remplace à cette heure, c'est au socialisme que je dois aller.

J'y vais résolument et tous ceux-là doivent y aller comme moi, qui ont été sincèrement républicains et pour qui la République n'a jamais été une lettre morte mais un verbe vivant.

EPILOGUE

Lorsque j'écris un livre, je ne lis jamais aucun ouvrage traitant du même sujet avant d'avoir fixé ma propre pensée. J'évite ainsi de me laisser influencer par les idées des autres et mon travail gagne en originalité.

Mais quand mes idées sont fixées, je lis les ouvrages récents relatifs à la même matière, et, s'il y a lieu, j'apporte à mon œuvre les modifications que cette lecture sollicite.

Obéissant à ces habitudes, j'ai écrit le livre qu'on vient de lire et après l'avoir terminé, j'ai pris connaissance de l'ouvrage de M. Faguet « Questions politiques » renfermant une intéressante étude sur le socialisme en 1899, et de l'ouvrage de M. le baron Garofalo « la Superstition socialiste. »

Cette double lecture m'a amené à ajouter ce dernier chapitre à mon livre, cette post-face comme aurait dit Charles Fourier.

L'étude de M. Faguet ressemble un peu à ce qu'auraient été autrefois les résumés des présidents de cours d'assises s'ils avaient été impartiaux, s'ils avaient véritablement reproduit sans parti pris les moyens de l'accusation et ceux de la défense.

L'éminent professeur y développe les arguments invoqués par les socialistes et ceux qu'on invoque contre eux. J'ajoute que, contrairement à ce que l'on voit d'ordinaire, et bien qu'il soit personnellement hostile au collectivisme, il expose l'argumentation de ses adversaires sans l'atténuer en rien, en lui conservant autant de force et de netteté que si c'était la sienne propre.

Je trouve même qu'il passe peut-être les bornes dans cette voie lorsqu'il s'acharne, quoiqu'elle soit inexacte à ses yeux, à défendre la loi d'airain en prétendant « qu'entre être inexact et être faux il y a une grande différence, et » que, « si la loi d'airain est inexacte, c'est-à-dire ne rend pas compte de tout, il faut bien se garder de la déclarer fausse, c'est-à-dire ne rendant compte de rien et négligeable. »

J'avais cru d'abord, en parcourant ces lignes, que M. Faguet partageait ma manière de voir, qu'il trouvait la loi d'airain vraie dans des limites restreintes du temps et de l'espace; en d'autres termes qu'il attribuait au minimum de consommation actuel, basé sur les habitudes du jour et non sur ce qui est indispensable à l'homme pour vivre, une action incontestable sur la fixation des salaires.

Je m'étais trompé. C'est la loi d'airain dans toute sa rigueur que défend M. Faguet. Il se borne à montrer les causes étrangères à son principe qui l'empêchent de produire tous ses effets et il résume son opinion en ces quelques propositions :

« Elle serait vraie exactement : 1° si la population ouvrière était partout dense ; 2° si les ouvriers d'élite n'existaient pas et qu'il n'y eût que des manœuvres ; 3° si l'instinct solidaire n'existait pas et que les ouvriers surpayés ne défendissent pas les ouvriers juste-payés ; 4° si tous les ouvriers s'habituaient à vivre strictement chichement, à la chinoise ».

En un mot : Elle serait vraie si la société renfermait les conditions qui en détermineraient l'existence, en d'autres termes, si elle était vraie.

C'est un raisonnement, que M. Faguet me permette de
le lui dire sans que cela porte atteinte à l'estime que
m'inspire son talent, quelque peu puéril.

Il ressemble à celui que ferait un savant placé devant
un problème de mécanique et qui, analysant le mouvement d'un mobile soumis à plusieurs forces et obéissant
à la résultante de ces forces, dirait : « telle est bien la
direction que suit ce mobile, mais il en suivrait une
autre si toutes les composantes moins une disparaissaient,
s'il n'était plus soumis qu'à une force unique. »

Eh ! sans doute ! mais les composantes ne disparaissent
pas, et il en est de même pour le problème économique
de la loi d'airain. Si les effets meurtriers de la concurrence restaient seuls et n'étaient compensés par rien la
loi d'airain serait une réalité. Mais ils sont compensés par
les causes qu'a formulées M. Faguet lui-même. Ils sont
compensés surtout par la solidarité ouvrière qui devient
chaque jour plus efficace, à mesure que le prolétariat con-
centré dans de grandes usines prend le sentiment de sa
force, et à mesure aussi que les avantages acquis augmentent cette force en vue de nouveaux avantages à acquérir.

Quoi qu'il en soit, cette impartialité exagérée de M. Faguet ne donne que plus de poids à ses arguments contre
le collectivisme, arguments qui me paraissent d'une réfutation d'autant plus difficile, que ce sont ceux-là mêmes
que j'ai donnés neuf ans avant lui, en 1890, et que je
trouve encore excellents à l'heure actuelle.

Seulement, M. Faguet a commis la même erreur logique que j'avais commise. Il a raisonné comme si le collectivisme devait engendrer l'égalité absolue et, par cette
égalité absolue, tuer tout progrès et toute liberté. Cela ne
l'a pas empêché d'ailleurs — pas plus que cela ne m'en
avait empêché il y a neuf ans — de montrer les failles
qui s'opposeraient à ce qu'il engendrât toutes ses conséquences, et qui permettraient à l'inégalité, et par

cela même au progrès et à la liberté, de subsister et de se développer sous le régime collectiviste.

Montrer qu'un système ne peut pas engendrer toutes les conséquences qu'on en attend ; puis s'appuyer sur ces conséquences pour déclarer le système inapplicable comme si elles devaient se produire toutes, c'est une faute de raisonnement que je ne peux pas reprocher à l'auteur de « Questions politiques » puisque je l'ai commise. Mais j'ai le droit de la lui signaler, après l'avoir reconnue en ce qui me concerne.

M. Faguet oppose encore au socialisme une objection que je lui avais opposée avant lui et que M. Leroy-Beaulieu lui avait opposée avant moi. Il ne peut être qu'à la condition d'être international. Et l'auteur de conclure que l'internationalisme, ou même si l'on restreint le problème les Etats-Unis d'Europe, étant loin de nous, le socialisme ne peut exister.

Je crois aussi que le socialisme doit avoir pour effet de transformer l'idée de patrie, de rendre la patrie plus grande, de l'étendre à toute une partie du monde. Etant donnés nos moyens actuels de communication, la France n'est pas plus vaste que n'était jadis la Bourgogne, et il n'est pas plus illogique de penser que le patriotisme européen puisse se substituer au patriotisme français ou allemand, qu'il ne l'était, il y a deux siècles, de penser que le patriotisme français pouvait remplacer le patriotisme provincial. Mais de ce qu'il y a une relation de connexité entre le socialisme et l'internationalisme, il n'en résulte nullement que celui-ci doive précéder celui-là, l'inverse peut être vrai.

Selon ma conviction profonde le socialisme doit résulter d'une évolution économique et non d'une révolution. Or, nos sociétés européennes et américaines ne présentant pas entre elles de différences sensibles, il est à présumer que la même évolution s'accomplit chez les unes et chez les autres à peu près en même temps. Le passage de la société capitaliste à la société collectiviste paraît devoir dès lors s'effectuer à peu près simultanément sur tous les points.

Probablement même tout à fait simultanément parce que le passage final d'un état à l'autre s'accompagnera selon toute apparence d'une révolution.

Nous venons de dire que le socialisme serait le résultat d'une évolution et non d'une révolution, et nous disons maintenant que le passage final d'un état à un autre s'accompagnera d'une crise révolutionnaire. Ces deux vues ne sont point du tout inconciliables comme elles semblent l'être au premier abord.

Les révolutions brutales sont, en effet, impuissantes à détruire une société et à lui en substituer une autre quand celle-ci n'a pas encore évolué ses organes. Mais elles sont nécessaires, quand cette évolution est achevée, pour déblayer le terrain et le débarrasser de tous les débris qui l'encombrent. Elles sont aux sociétés ce que le fossoyeur est à l'homme. Le fossoyeur ne nous tue pas; il n'abrège pas notre vie; mais quand nous sommes morts il nous enterre. De même la révolution supprime les derniers vestiges d'une société quand cette société a fini de vivre.

Le fait a pu être observé en 1789. La Constituante n'a pas détruit la féodalité. Il y avait belle lurette que la féodalité était morte; mais il restait à l'enterrer. Dans la nuit du 4 août l'Assemblée procéda aux obsèques.

Comme, d'ailleurs, à des degrés variés mais rapprochés, le reste de l'Europe était prêt, le mouvement s'est étendu comme une traînée de poudre, et lorsque la bourrasque a été passée on s'est aperçu que la forme nouvelle de société s'était établie partout.

Il en sera de même de la société actuelle quand le fruit sera mûr. Un coup de gaule secouera l'arbre sur un point quelconque du monde et la secousse se propagera immédiatement dans tous les peuples civilisés.

L'objection de M. Faguet est donc sans portée ; elle se retourne même contre les principes que défend son auteur ; elle démontre la fatalité du socialisme en démontrant qu'à lui seul est dévolue la charge d'effacer les frontières, de réaliser la grande patrie humaine, de supprimer la guerre parmi les hommes.

Au fond M. Faguet est un désillusionné et un sceptique. Il propose des améliorations de détail qu'il sait être insuffisantes à rien transformer ; il ne croit que très médiocrement au progrès et il prêche une politique d'illusions. C'est ainsi qu'à propos de la participation aux bénéfices, il s'exprime comme il suit :

« Il ne me paraît pas qu'il y ait ici aucun danger ; car le dividende n'est pas un sursalaire qui pèse sur le patron et fait péricliter son entreprise ; c'est, sachons le dire franchement, une défalcation faite d'abord sur le salaire et rendue ensuite sous une autre forme. Il consiste à moins payer pour pouvoir ensuite donner un *boni*, et au fond il laisse les choses au même point. Mais il a une vertu d'encouragement et d'excitation extrêmement salutaire et bienfaisante. Il attache l'ouvrier à l'entreprise. Il éteint son impatience funeste parfois à changer de lieu... etc. »

C'est bien là un effet d'illusion, de suggestion, ou je ne m'y connais pas. L'ouvrier par la participation redeviendra semblable aux anciens serfs attachés à la glèbe. Il fera partie de l'usine et ne se mettra plus en grève. J'ai proposé en 1892 la participation obligatoire dans les sociétés par actions. Je l'aurais repoussée comme la peste si j'avais pu supposer jamais qu'elle fût susceptible de produire de pareils effets.

M. Faguet n'envisage pas l'avenir sous des couleurs gaies, il l'envisage sous des couleurs plutôt sombres et il cherche des palliatifs à la souffrance humaine. Cela part d'un bon naturel.

« L'homme, dit-il [1], continuera à chercher, à apprendre, à savoir et à travailler un peu plus qu'il ne peut et cela est aussi inévitable que fâcheux. »

S'il en est ainsi, mieux vaudrait conclure que la vie est un mal, conseiller à l'homme de ne pas se reproduire et abandonner la planète aux singes.

M. Faguet ne va pas jusque-là. Il redoute la stagnation de l'humanité. Il veut bien du progrès mais pas trop.

« Il est de bon sens, » dit-il, « que ce qu'il faudrait, c'est marcher un peu sans marcher trop vite; mais c'est cette allure qui n'est pas facile à régler [2]. »

En un mot M. Faguet appartient à l'école du pessimisme modéré. Je lui préfère M. le baron Garofalo. Au moins celui-ci apporte dans ses convictions le caractère radical que j'aime à trouver chez mes adversaires comme chez mes amis.

M. le baron Garofalo énumère naturellement toutes les objections au socialisme sur lesquelles nous n'avons pas à revenir, et il en est une sur laquelle il insiste. Il ne croit pas que le capital se concentre. Il croit, au contraire, qu'il se démocratise de plus en plus au moyen des sociétés par actions. Il estime en outre que le parti socialiste a un programme de réformes opposé à ses vues théoriques. Ce parti considère l'accumulation capitaliste comme la voie naturelle qui conduit au collectivisme, et, au lieu de la favoriser pour doubler plus vite le cap, il la combat de toutes façons, par l'appui qu'il donne aux grèves, par ses tendances à dénoncer tout accaparement, par ses propositions relatives à l'établissement de l'impôt progressif et à la journée de huit heures.

M. le baron Garofalo a incontestablement raison sur ce point. Je l'ai dit avant lui et je me suis longuement étendu

1. Emile Faguet, *Questions politiques*, p. 320, § 2.
2. Emile Faguet, loc. c. p. 323, § 3.

là-dessus dans le cours même de ce livre. Mais où il voit un motif de combattre le parti socialiste, j'en vois un pour marcher dans ses rangs.

Si le capital se démocratise au lieu de se concentrer; si l'action légale, d'accord avec ce que le publiciste italien croit être l'évolution naturelle du genre humain, est capable d'aider à cette diffusion du capital; si les actes des socialistes poussant à cette action décentralisatrice de la loi concourent à empêcher, contrairement à ce qu'ils espèrent, le socialisme de s'établir, pourquoi redouter ces actes?

Dans cette hypothèse que je ne crois plus conforme à la réalité mais qui à l'extrême rigueur pourrait l'être, le mouvement se ferait dans le sens de ce que j'avais appelé en 1890 le socialisme libéral. Les individualistes les plus intransigeants ne pourraient que se féliciter de cette solution et devraient être heureux de voir la tactique socialiste aboutir à un tel résultat. La logique voudrait qu'ils l'aidassent de toutes leurs forces au lieu de la combattre avec frénésie.

Que si au contraire, l'évolution de l'humanité civilisée se fait dans un sens opposé, dans le sens du collectivisme; si elle tend à la socialisation des instruments de travail par l'une des voies que je me suis efforcé de définir dans les chapitres précédents, toutes les tentatives faites pour l'entraver se briseront impuissantes contre la force des choses. Dans ce cas nous devons tous désirer que le mouvement se précipite afin de sortir au plus tôt de la phase de transition douloureuse par laquelle nous passons en ce moment.

Il n'y a donc pas lieu de s'arrêter à la contradiction qui existe entre le but poursuivi par le socialisme et les moyens employés par lui pour l'atteindre. Cette contradiction, que nous avons expliquée, est réelle à coup sûr; mais elle est de nature à rassurer les penseurs les plus férus d'individualisme. Elle leur permet de marcher sans hésitation avec le parti socialiste, le seul qui, dans la faillite des partis bourgeois, soit en situation de continuer la lutte pour la liberté.

C'est justement ce que ne veut pas le baron Garofalo. Le baron est un pessimiste radical. A ses yeux l'humanité ne peut briller de quelque éclat qu'à la condition de se composer d'un troupeau d'esclaves gouvernés par une aristocratie très éclairée, très évoluée.

Et comme il est difficile de convaincre les masses qu'elles doivent demeurer dans l'esclavage pour permettre à quelques aristocrates de produire des œuvres artistiques et littéraires, dont personne en dehors d'eux ne pourra apprécier la beauté, il condamne nettement la liberté. Tout en proposant, pour calmer la galerie, quelques palliatifs basés sur la charité chrétienne et non sur le droit humain, il se prononce contre le suffrage universel, contre l'instruction populaire, et pour le maintien et le développement des niaiseries religieuses dont le résultat le plus sûr est l'abêtissement général.

Pour qu'on ne nous accuse pas de dénaturer la pensée de l'auteur nous citons.

« Que le prolétariat s'empare [du pouvoir politique, ce n'est pas impossible, depuis que les gouvernements ont eu la naïveté de lui en aplanir la voie à l'aide du suffrage universel [1]. »

Et plus loin :

« Tels sont les sentiments que l'école doit inspirer à l'enfant. Quant aux hommes aptes à cet enseignement, il ne faudrait pas les recruter parmi les jeunes gens des écoles normales, mécontents de n'avoir pu se livrer aux professions libérales, et qui acceptent par nécessité l'emploi de maître élémentaire, qu'ils considèrent comme

1. Le baron Garofalo : *la Superstition socialiste*, p. 204 et 205.

trop humble et inférieur à leur mérite. *Il faudrait les recruter, au contraire, parmi les hommes d'âge mûr, les pères de famille ou* LES MINISTRES DU CULTE, *pourvu qu'ils possèdent une instruction suffisante et ne soient pas les ennemis de leur patrie.* Et peu importe alors que *n'ayant pas étudié les règles artificielles de la pédagogie ou ne sachant pas tout le Dante par cœur,* ILS NE POSSÈDENT PAS LE DIPLOME DE L'ÉCOLE NORMALE. [1] »

C'est bien clair. Supprimons le suffrage universel; supprimons l'instruction du peuple ; remplaçons le tout par l'enseignement bien entendu du catéchisme confié à quelques ignorantins; châtions durement ceux qui se permettront d'encourager les grèves ou de parler de liberté, et la société rétablie sur sa base fonctionnera au plus grand profit d'une classe de capitalistes et de lettrés. Au surplus il n'est pas prouvé, s'il faut en croire M. Garofalo, qu'il y ait plus de joie et de bonheur chez les riches se livrant dans leurs palais à leurs plaisirs mondains ou à leurs spéculations intellectuelles que chez les forçats de l'usine entassés dans des huttes et courbés dès l'enfance sous le joug d'un travail écrasant. Grâce à ce système des compensations que n'avait pas envisagé M. Azaïs, on peut prendre aisément son parti des inégalités dont les socialistes ont l'audace de désirer la fin.

Voilà bien la pensée de M. le baron Garofalo et certes ! ce n'est pas moi qui lui en ferai un crime car, cette pensée, je la comprends et elle a souvent effleuré mon esprit.

Ainsi que je l'ai dit plus haut : répudiant l'idée providentielle, ne pouvant asseoir nos prévisions sur une loi certaine puisque nous n'avons observé qu'une seule humanité et de plus une humanité dont le développemeut n'est pas achevé, nous ne pouvons pas affirmer que le mal ne soit pas fatal et éternel.

1. Le baron Garofalo : *la Superstition socialiste*, p. 268, § 3.

S'il en était ainsi :

Si l'évolution économique ne devait pas arriver à affranchir tous les hommes, à leur donner à tous le moyen de participer aux joies de ce monde et d'élargir leur intelligence et leur cœur ;

Si l'esclavage, sous sa forme antique ou sous sa forme actuelle, était le résultat inéluctable des imperfections humaines;

Si les découvertes de la science et les révolutions des hommes ne pouvaient avoir d'autres conséquences que d'augmenter encore la misère de nos semblables en rivant chaque jour davantage leurs chaînes, il est certain que la conclusion de M. le baron Garofalo serait justifiée.

Dans cette hypothèse, le mieux serait d'enrayer le progrès, et d'opposer un palliatif à la souffrance des hommes, un anesthésique moral, anesthésique tout trouvé dans la religion et l'ignorance.

Je préférerais cependant pour ma part conseiller le suicide de l'humanité par arrêt de la reproduction. Mais comme ce suicide serait probablement impossible à obtenir, le mieux serait encore, ainsi que le propose l'économiste napolitain, d'empêcher la douleur morale des masses de s'accentuer par la conscience que leur en donne l'éducation.

Je comprends donc M. Garofolo et j'admets que ses conclusions puissent reposer non sur l'égoïsme d'un bourgeois repu indifférent aux souffrances des autres, mais bien sur un sentiment élevé d'humanité.

Mais si je comprends, je n'accepte pas. L'homme est plus heureux de nos jours qu'aux époques préhistoriques ou même que sous les régimes de l'antiquité et du moyen-âge. Son sort encore si misérable n'a fait que s'améliorer depuis le moment où le premier Anthropopithèque a revêtu la forme humaine ; et si l'on considère la raison élevée de la progression géométrique à laquelle obéit l'évolution des peuples civilisés, on n'a pas le droit de désespérer, de nier le progrès et de pousser à une évolution régressive sous le prétexte qu'on n'arrive pas à comprendre exactement ce que sera la société de l'avenir.

En ce qui me concerne, des raisonnements tels que celui du baron Garofolo achèveraient de m'amener au parti socialiste si le pas n'était déjà franchi.

Je l'ai dit dans un des chapitres du présent livre, la question aujourd'hui est nettement posée entre ce parti et la réaction : entre ceux qui veulent nous conduire en avant sans savoir peut-être sûrement et nettement où ils nous mènent, et ceux qui sachant bien où ils nous conduisent essayent de nous ramener dans la tombe où les religions avaient enseveli l'humanité vivante.

En présence de cette alternative, et peut-être avec des sentiments également altruistes, M. le baron Garofolo se prononce pour le passé. Je me prononce pour l'avenir. Quel qu'il soit, il est difficile qu'il soit pire que l'état vers lequel on voudrait aiguiller la locomotive sociale.

M. le baron Garofolo craint une nouvelle invasion des barbares — de ceux qu'il appelle les barbares de l'intérieur et qui ne sont à ses yeux que les ouvriers des grandes villes — invasion au cours de laquelle périrait la civilisation.

Tout est possible. Il se peut que toute civilisation soit limitée dans son extension et qu'arrivée à un certain degré de développement elle soit appelée à périr.

Mais même dans cette hypothèse ce serait pour renaître plus tard avec une sève nouvelle et pour s'élever alors à un niveau supérieur. Rome a péri. Mais après la nuit du moyen-âge s'est formé le monde moderne bien supérieur au monde ancien.

Il est probable que si notre civilisation périssait, après une époque barbare de transition, il se produirait une civilisation nouvelle supérieure à celle d'aujourd'hui.

Si donc les prévisions sinistres du baron Garofolo étaient fondées, j'aimerais mieux encore m'acheminer vers cette barbarie de demain génératrice d'un renouveau de vie civilisée, que de rétrograder vers une barbarie régressive génératrice d'esclavage et de mort.

Ce n'est pas que je ne sois en proie, moi aussi, à un certain pessimisme qui m'envahit de temps à autre.

L'homme est mortel; la planète sur laquelle nous vivons est mortelle, et certainement une heure viendra où toute vie s'éteindra à sa surface lorsque le soleil qui nous éclaire cessera de nous inonder de sa lumière et de sa chaleur.

Pour si longue que doive encore être la vie de la terre et celle de l'humanité à sa surface, c'est moins qu'une seconde dans l'éternité.

C'est demain qu'en attendant le retour à la matière cosmique matrice de tout univers, le cadavre de la terre roulera autour d'un cadavre de soleil.

Et comme il est peu probable que nous communiquions jamais avec les habitants de Vénus, de Mars et de Saturne; comme, d'ailleurs, la vie s'éteindra à la surface de ces planètes aussi bien que sur la nôtre quand le soleil aura fini de briller; comme enfin il n'y a aucun espoir de correspondre jamais avec les humanités stellaires par trop éloignées de nous, il semble bien que finalement tous nos efforts doivent être stériles, et qu'à une certaine heure qui, si loin soit-elle, est demain, tous leurs résultats soient destinés à demeurer à jamais ensevelis dans la nuit et le froid de l'espace.

Ceci est évidemment fort décourageant et cependant je ne m'y arrête pas.

Et d'abord s'il est vrai, ainsi que le soutiennent les théosophes, que toute manifestation différenciée — et l'humanité en est une — soit une illusion parce que destinée à périr, il n'en reste pas moins certain — la théosophie le reconnaît elle-même — que, ces illusions sont souvent cruelles. Ce n'est pas en somme œuvre vaine, au moins pour la durée de son existence, que de diminuer la souffrance de l'homme et même de tous les êtres vivants, nos frères inférieurs.

Et puis! que savons-nous? Si un globule de notre sang pouvait penser et raisonner; s'il se rendait compte de la brièveté de sa propre vie et de celle de l'être à la vie duquel il contribue, il se dirait sans doute : « à quoi servons-nous? » Et cependant quel rôle considérable ne joue-t-il pas en nous!

Nous ne sommes pas même relativement à l'immensité ce qu'est par rapport à nous un globule sanguin. Mais qui peut dire le rôle que nous jouons sur la planète et le rôle que la planète — cet atome — joue dans l'infini?

Répudions donc le pessimisme. Il tue l'intelligence, il tue l'effort, il est le tombeau de toute moralité. Abandonnons-nous, fût-elle complètement illusoire, à l'idée du perfectionnement et du progrès. Si nous servons à quelque chose dans l'univers, nous aurons ainsi rempli la tâche qui nous est impartie. Si nous ne servons à rien, du moins par l'illusion de servir à quelque chose, aurons-nous adouci les heures qui nous séparent de l'éternité.

Nous sommes entre deux espèces de foi : la foi dans l'avenir, dans le progrès, dans la science, dans la fraternité, dans le bonheur, et la foi dans les absurdités démoralisantes que les religions nous enseignent.

Entre ces deux sortes de foi, M. Garofolo et un grand nombre d'économistes choisissent la seconde. Moi, je choisis hardiment la première. Si j'avais des hésitations, les pessimistes de l'espèce de M. le baron Garofolo les lèveraient. M. le baron Garofolo a cru combattre le socialisme. En montrant franchement, sans ambages, loyalement, les deux voies ouvertes devant les hommes et entre lesquelles il faut choisir, je pense qu'il a, au contraire, travaillé au développement de ce socialisme qu'il entendait desservir.

Pour mon compte j'ai trouvé dans ses théories de désespérance un élément qui renforce ma confiance en des jours meilleurs.

FIN

———

TABLE DES MATIÈRES

Préface. I

LIVRE PREMIER

FAITS ANCIENS ET NOUVEAUX

Chap. Ier. — Le Boulangisme. 1
— II. — Socialisme collectiviste et socialisme libéral . . 18
— III. — Ruse de guerre. 3o
— IV. — Esotérisme et Exotérisme de l'antisémitisme. . 38
— V. — Régression nationaliste. 54
— VI. — Banqueroute de la bourgeoisie républicaine . . 65

LIVRE II

EXAMEN CRITIQUE DE LA DOCTRINE COLLECTIVISTE

Chap. Ier. — Théorie du collectivisme et sa réfutation . . . 75
— II. — Critique de la théorie de la valeur de Karl Marx. 83
— III. — La loi d'airain. 99
— IV. — La productivité du capital, le prélèvement capitaliste 112

LIVRE III

CRITIQUE DU COLLECTIVISME

Chap. Ier. — Vues générales. 139
— II. — De la répartition des richesses en collectivisme. 149
— III. — De la production dans un milieu collectiviste . 166
— IV. — Du luxe. 176
— V. — Le collectivisme et la liberté. 185
— VI. — Le principe de la population et le collectivisme. 195
— VII. — Le collectivisme est-il compatible avec le progrès? 220

LIVRE IV

CONCLUSIONS

CHAP. Iᵉʳ. — L'erreur de Karl Marx sur la loi de la valeur et celle de Lassalle sur la loi des salaires entraînent-elles nécessairement la condamnation du collectivisme?. 229

—   II. — Des titres que peuvent invoquer les capitalistes.   239

—   IV. — Danger d'une affirmation présomptueuse. . . .   263

—   V. — Les phénomènes économiques actuels sont-ils de nature à nous faire présager l'avénement du collectivisme?.   288

—   VI. — Utopie.   306

—   VII. — Politique.   323

EPILOGUE   335

FIN DE LA TABLE DES MATIÈRES

Imprimerie Générale de Châtillon-sur-Seine. — A. Pichat.

www.ingramcontent.com/pod-product-compliance
Lightning Source LLC
Chambersburg PA
CBHW071628270326
41928CB00010B/1826